SINOMAPS
PRESS
中国地图出版社

中国地图册

ZHONGGUO
DITU

中国地图出版社

图　例

省区图和扩大图

符号	说明	符号	说明
北京	首都　外国首都	青岛	地级市行政中心（外国主要城市）
太原	省级行政中心	涿州	县级市行政中心
延吉	自治州行政中心 地区、盟行政公署	古县	县级行政中心
		南口	乡镇、村庄（外国一般城镇同）

符号	说明	符号	说明	符号	说明
未成	铁路	G45 未成	高等级公路及编号	200海里 (370千米)	航海线及里程
未成	高速铁路	123	国道及编号		航空站　港口
			其他道路		
	国界		省、自治区、直辖市界		地级界
	未定国界		特别行政区界		县级界
					地区界　军事分界线
	海岸线	咸　淡	湖泊		沙漠
	常年河		运河		珊瑚礁
	时令河、时令湖		渠道		沼泽　盐沼泽
	伏流河		井　泉	百花山 1990	山峰及高程
	水库及闸坝		沙洲		关隘或山口
	瀑布		蓄洪区		长城
			干涸河、干涸湖		世界遗产

城市图和景点图

符号	说明	符号	说明	符号	说明
	街区		省级政府		电影院
	铁路及车站		市政府		机关、企事业单位
建筑中	城市轨道		区政府		博物馆
	高速铁路		游览点		书店
	高等级公路		饭店、宾馆		体育场馆
307	国道及编号		学校		码头
	主要街道		医院		长途汽车站
	次要街道		银行		工厂
	次要街道		邮政电信	世纪公园	公园、绿地

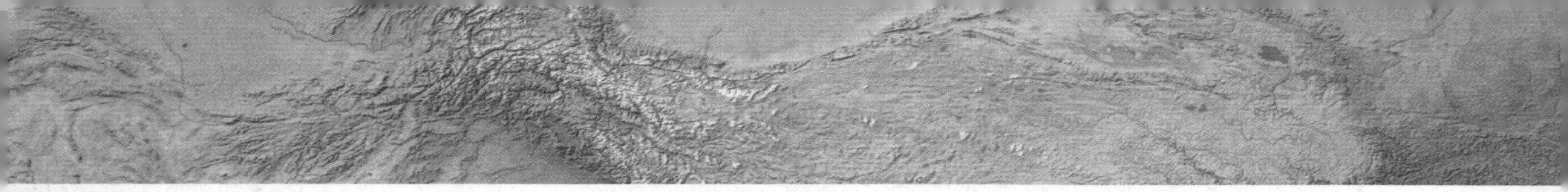

目录
CONTENTS

中国政区

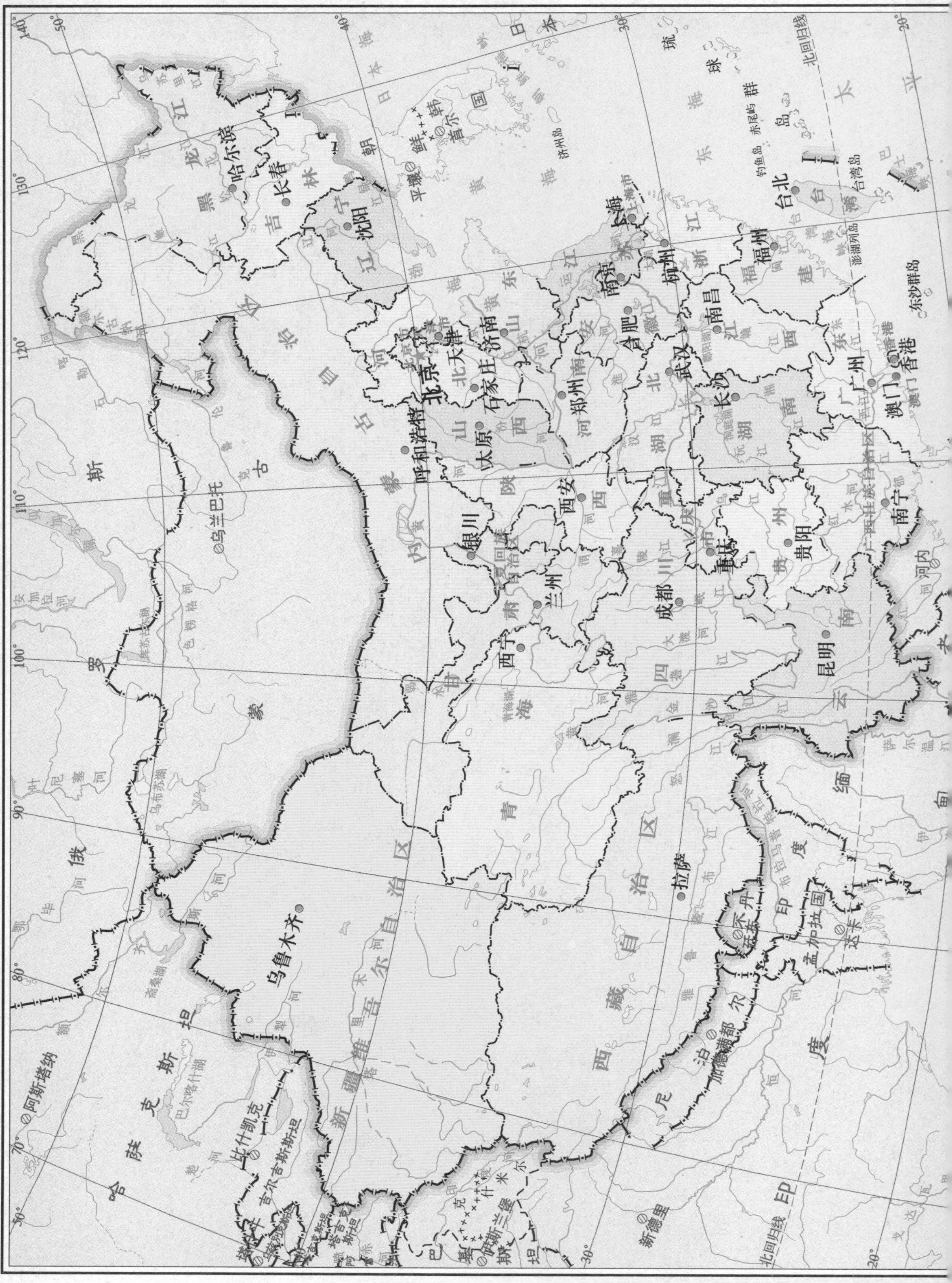

北京
天津
石家庄
太原
呼和浩特
沈阳
长春
哈尔滨
上海
南京
杭州
合肥
福州
南昌
济南
郑州
武汉
长沙
广州
南宁
香港
澳门
台北
重庆
成都
贵阳
昆明
拉萨
西安
兰州
西宁
银川
乌鲁木齐
钓鱼岛
赤尾屿
澎湖列岛
东沙群岛
北回归线
平壤
首尔
济州岛
乌兰巴托
阿斯塔纳
比什凯克
新德里
加德满都
廷布
达卡

全国行政区划统计表 （截至2023年1月）

直辖市 4；省 23；自治区 5；特别行政区 2	北京市	天津市	河北省	山西省	内蒙古自治区	辽宁省	吉林省	黑龙江省	上海市	江苏省	浙江省	安徽省	福建省	江西省	山东省	河南省	湖北省
地级 自治州							1										1
地级 地区								1									
地级 盟					3												
地级 市			11	11	9	14	8	12		13	11	16	9	11	16	17	12
县级 市			21	11	11	16	20	21		21	20	9	11	12	26	21	26
县级 县			91	80	17	17	16	45		19	32	50	42	61	52	82	35
县级 自治县			6			8	3	1			1						2
县级 旗					49												
县级 自治旗					3												
县级 特区																	
县级 林区																	1
县级 市辖区	16	16	49	26	23	59	21	54	16	55	37	45	31	27	58	54	39
直辖市、省、自治区、特别行政区简称	京	津	冀	晋	内蒙古	辽	吉	黑	沪	苏	浙	皖	闽	赣	鲁	豫	鄂

直辖市 4；省 23；自治区 5；特别行政区 2	湖南省	广东省	广西壮族自治区	海南省	重庆市	四川省	贵州省	云南省	西藏自治区	陕西省	甘肃省	青海省	宁夏回族自治区	新疆维吾尔自治区	香港特别行政区	澳门特别行政区	台湾省	合计	
地级 自治州	1					3	3	8			2	6		5			资料暂缺	30	333
地级 地区									1					5				7	
地级 盟																		3	
地级 市	13	21	14	4		18	6	8	6	10	12	2	5	4				293	
县级 市	19	20	10	5		19	10	18		7	5	5	2	29				395	2844
县级 县	60	34	48	4	8	105	50	65	66	69	57	25	11	60				1301	
县级 自治县	7	3	12	6	4	4	11	29			7	7		6				117	
县级 旗																		49	
县级 自治旗																		3	
县级 特区							1											1	
县级 林区																		1	
县级 市辖区	36	65	41	10	26	55	16	17	8	31	17	7	9	13				977	
直辖市、省、自治区、特别行政区简称	湘	粤	桂	琼	渝	川	黔	滇	藏	陕	甘	青	宁	新	港	澳	台		

图例

★ 我国首都

⊘ 外国首都、首府

● 省级行政中心

比例尺 1:25 200 000　0　252　504　756千米

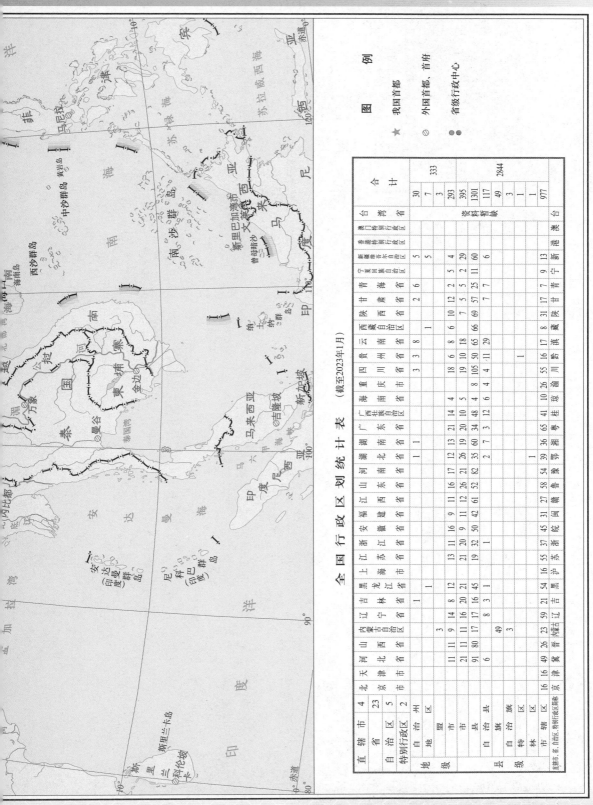

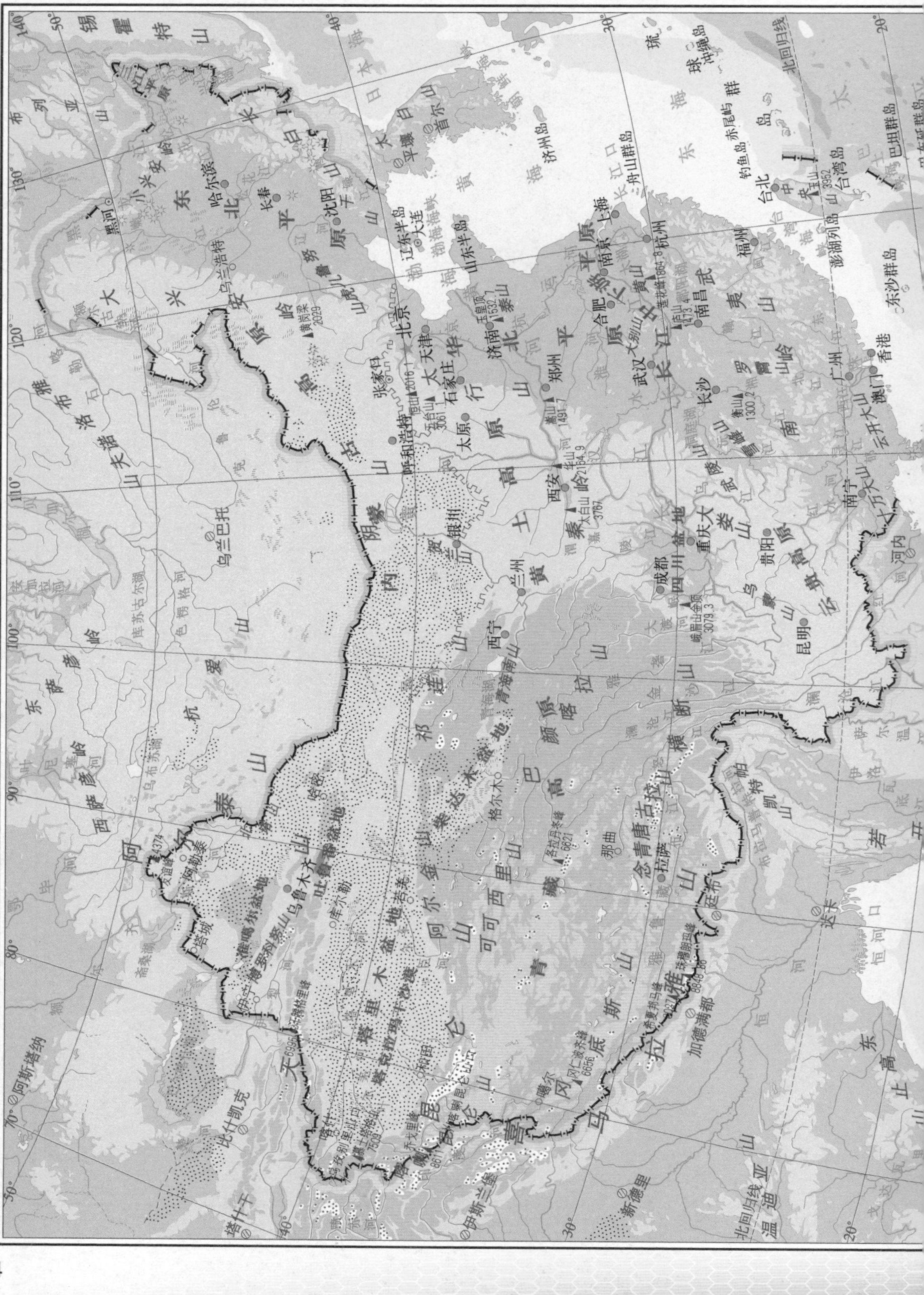
北京
天津
上海
南京
杭州
合肥
南昌
福州
台北
武汉
长沙
广州
香港
澳门
南宁
贵阳
昆明
重庆
成都
西安
郑州
济南
太原
石家庄
呼和浩特
银川
兰州
西宁
拉萨
乌鲁木齐
哈尔滨
长春
沈阳
大连
平壤
首尔
乌兰巴托
河内
加德满都
东北平原
华北平原
长江中下游平原
内蒙古高原
黄土高原
云贵高原
青藏高原
四川盆地
塔里木盆地
准噶尔盆地
柴达木盆地
吐鲁番盆地
塔克拉玛干沙漠
大兴安岭
小兴安岭
长白山
太行山
秦岭
大巴山
巫山
武陵山
雪峰山
南岭
武夷山
阴山
贺兰山
祁连山
昆仑山
阿尔金山
天山
阿尔泰山
喜马拉雅山
冈底斯山
念青唐古拉山
唐古拉山
横断山
巴颜喀拉山
可可西里山
黄海
渤海
东海
日本海
台湾岛
澎湖列岛
东沙群岛
舟山群岛
辽东半岛
山东半岛
济州岛
钓鱼岛
赤尾屿
北回归线

中国主要山脉

名称	主峰	海拔（米）
喜马拉雅山脉	珠穆朗玛峰	8 848.86
喀喇昆仑山	乔戈里峰	8 611
昆仑山脉	公格尔山	7 649
大雪山	贡嘎山	7 556
横断山	玉龙雪山	5 596
天山山脉	托木尔峰	7 443
念青唐古拉山	念青唐古拉峰	7 162
冈底斯山	冷布岗日	7 095
唐古拉山	各拉丹冬峰	6 621
可可西里山	岗扎日	6 305
阿尔金山	苏拉木塔格	6 295
阿尼玛卿山	玛卿岗日	6 282
祁连山	祁连山	5 547

名称	主峰	海拔（米）
博格达山	博格达峰	5 445
巴颜喀拉山	年保玉则峰	5 369
阿尔泰山脉	友谊峰	4 374
中央山	玉山	3 952
秦岭	太白山	3 767
大巴山	神农顶	3 106.2
太行山	小五台山	2 882
吕梁山	关帝山	2 830
阴山	呼和巴什格	2 364
武夷山	黄岗山	2 160.8
南岭	猫儿山	2 141
大兴安岭	黄岗梁	2 029

中国主要高原

名称	面积（平方千米）	海拔高度（米）
青藏高原	约250万	3 000~6 000
内蒙古高原	约70万	1 000~1 500
云贵高原	约50万	1 000~4 000
黄土高原	约50万	800~2 500

中国主要平原

名称	面积（平方千米）
东北平原	约35万
华北平原	约30万
长江中下游平原	约20万
珠江三角洲平原	约1.1万

中国主要盆地

名称	面积（平方千米）	海拔高度（米）
塔里木盆地	约56万	778~1 300
准噶尔盆地	约38万	500~1 000
柴达木盆地	约25.5万	2 600~3 000
四川盆地	约20万	300~700

高度表（米）

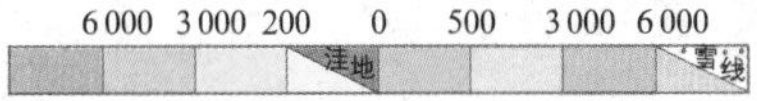

比例尺 1:25 200 000 0 252 504 756千米

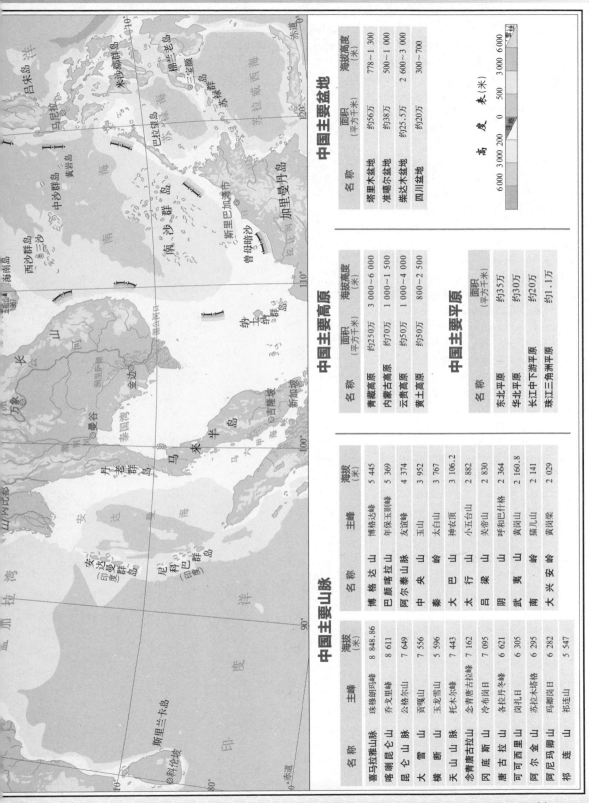

[概　　况] 北京市简称“京”，是中华人民共和国的首都，全国政治、文化和国际交往中心。位于华北平原北部。公元前11世纪建城，春秋、战国时为燕都，辽时为陪都“南京”，故有“燕京”之称。隋唐时称幽州，金时正式建都，称中都，元为大都，明清称京师，通称北京，1928年始设北平特别市，1949年新中国成立，定为首都，改北平为北京。现辖16市辖区。总面积约1.7万平方千米，人口2189万。

[地理特征] 地势西北高、东南低，北京以居庸关关沟为界，西部是属于太行山余脉的西山，北部是属于燕山山脉的军都山。市东南为古永定河、潮白河等河流冲积而成的平原。东灵山海拔2303米，是北京最高峰。主要河流有永定河、潮白河、拒马河等，其中永定河是北京最大的河流，潮白河上游有北京最大的水库——密云水库。

[特色经济] 北京经济呈现多元化，产业发展协调，二、三产业同步增长，电子信息、汽车、石化新材料、装备制造、生物医药和都市工业等六大行业对工业增长的贡献较大。金融业、商业服务业、运输业、文化旅游业等第三产业在国民生产中的比重也大大增加。北京已成为全国最大的消费市场和进出口岸之一。

[名胜古迹] 北京是国家历史文化名城。文化底蕴深厚。北京的胡同、四合院、牌楼、名人故居、博物馆等都是古都历史活的记载。故宫、八达岭长城、周口店北京人遗址、颐和园、天坛、明十三陵、大运河(通惠河段)已被列入《世界遗产名录》。还有雍和宫、卢沟桥、圆明园、北海公园、香山公园、潭柘寺等名胜古迹，以及大观园、世界公园、奥林匹克公园等。京郊还有龙庆峡、雁栖湖、十渡、云蒙山、石花洞等风景名胜区。

[名优特产] 景泰蓝、玉器、雕漆驰名海内外。北京烤鸭历史悠久，蜚声中外。特产食品还包括各种蜜饯果脯、茯苓夹饼、王致和臭豆腐、六必居酱菜、二锅头酒、怀柔板栗等。同仁堂的安宫牛黄丸和乌鸡白凤丸是正宗地道的中药滋补品。

北京CBD（中央商务区） 处北京市东长安街、建国门、国贸和燕莎使馆区的汇聚区。这里是摩托罗拉、惠普、三星、德意志银行等众多世界500强企业中国总部所在地，也是中央电视台、北京电视台传媒企业的新址，是国内众多金融、保险、地产、网络等高端企业的所在地，是金融工具的汇集之处，代表着时尚的前沿。同时，CBD又是无数中小企业创业和成长的摇篮。从北京最高楼——中国国际贸易中心第三期到世贸天阶的超大电子屏，从建外SOHO到万达广场，众多创意文化、物流、服务企业在这里启航。

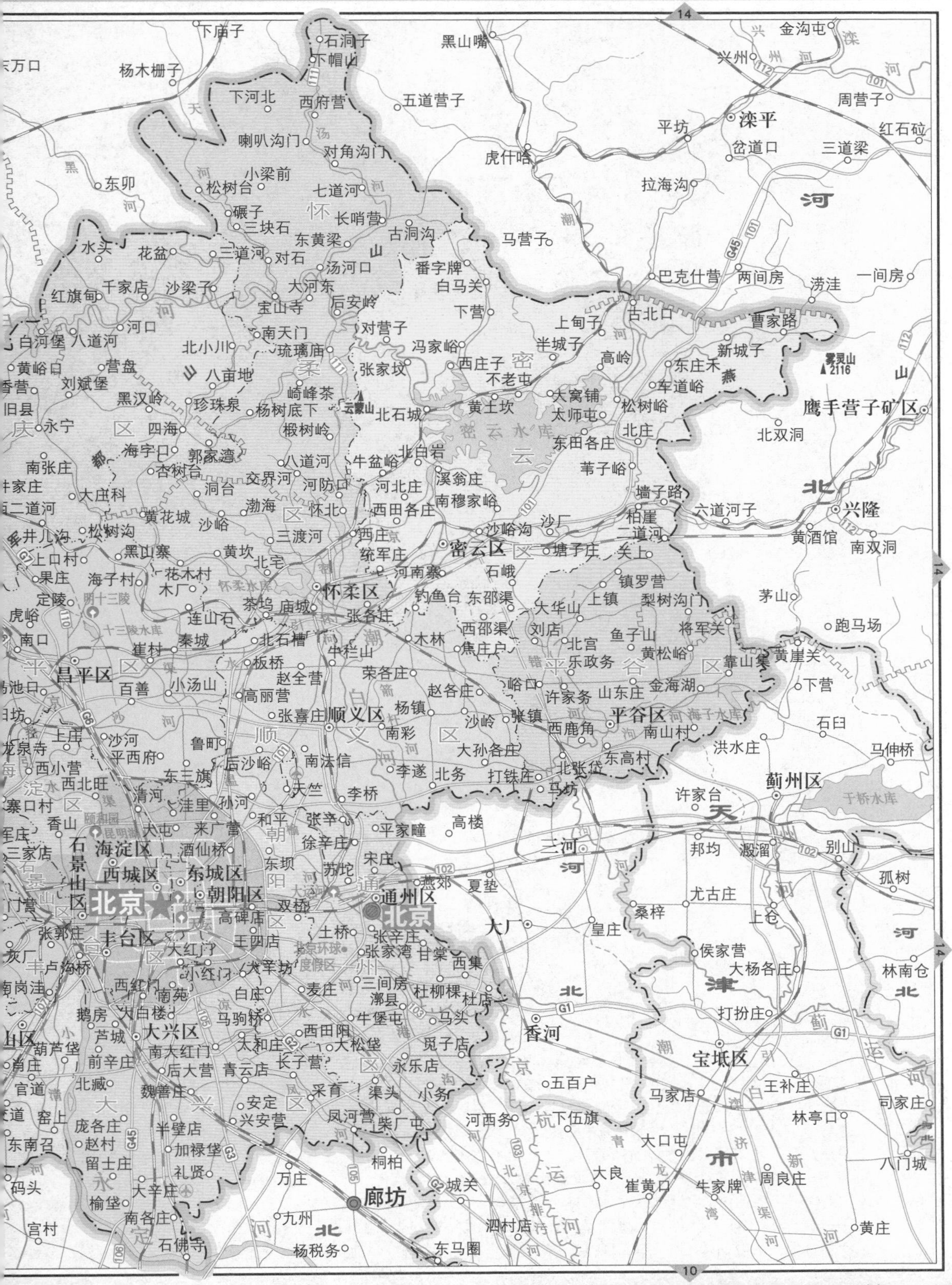

比例尺 1:850 000　0　8.5　17.0　25.5千米

北京　北京有800多年建都史，历史上四个朝代在此定都，为中国八大古都之一。北京城区以东城、西城为主体，四周延伸到朝阳、海淀、丰台、石景山城区。公元前11世纪在今城区西南建蓟城，金代在广安门附近建中都，元代在今北海周围及其北建大都，明清以紫禁城（故宫）为中心建凸字型北京城。

新中国成立后，北京的城市建设日新月异，市区突破古老的城圈，向着北起清河、南至南苑、西起石景山、东至定福庄之间的规划市区空间迅速发展。北京现已逐渐发展成为一座现代化、国际化的大都市，王府井、前门大栅栏、西单、东四、新街口等商业中心流光溢彩，同仁堂、全聚德、六必居等百年老店驰名中外。国贸中心、国际展览中心、奥林匹克体育中心、国家体育场、国家大剧院等一座座具有时代特征的著名建筑拔地而起。

北京作为首都，是全国政治中心，国家党政军首脑机关及其大部分职能机构集中分布在西城区。朝阳区是首都金融

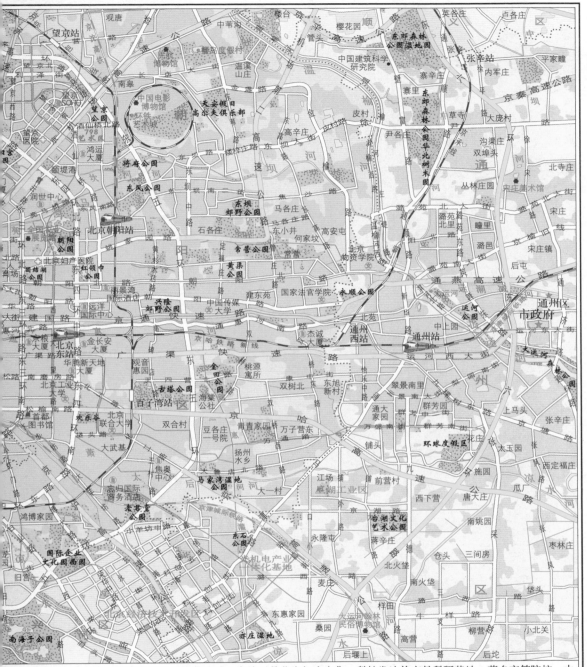

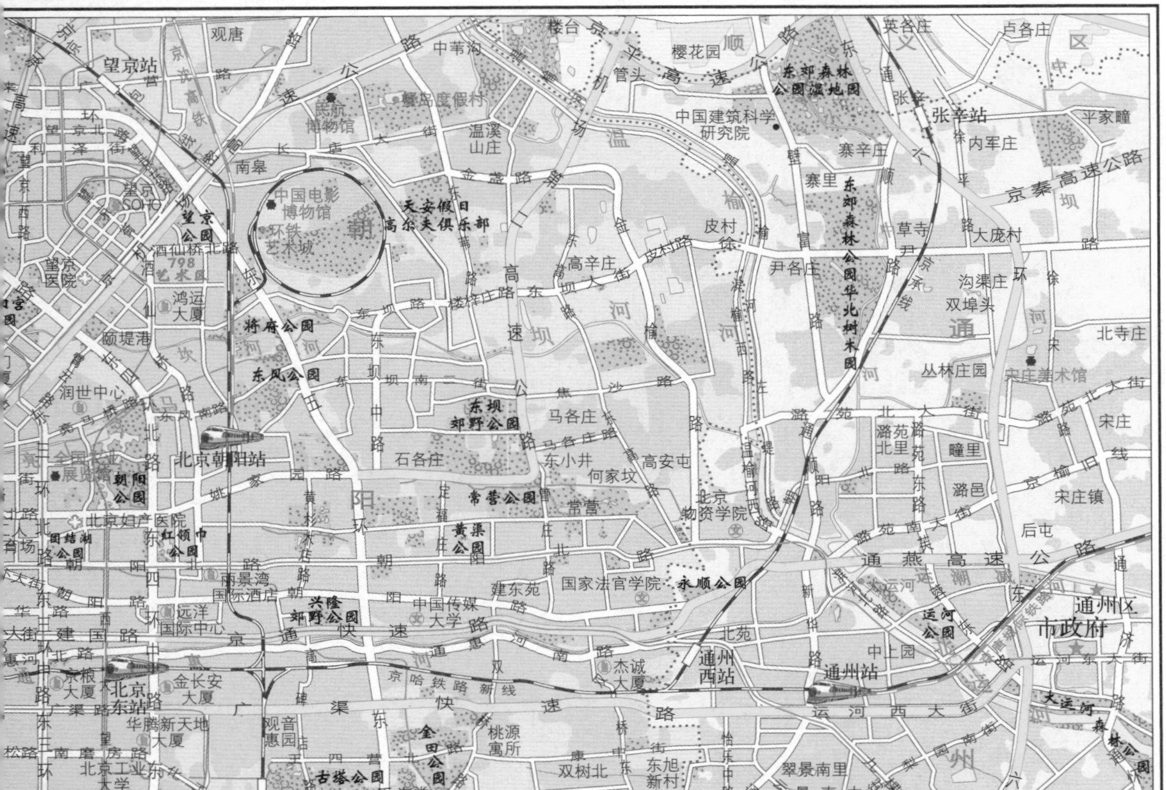

机构最多、门类最全、国际化程度最高的区域。海淀区是北京智力密集、科技发达的高教科研基地，著名高等院校、中关村科技园、上地信息产业园大多集中于此。

如今北京城市交通在不断完善，地铁、环城高速路和城市轻轨共同构筑了庞大便捷的立体交通网络，使整个城市具备了一流国际大都市所应具备的硬件设施。

[电话区号] 010

[邮政编码] 100010

[市　　花] 月季、菊花

[市　　树] 国槐、侧柏

[风景名胜] 天安门、故宫、天坛、北海、颐和园、圆明园、香山等。

[特产美食] 烤鸭、果脯、茯苓饼、豆汁儿、冰糖葫芦、豌豆黄、驴打滚、灌肠、爆肚、炒肝。

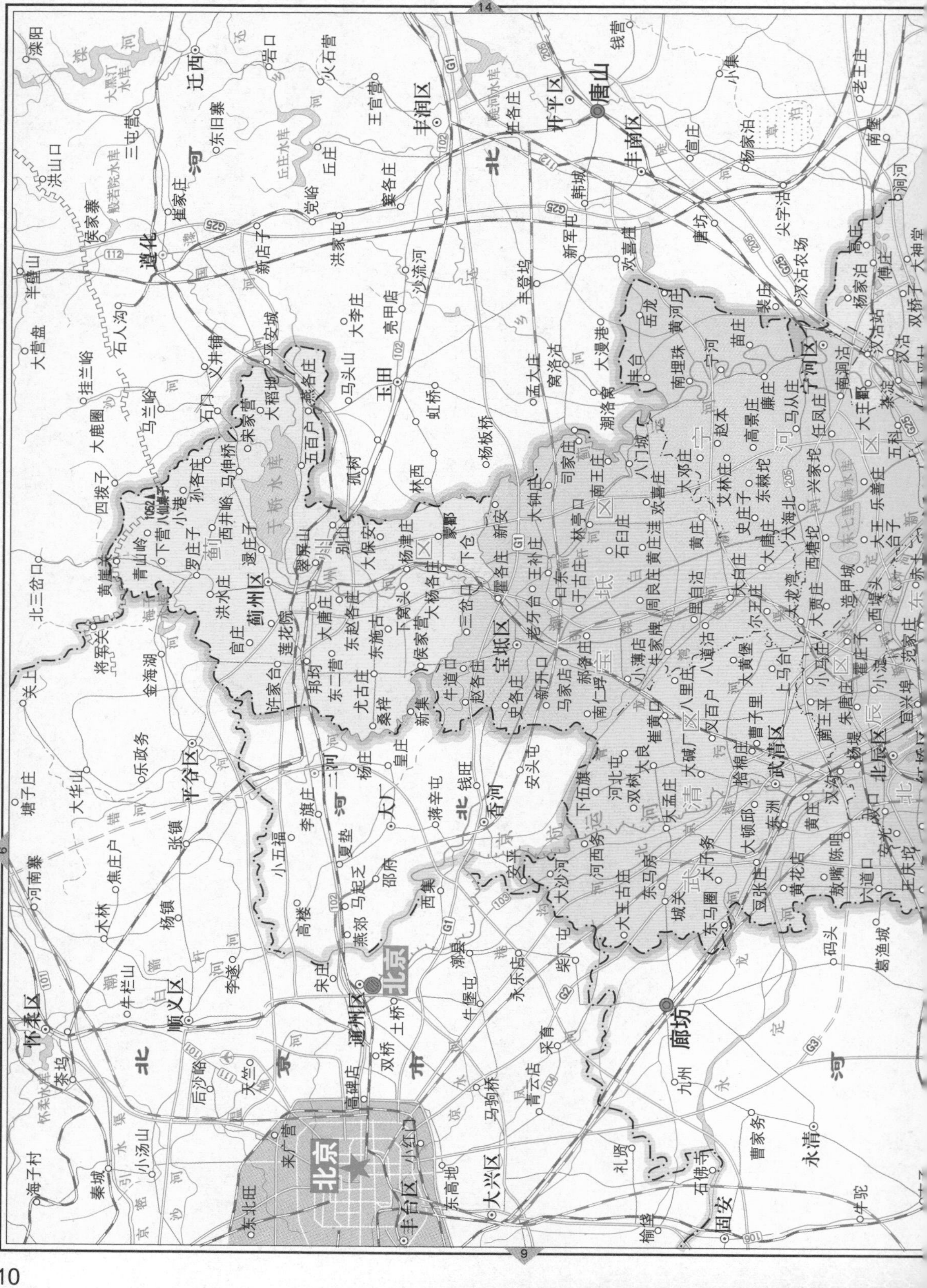
14
9
6
滦阳
迁西
遵化
唐山
开平区
丰润区
丰南区
钱营
小集
老王庄
南堡
涧河
尖字沽
汉沽农场
宁河区
汉沽
芦台
北三岔口
关上
塘子庄
河南寨
怀柔区
顺义区
平谷区
蓟州区
宝坻区
武清区
北辰区
通州区
北京
廊坊
大兴区
丰台区
固安
永清
香河
大厂
三河
燕郊
九州
东北旺
来广营
高碑店
小红门
东高地
马驹桥
青云店
采育
礼贤
石佛寺
曹家务
码头
葛渔城
王庆坨
杨村
大良
下伍旗
河西务
安平
大王古庄
黄庄
南王平
宜兴埠
大黄堡
八里庄
高村
史各庄
大口屯
八门城
霍各庄
新安
杨津庄
别山
下营
黄崖关
马伸桥
玉田
窝洛沽
大钟庄
林亭口
石臼庄
潮洛窝
丰登坞
大李庄
亮甲店
孟大庄
杨板桥
虹桥
林西
孤树
沙流河
石门
马兰峪
平安城
燕各庄
于桥水库
黄河庄
岳龙
南埋珠
苗庄
赵本
高景庄
廉庄
马从庄
潘庄
东棘坨
北淮淀
大王庄
任凤庄
兴家坨
史庄子
大海北
西塘坨
造甲城
西堤头
霍庄子
小淀
双街
汉沟
北仓
天穆
青光
宜兴埠
张镇
杨镇
木林
牛栏山
李遂
宋庄
永乐店
牛堡屯
于家务
燕郊
夏垫
邵府
皇庄
杨庄
钱旺
落辛屯
安头屯
小王福
李旗庄
高楼
马起乏
西集
漷县
柴厂屯
台湖
土桥
双桥
天竺
后沙峪
小汤山
秦城
海子村
茶坞
北京市
河北省

[概　　况] 天津市简称“津”，是中央直辖市。金、元时代称直沽，明初取天子津渡之意，始称天津，并设天津卫，清为直隶州、天津府。近代曾沦为半殖民地，公元1860—1903年间先后开辟有英、法、美、德、日等9国租界。1928年设天津特别市，1930年改称天津市。现辖16市辖区。全市面积约1.2万平方千米，人口1387万。

[地理特征] 位于华北平原东北部，地势北高南低、西高东低。天津北屏燕山，东临渤海，除蓟州区北部为低山丘陵外，绝大部分是海拔2米～5米的冲积平原。八仙桌子海拔1052米，为天津最高峰。境内有海河、永定新河、潮白新河等河流，其中海河是天津最大的河流。

[特色经济] 天津是我国北方重要的工商业城市和综合性工业基地之一，也是我国主要纺织工业中心之一。海洋化工和石油化工在全国闻名。天津拥有国家重点开发的大港和渤海油气田。工业门类齐全，包括冶金、化工、造船、电子轻工、食品等。滨海新区的建设对环渤海经济的发展起到了积极的促进作用。天津保税区位于天津港区之内，是我国华北、西北地区唯一的、也是中国北方规模最大的保税区。

[名胜古迹] 天津是国家历史文化名城和优秀旅游城市，名胜古迹众多。主要有“京东第一山”盘山、千年古刹独乐寺、黄崖关古长城、大沽口炮台、天后宫、三叉河口古文化街、周恩来邓颖超纪念馆、文庙、望海楼教堂等。2014年大运河(北运河段)被列入《世界遗产名录》。

[名优特产] 风味名食狗不理包子、十八街麻花、耳朵眼炸糕被称为天津“三绝”。“小站稻”是天津出产的优质稻米。著名工艺品有杨柳青年画、泥人张彩塑、风筝魏风筝等。农特产品还有武清红小豆、静海冬菜、宝坻大蒜、蓟州板栗、盘山盖柿等。

五大道小洋楼 是指和平区马场道、睦南道、大理道、常德道、重庆道和成都道等六条干道和十几条与之相交的道路所形成的街区。五大道位于原先的英租界内。它最吸引人的，就是那些风格各异的欧陆风情小洋楼，这里汇聚着英、法、意、德、西班牙等国各式风貌建筑230多幢，名人名宅50余座，使这里成为“万国建筑博览会”。

比例尺 1:850 000　0　8.5　17.0　25.5千米

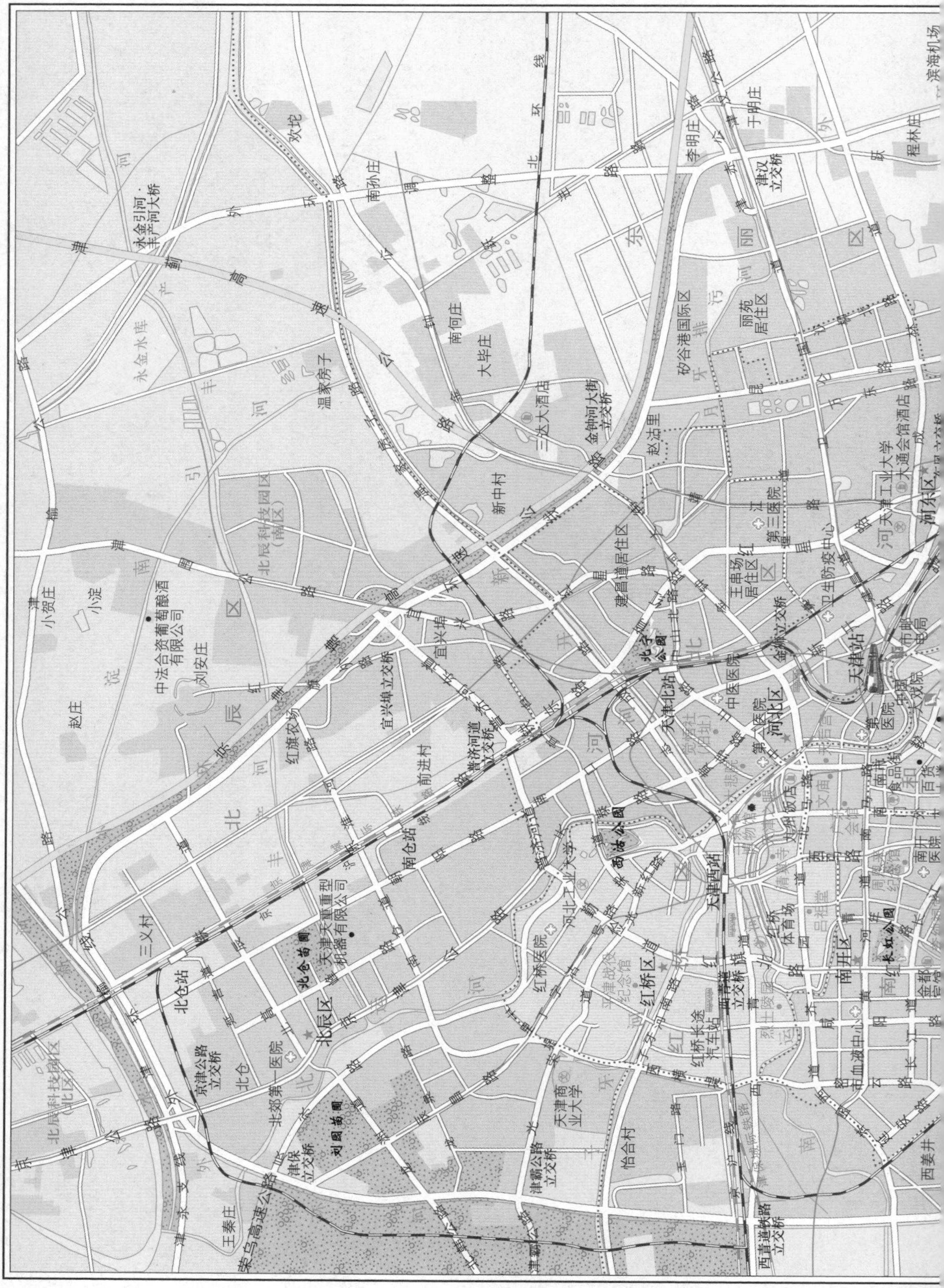
欢坨
南孙庄
永金引河·丰产河大桥
永金水库
温家房子
南河庄
大毕庄
三达大酒店
金钟河大街立交桥
矽谷港国际区
丽苑居住区
李明庄
于明庄
津汉立交桥
程林庄
滨海机场
赵沽里
新中村
北辰科技园区(南区)
建昌道居住区
王串场居住区
第三医院
卫生防疫中心
天津工业大学
大通会馆酒店
河东区
小贺庄
小淀
中法合资葡萄酿酒有限公司
刘安庄
赵庄
宜兴埠
宜兴埠立交桥
红旗农场
普济河道立交桥
前进村
北宁公园
天津北站
中医医院
第一医院
河北区
天津站
市邮电局
中国大戏院
食品街
百货
南开医院
西沽公园
河北工业大学
南仓站
天津天重重型机器有限公司
北仓公园
三义村
北仓站
北辰区
京津公路立交桥
北仓
北郊第一医院
北辰科技园区(北区)
红桥医院
平津战役纪念馆
红桥区
红桥长途汽车站
天津西站
西青道立交桥
红桥体育场
南开区
长虹公园
金都宾馆
烈士陵园
市血液中心
天津商业大学
怡合村
津霸公路立交桥
津保立交桥
刘园苗圃
王秦庄
京沪高速公路
西姜井

天津　天津城区位于天津市中部偏西南，包括老城区和平区、南开区、红桥区及其周围的河北区、河东区、河西区，以及北辰区等。天津城始筑于明永乐初年（1403－1406年），古城池在今红桥区东南、南开区环城马路内。鸦片战争后，天津被辟为商埠，老城区南海河两岸成为外国租界，清政府又在老城区东北面开辟了新城区，天津城区规模基本形成。近年天津大力改造老城区成为城市的中心区。如今，市西北是天津重要的商业区；市西南是天津主要的文化教育区，有南开大学、天津大学等著名高等院校，著名的天津古文化街也坐落在这里；市中心和平区是天津的政治、商贸、金融、教育、医疗卫生中心，也是行政文化中心。海河以东是主要工业区。

［电话区号］　022

［邮政编码］　300202

［市　　花］　月季

［市　　树］　绒毛白蜡

［风景名胜］　玉皇阁、天后宫、大悲院、清真大寺、文庙、古文化街、“五大道”、西开教堂、平津战役纪念馆及意式风情街。

［特产美食］　天津三绝（狗不理包子、十八街麻花、耳朵眼炸糕）、曹记驴肉、锅巴菜、煎饼果子、小宝栗子、芝兰斋糕干、石头门坎素包、猫不闻饺子、崩豆张等。

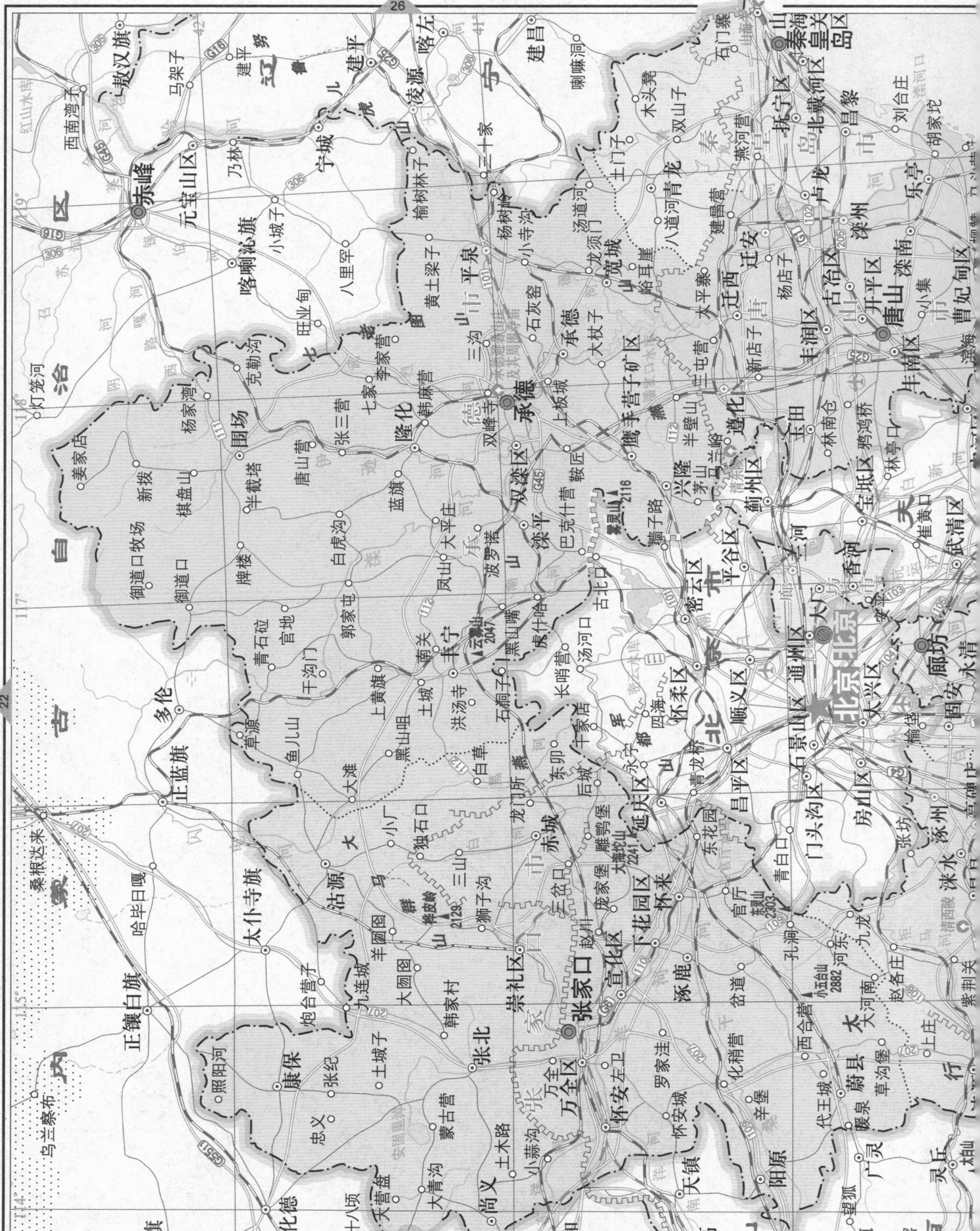
赤峰
承德
张家口
北京
唐山
秦皇岛
廊坊
隆化
围场
丰宁
滦平
兴隆
遵化
迁安
滦州
乐亭
宣化区
崇礼区
张北
康保
沽源
尚义
怀安
怀来
涿鹿
蔚县
阳原
涞源
涿州
三河
香河
大厂
多伦
正蓝旗
太仆寺旗
正镶白旗
镶黄旗
化德
商都
兴和
天镇
阳高
云州区
浑源
灵丘

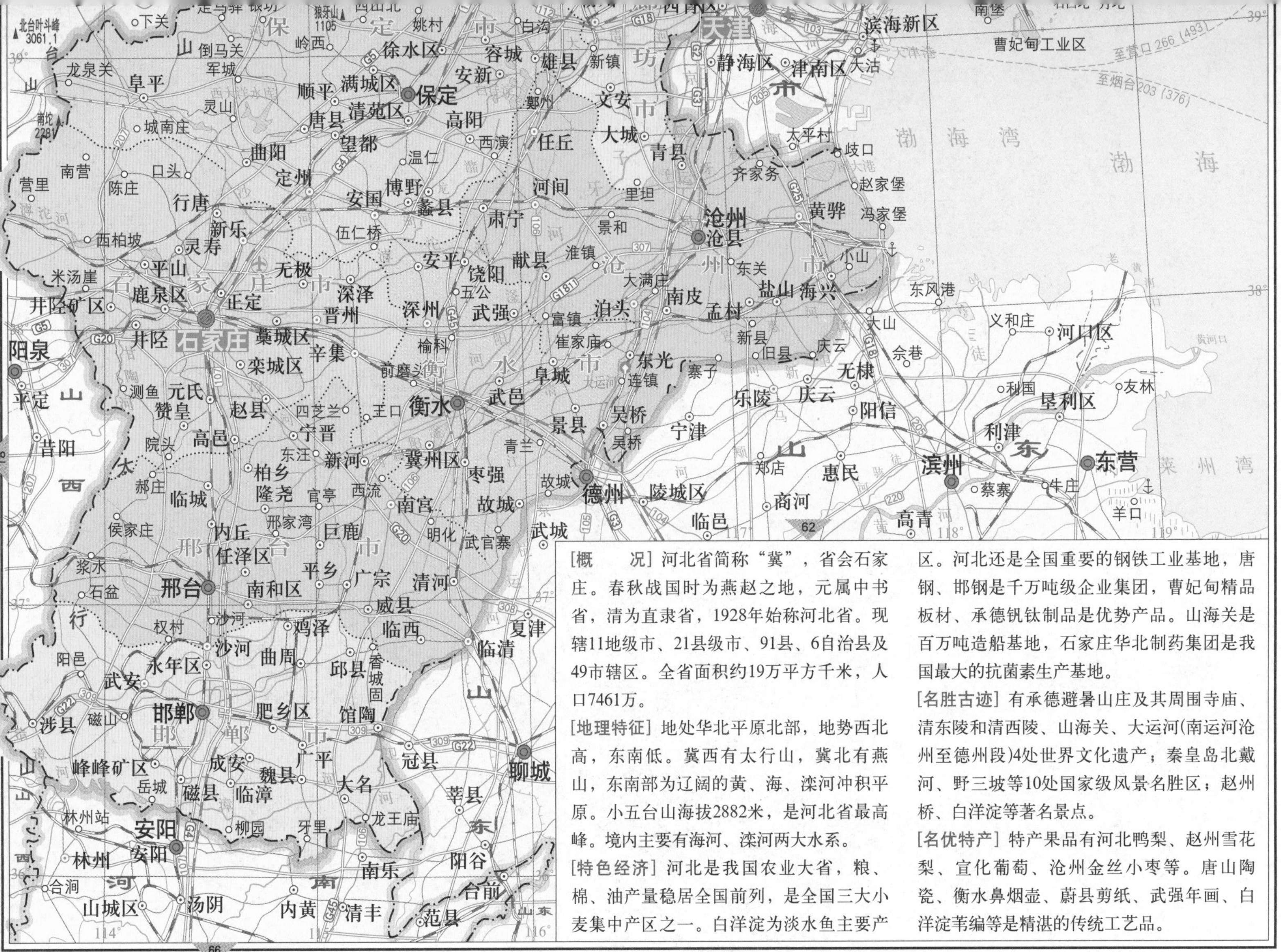

[概　　况] 河北省简称“冀”，省会石家庄。春秋战国时为燕赵之地，元属中书省，清为直隶省，1928年始称河北省。现辖11地级市、21县级市、91县、6自治县及49市辖区。全省面积约19万平方千米，人口7461万。

[地理特征] 地处华北平原北部，地势西北高，东南低。冀西有太行山，冀北有燕山，东南部为辽阔的黄、海、滦河冲积平原。小五台山海拔2882米，是河北省最高峰。境内主要有海河、滦河两大水系。

[特色经济] 河北是我国农业大省，粮、棉、油产量稳居全国前列，是全国三大小麦集中产区之一。白洋淀为淡水鱼主要产区。河北还是全国重要的钢铁工业基地，唐钢、邯钢是千万吨级企业集团，曹妃甸精品板材、承德钒钛制品是优势产品。山海关是百万吨造船基地，石家庄华北制药集团是我国最大的抗菌素生产基地。

[名胜古迹] 有承德避暑山庄及其周围寺庙、清东陵和清西陵、山海关、大运河(南运河沧州至德州段)4处世界文化遗产；秦皇岛北戴河、野三坡等10处国家级风景名胜区；赵州桥、白洋淀等著名景点。

[名优特产] 特产果品有河北鸭梨、赵州雪花梨、宣化葡萄、沧州金丝小枣等。唐山陶瓷、衡水鼻烟壶、蔚县剪纸、武强年画、白洋淀苇编等是精湛的传统工艺品。

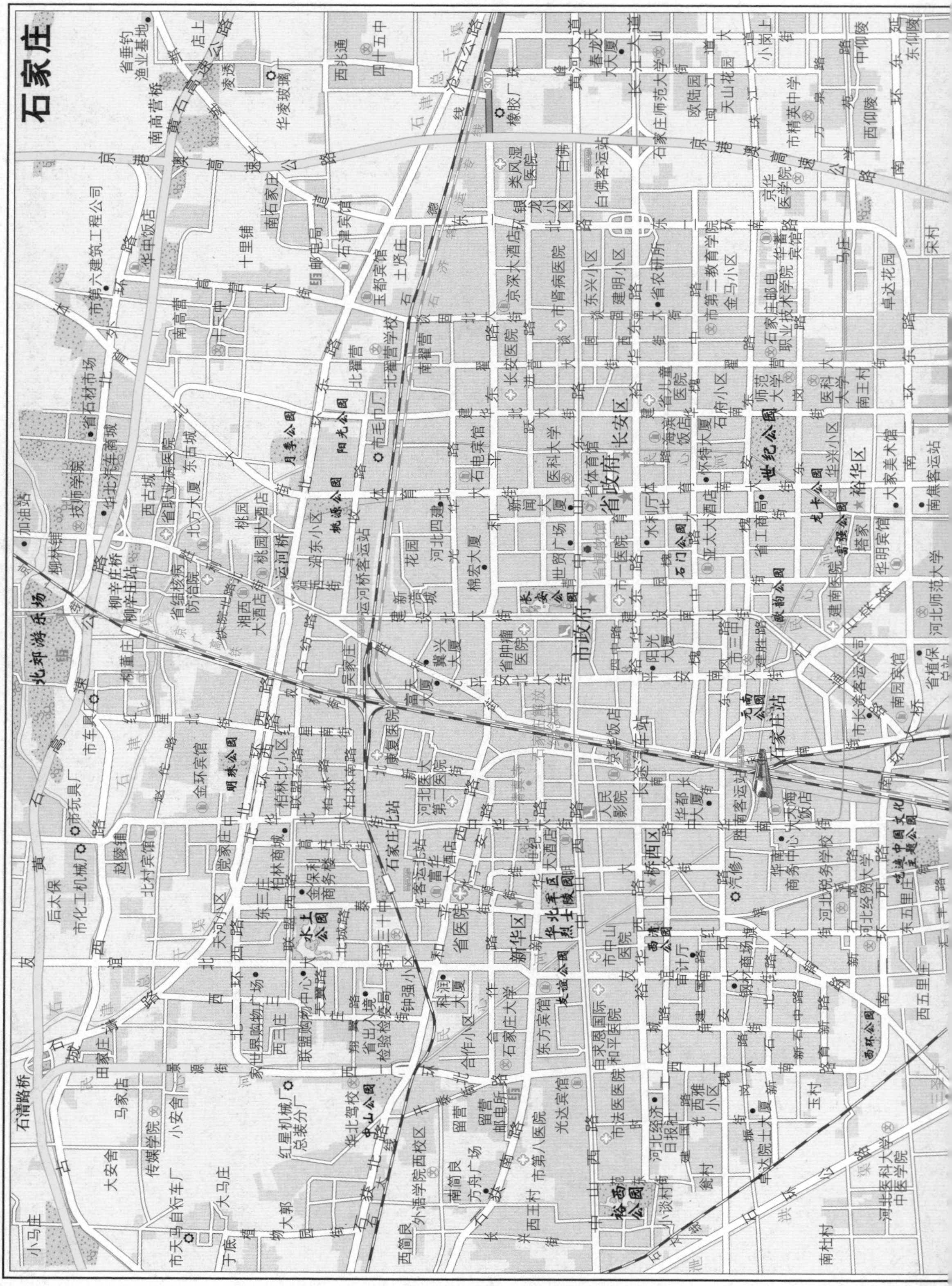
石家庄
石家庄站
石家庄北站
市政府
省政府
长安区
桥西区
新华区
裕华区
北郊游乐场
世纪公园
长安公园
水上公园
月季公园
阳光公园
维明公园
中山公园
裕西公园
西环公园
明珠公园
石门公园
华北烈士陵园
河北师范大学
石家庄师范大学
河北医科大学
石家庄学院
石家庄职业技术学院
河北经贸大学
河北科技大学
河北中医学院
省体育馆
省图书馆
北国商城
东方大厦
人民广场
世贸广场
河北四建
河北大厦
棉宏大厦
京石高速公路
京港澳高速公路
石太高速公路
二环路
中华大街
和平路
中山路
裕华路
建设大街
体育大街
友谊大街
胜利大街
维明大街
槐安路
东岗路
北二环
南二环
西二环
东二环
柳林铺
十里铺
西古城
东古城
南高营
小马庄
大马庄
大安舍
小安舍
马家庄
西王村
南杜村
宋村
东仰陵
西仰陵
西五里庄
东五里庄
石清路桥

石家庄 河北省省会，1925年设石门市，1948年改称石家庄市。1968年河北省会由保定迁此。为全国最大的医药工业基地、重要的纺织基地之一，是国家确认的首批生物产业基地。石家庄火车站为我国三大编组站之一。

[电话区号] 0311　　[邮政编码] 050011
[市　　花] 月季花　　[市　　树] 国槐
[风景名胜] 古城正定的隆兴寺、临济寺、赵云庙，赵县的安济桥、柏林寺，苍岩山、嶂石岩、西柏坡华北烈士陵园。
[特产美食] 赵州雪花梨、行唐大枣、行唐龙兴贡米、赞皇金丝大枣、藁城官面、缸炉烧饼、金凤扒鸡。

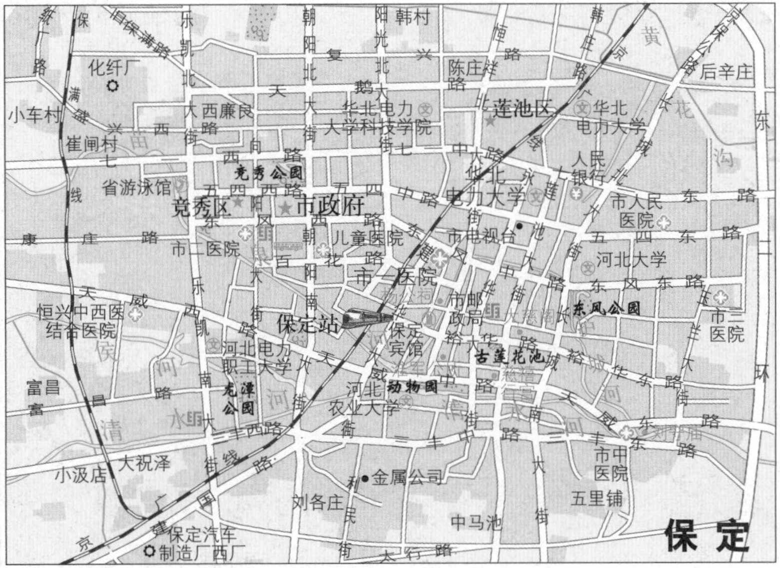

保定 1948年设市，为国家历史文化名城。有皮毛皮革、石雕、中药材、辣椒、草莓等产业基地。是河北省第一文物大市。

[电话区号] 0312　　[邮政编码] 071052　　[市　　花] 玉兰花
[风景名胜] 大慈阁、慈禧行宫、直隶总督署、古莲花池、清西陵、满城汉墓、野三坡、白洋淀、冉庄地道战遗址、狼牙山。
[特产美食] 驴肉火烧、大慈阁酱菜、白运章包子、马家老鸡铺卤煮鸡。

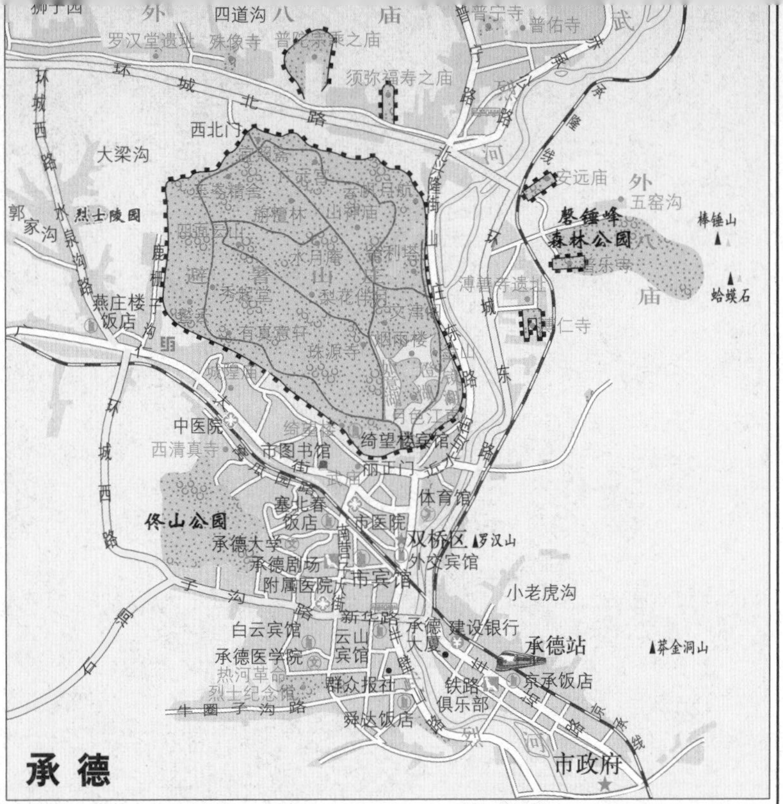

承德 旧称热河，位于河北省东部燕山深处，是著名的国家历史文化名城。1948年设承德市。风景名胜有避暑山庄、木兰围场、金山岭长城、京北第一草原、雾灵山、潘家口水库、辽河源头等。

[电话区号] 0314　　[邮政编码] 067000

避暑山庄及其周围寺庙　避暑山庄又称热河行宫，系清代皇帝避暑和处理政务的地方，是我国最大的皇家园林。苑景又分为湖区、平原区和山区，既有北国蒙古包，又有江南烟雨楼。周围寺庙即外八庙坐落在避暑山庄外围，这些寺庙集汉、满、藏等民族建筑艺术之大成，完好地保存和供奉着精美的佛像、法器等近万件。避暑山庄及其周围寺庙已被列为世界文化遗产。

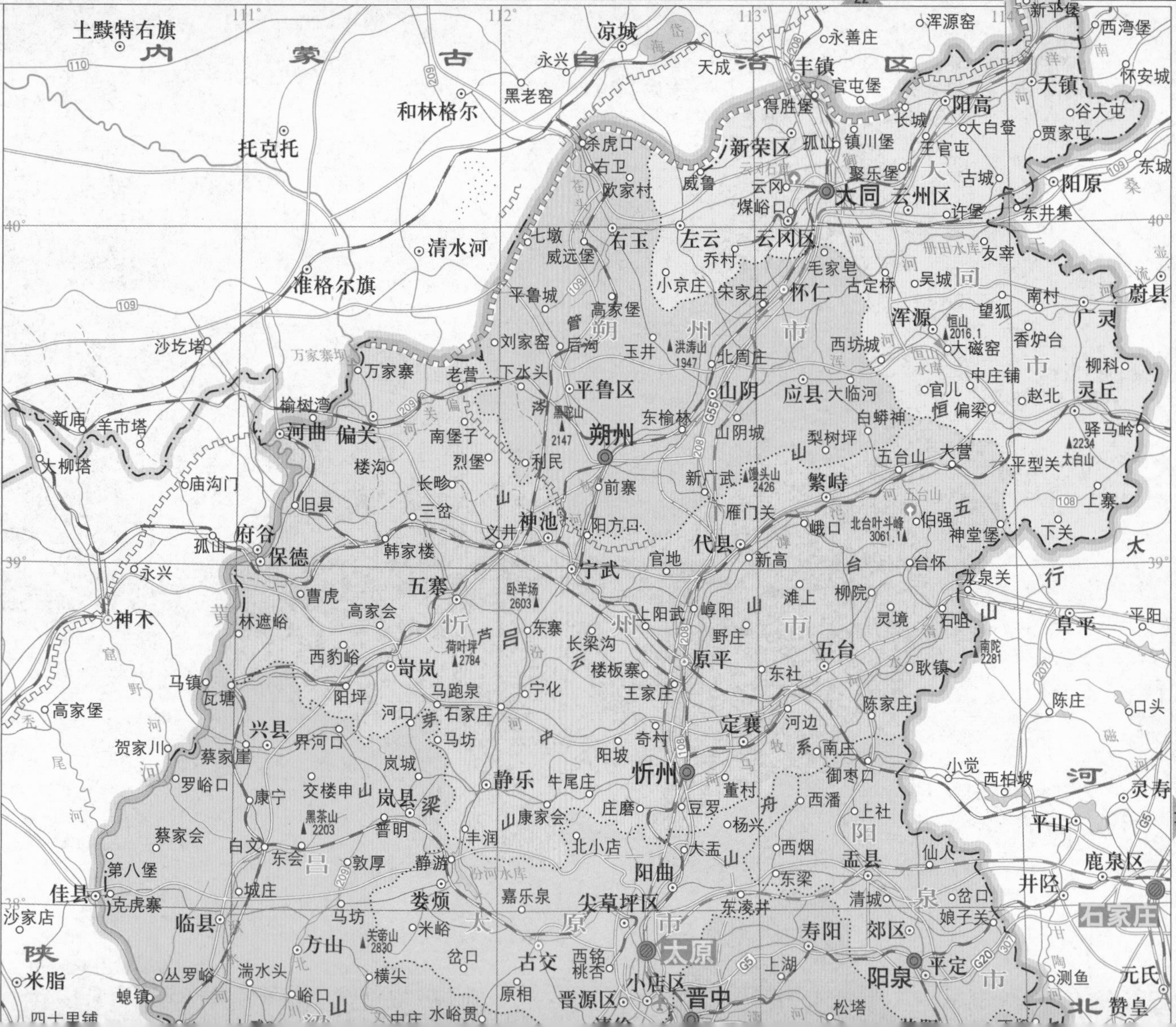

[概　　况] 山西省简称“晋”，省会太原。春秋时属晋国，战国时为赵、魏等国地，汉属并州，元属中书省山西道，明清时设省。现辖11地级市、11县级市、80县、26市辖区。全省面积约16万平方千米，人口3492万。

[地理特征] 地处黄土高原东部，地势东西高、中间低，地表多覆盖深厚黄土。五台山北台叶斗峰3061.1米，是本省也是华北最高峰。主要河流有黄河、汾河、桑干河、滹沱河等。解池是该省最大的湖泊。

[特色经济] 山西素称“煤炭之乡”，煤藏量占全国的五分之一以上，原煤产量约占全国的四分之一，煤炭出口创汇占全省出口创汇总额的五分之一，能源重化工基

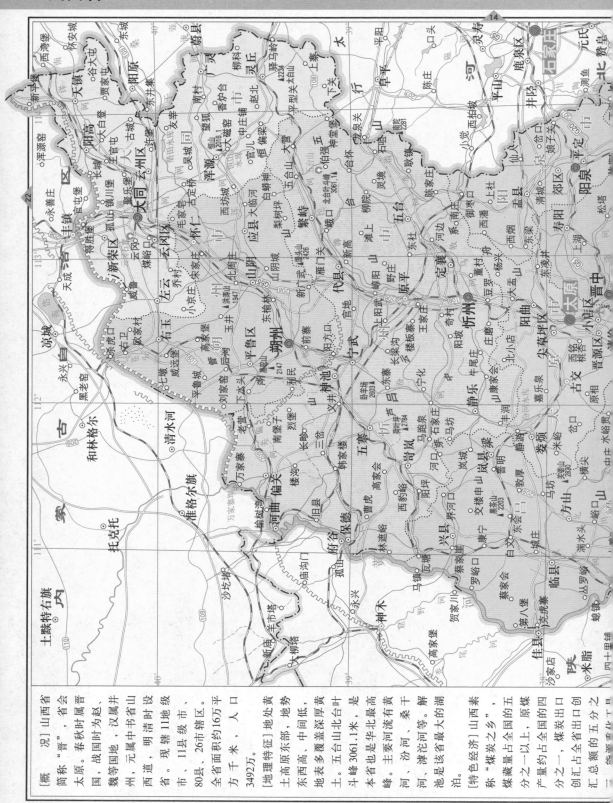

山西经济的核心。太原是我国著名的合金钢、重型机械和煤化工基地。

[名胜古迹] 五台山、恒山、黄河壶口瀑布、北武当山等国家级风景名胜区。大同云冈石窟、平遥古城和五台山已被列入《世界遗产名录》。

[名优特产] 农特产有平遥牛肉、沁州黄小米、稷山和运城等地的枣、清徐葡萄等。传统名产汾阳杏花村汾酒和竹叶青酒、清徐陈醋、闻喜煮饼等。

晋商 通常意义是指明清500年间的山西商人，晋商经营盐业，票号等商业，尤其以票号最为出名。晋商还为中国留下了丰富的建筑遗产，著名的有乔家大院、常家庄园、李家大院、王家大院、渠家大院、曹家三多堂等。

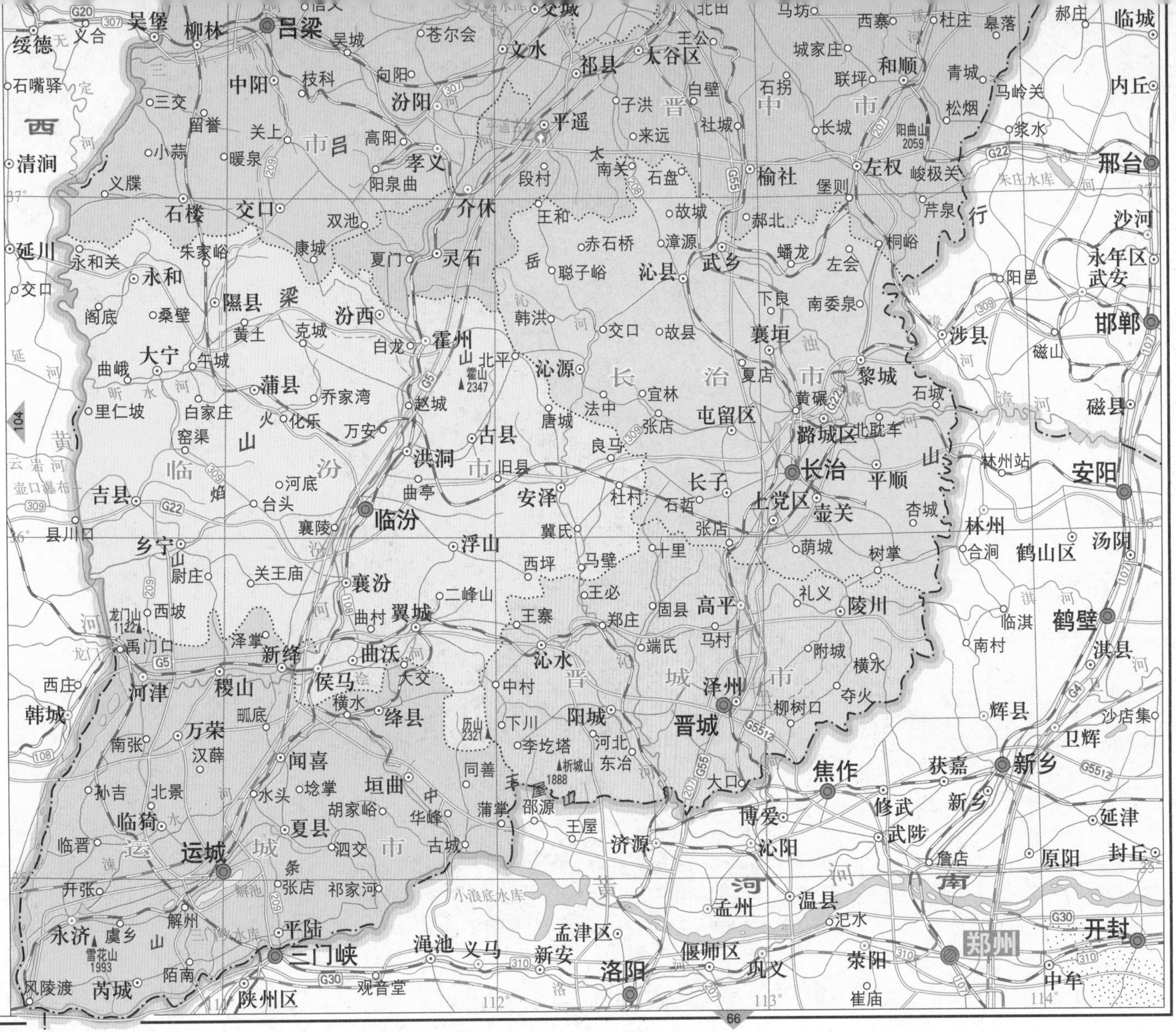

比例尺 1:2 130 000

0 21.3 42.6 63.9千米

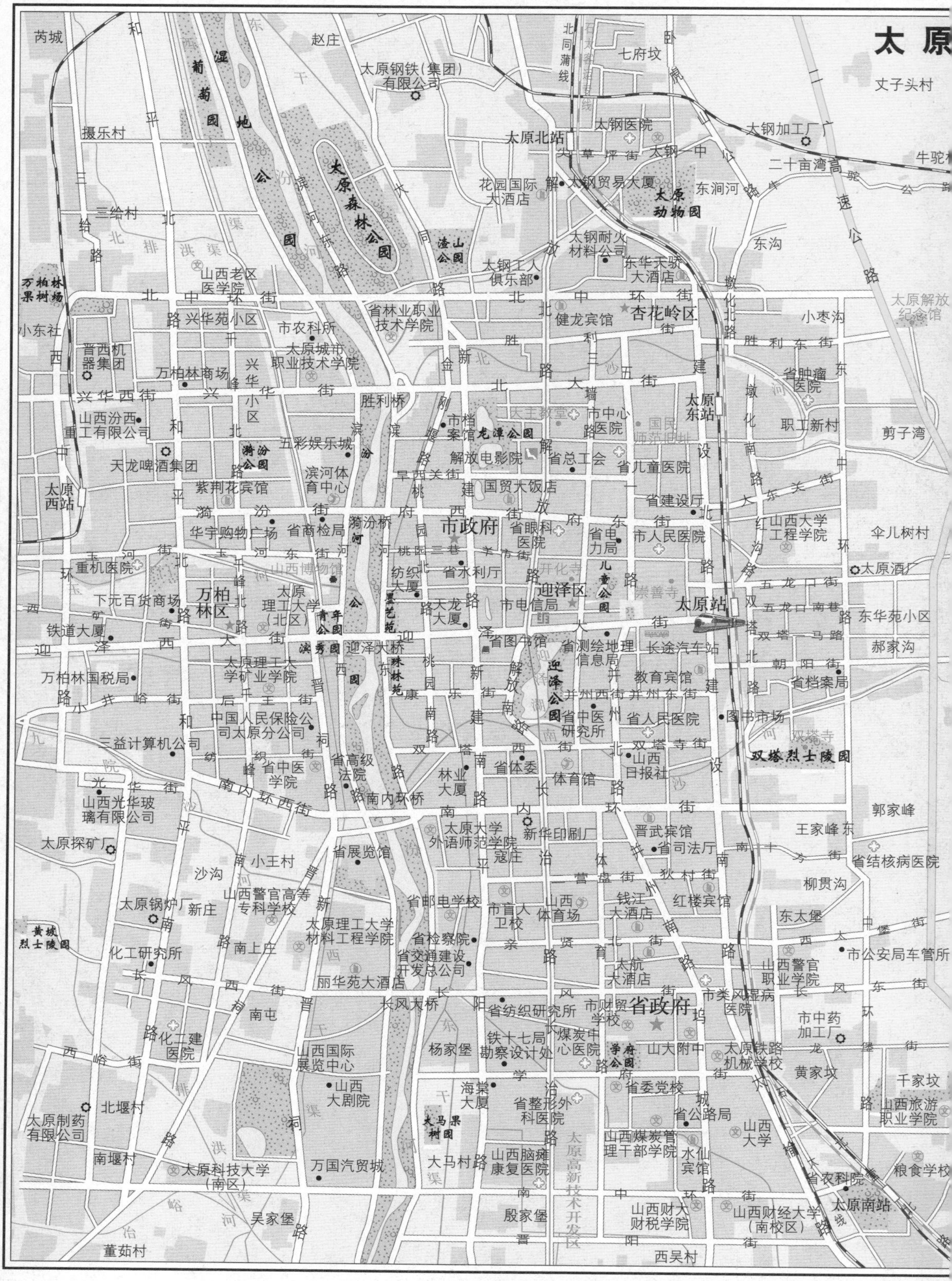
太原
芮城
赵庄
太原钢铁(集团)有限公司
七府坟
丈子头村
摄乐村
太钢医院
太原北站
太钢加工厂
尖草坪街
太钢一中
二十亩湾
牛驼村
花园国际大酒店
太钢贸易大厦
太原动物园
东涧河
三给村
太原森林公园
葡萄园湿地公园
滨河东路
太钢耐火材料公司
东沟
渣山公园
太钢工人俱乐部
东华大酒店
万柏林果树场
山西老区医学院
北中环街
太原解放纪念馆
小东社
兴华苑小区
省林业职业技术学院
健龙宾馆
杏花岭区
小枣沟
市农科所
胜利东街
晋西机器集团
太原城市职业技术学院
省肿瘤医院
万柏林商场
兴华西街
胜利桥
太原东站
山西汾西重工有限公司
市档案馆
龙潭公园
市中心医院
职工新村
剪子湾
天龙啤酒集团
漪汾公园
五彩娱乐城
解放电影院
省总工会
省儿童医院
太原西站
紫荆花宾馆
滨河体育中心
旱西关街
国贸大饭店
大东关街
省建设厅
市政府
山西大学工程学院
伞儿树村
华宇购物广场
省商检局
漪汾桥
省眼科医院
省电力局
市人民医院
重机医院
山西博物馆
桃园三巷
省水利厅
纺织大厦
开化寺
太原酒厂
下元百货商场
万柏林区
太原理工大学(北区)
青年公园
迎泽区
儿童公园
崇善寺
五龙口街
天龙大厦
市电信局
太原站
五龙口南巷
东华苑小区
铁道大厦
迎泽大街
滨秀园
双塔马路
郝家沟
万柏林国税局
太原理工大学矿业学院
省图书馆
省测绘地理信息局
长途汽车站
朝阳街
西园
迎泽公园
教育宾馆
省档案局
小井峪街
千王街
康乐街
并州西街
并州东街
中国人民保险公司太原分公司
省中医研究所
省人民医院
图书市场
三益计算机公司
双塔寺
双塔烈士陵园
省中医学院
省高级法院
省体委
山西日报社
光华街
林业大厦
体育馆
南内环西街
南内环桥
山西光华玻璃有限公司
郭家峰
太原大学外语师范学院
新华印刷厂
晋武宾馆
王家峰
太原探矿厂
省展览馆
省司法厅
小王村
寇庄
营盘街
狄村街
省结核病医院
沙沟
柳贯沟
山西警官高等专科学校
红楼宾馆
太原锅炉厂
新庄
省邮电学校
市盲人卫校
山西体育场
钱江大酒店
东太堡
黄坡烈士陵园
太原理工大学材料工程学院
省检察院
南上庄
化工研究所
省交通建设开发总公司
亲贤北街
太航大酒店
市公安局车管所
山西警官职业学院
丽华苑大酒店
长风西街
长风东街
南屯
长风大桥
省纺织研究所
市财贸学校
省政府
市类风湿病医院
市中药加工厂
化二建医院
杨家堡
铁十七局勘察设计处
煤炭中心医院
学府公园
山大附中
太原铁路机械学校
黄家坟
千家坟
西峪街
山西国际展览中心
省委党校
山西大剧院
海棠大厦
省整形外科医院
省公路局
山西旅游职业学院
太原制药有限公司
北堰村
大马果树园
山西煤炭管理干部学院
山西大学
南堰村
水仙宾馆
太原科技大学(南区)
万国汽贸城
大马村
山西脑瘫康复医院
太原高新技术开发区
省农科院
粮食学校
南中环街
山西财大财税学院
山西财经大学(南校区)
太原南站
吴家堡
殷家堡
董茹村
西吴村

原　春秋时建城，初晋阳，曾是赵国都，秦时为太原郡治，东汉时兼为并州首，故太原简称并”，明清时起即为西省省会，1947年始市，为国家历史文化城。

太原地处汾河中、晋中盆地，附近农富饶，西山一带煤、地下水资源丰富，我国重要的能源、合钢、重型机械和重化基地。太钢是我国最的优质合金钢生产基。汾河将整个城市分东西两个部分。汾河东为城市主体，人口集，商业繁荣，古迹多；汾河以西为学府和化学、煤炭、机械业区。

太原是著名的晋商里，晋商作为中国最的商人，其历史最早以追溯到春秋战国时，明清两代成为晋商鼎盛时期，并成为中十大商帮之首。晋祠集中国古代祭祀建、园林、雕塑、壁、碑刻艺术为一体的史文化遗产，齐柏、老泉和侍女像被誉为晋祠三绝。

话区号] 0351
政编码] 030082
花] 菊花
树] 国槐
景名胜] 晋祠、天山石窟、西山大、纯阳宫、崇善、双塔寺、文庙。
产美食] 清徐老陈、清徐葡萄、晋祠米、太原玉雕、太头脑、刀削面等。

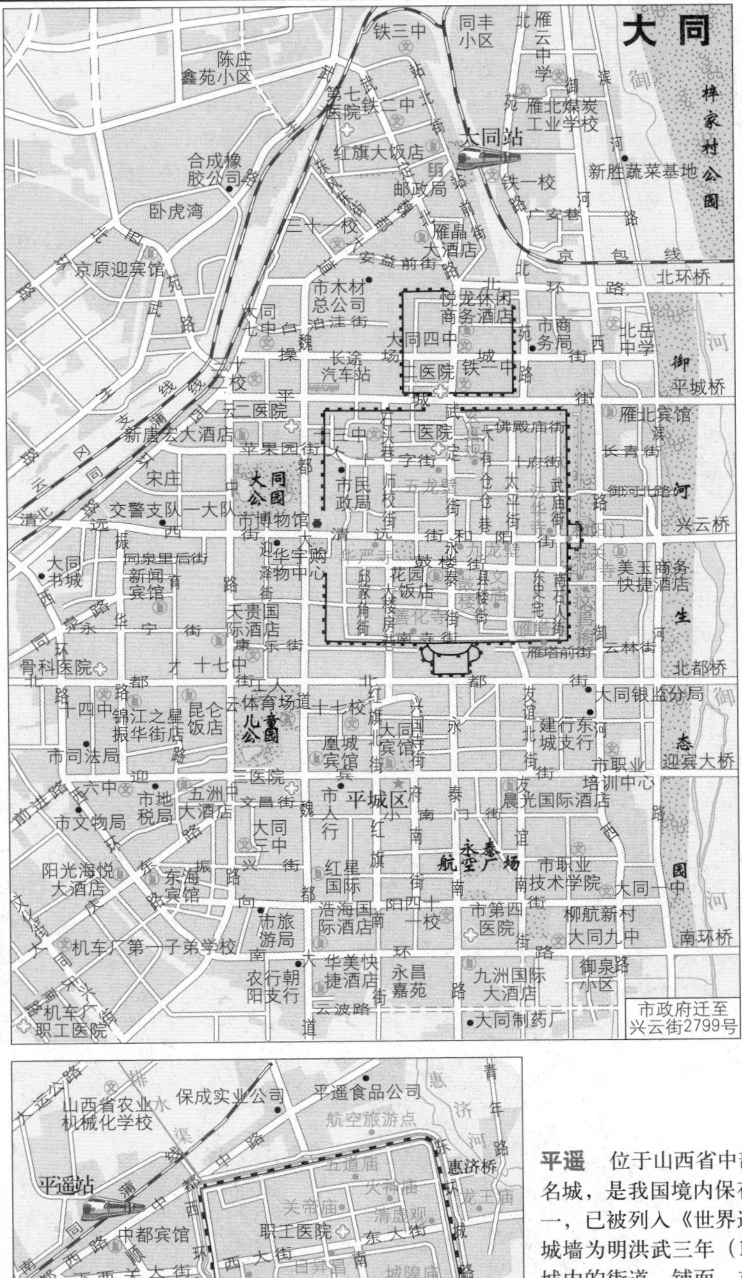

大同　1949年设市，是国家历史文化名城，是晋北重要的工矿业、交通中心城市。大同煤炭资源丰富，质地优良，为全国著名的煤炭工业基地，有“中国煤都”之称。大同文物荟萃，始建于北魏的云冈石窟是我国三大石窟艺术宝库之一，世界文化遗产，还有北岳恒山、悬空寺、九龙壁、华严寺、善化寺等名胜古迹。

[电话区号]　0352
[邮政编码]　037008
[市　　树]　国槐
[风景名胜]　云冈石窟、善化寺、华严寺、九龙壁、北岳恒山、悬空寺、雁塔、鼓楼、古长城、古火山群景观、平型关战役遗址等。
[特产美食]油炸糕、莜面、百花烧麦、浑源凉粉、涮羊肉、黄花、铜壶、美术陶瓷等。

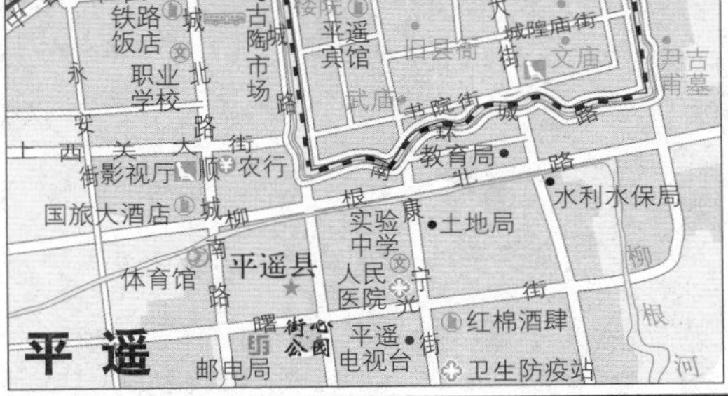

平遥　位于山西省中部，为国家历史文化名城，是我国境内保存最为完好的古城之一，已被列入《世界遗产名录》。现存的城墙为明洪武三年（1370年）扩建而成，城内的街道、铺面、市楼等建筑和四合院民居仍呈现着明清风貌。

[电话区号]　0354
[邮政编码]　031100
[风景名胜]　双林寺、镇国寺、麓台塔、日昇昌票号旧址、千佛崖、西沟摩崖造像等。
[特产美食]　平遥牛肉、平遥长山药、推光漆器等。

内蒙古自治区

[概　况] 内蒙古自治区简称“内蒙古”，首府呼和浩特。位于我国北部边疆。古时属我国北方少数民族匈奴、东胡地，清代为内蒙古地区，1947年成立内蒙古自治区。现辖9地级市、3盟、11县级市、17县、49旗、3自治旗及23市辖区。自治区面积约118万平方千米，人口2405万。

[地理特征] 自治区境内以高原为主，多数地区在海拔1000米以上，微波起伏，草原广阔。东有大兴安岭和西辽河平原，西为巴丹吉林、腾格里、乌兰布和、库布齐、毛乌素等戈壁、沙漠，边缘有大兴安岭、阴山、贺兰山等山地。阴山南为肥沃的黄河河套、土默川平原，黄河以南为鄂尔多斯高原。敖包圪垯海拔3556米，是境内最高峰。湖泊较多，呼伦湖为境内最大的淡水湖。

[特色经济] 内蒙古是我国重要的草原牧区，马、骆驼、绵羊头数居全国前列，羊毛产量占全国的四分之一。自治区也是全国重要的畜产品生产与加工基地，森林工业和乳制品生产业在全国占有重要地位，乳业发展以蒙牛、伊利两大龙头企业带动，呼和浩特为中国的“乳都”。内蒙古也是全国钢铁、煤炭的生产基地之一，有准格尔、东胜、元宝山、伊敏河、霍林河等露天矿区。机械电子、农畜产品加工、冶金、能源工业为内蒙古四大支柱产业。

[名胜古迹] 旅游以草原风光和民族风情为两大特色。元上都遗址已被列入《世界遗产名录》。扎兰屯为国家级风景名胜区。大青沟、达赉湖、达里诺尔、白音敖包、赛罕乌拉、锡林郭勒草原、额济纳胡杨林等为国家级自然保护区。其他名胜有昭君墓、五当召、成吉思汗陵、席力图召等。

[名优特产] 土特产主要有河套蜜瓜、口蘑、皮张、地毯、阿拉善驼绒、鄂尔多斯山羊绒、羊羔皮等。具有民族特色的工艺品有多伦马鞍、蒙古靴、中华麦饭石、巴林彩石等。风味名食有烤全羊、奶皮子、奶豆腐、马奶酒、昭君酒等。

蒙古长调 是一种具有鲜明游牧文化和地域文化特征的独特演唱形式。它以草原人特有的语言述说着蒙古民族对历史文化、人文习俗、道德、哲学和艺术的感悟，旋律悠长舒缓、意境开阔、高亢奔放、声多词少、气息绵长，旋律极富装饰性，被联合国教科文组织定为“人类口头和非物质遗产代表作”。

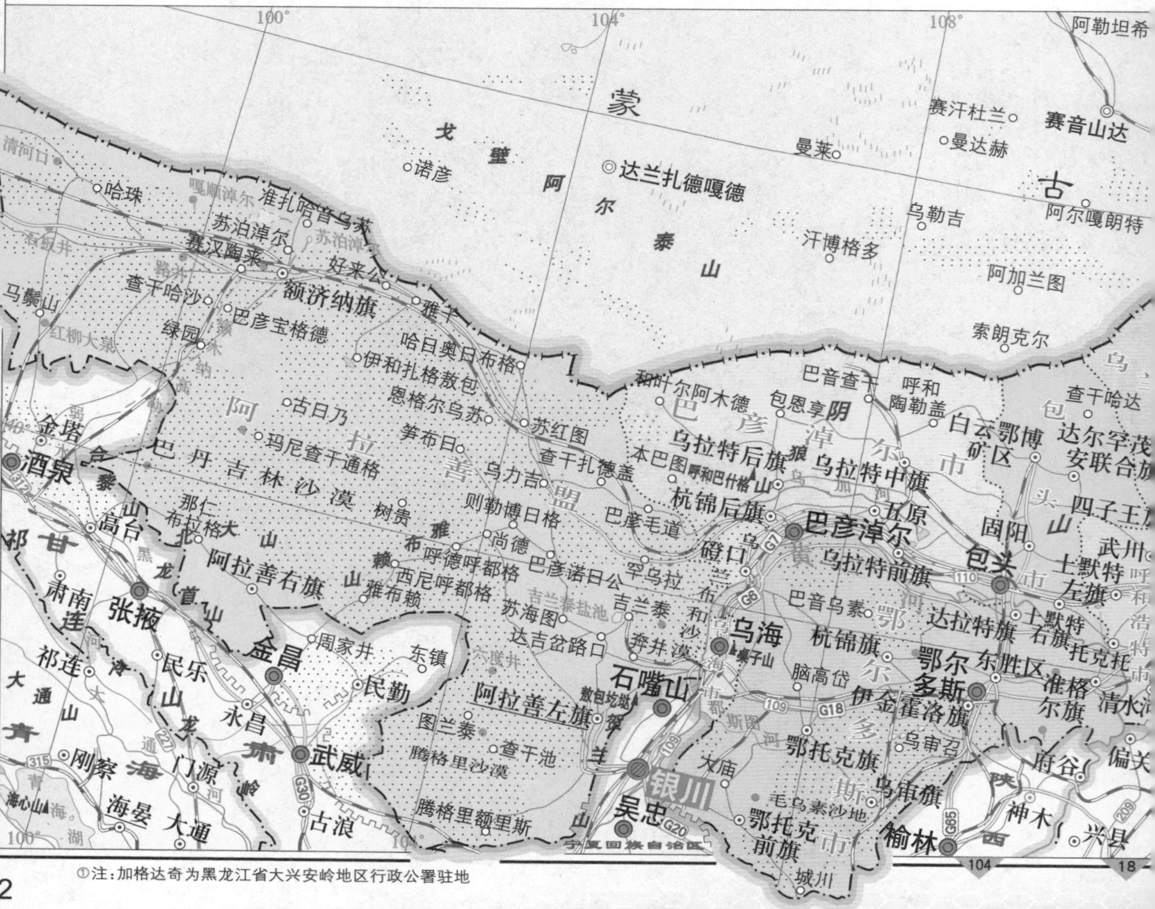

①注：加格达奇为黑龙江省大兴安岭地区行政公署驻地

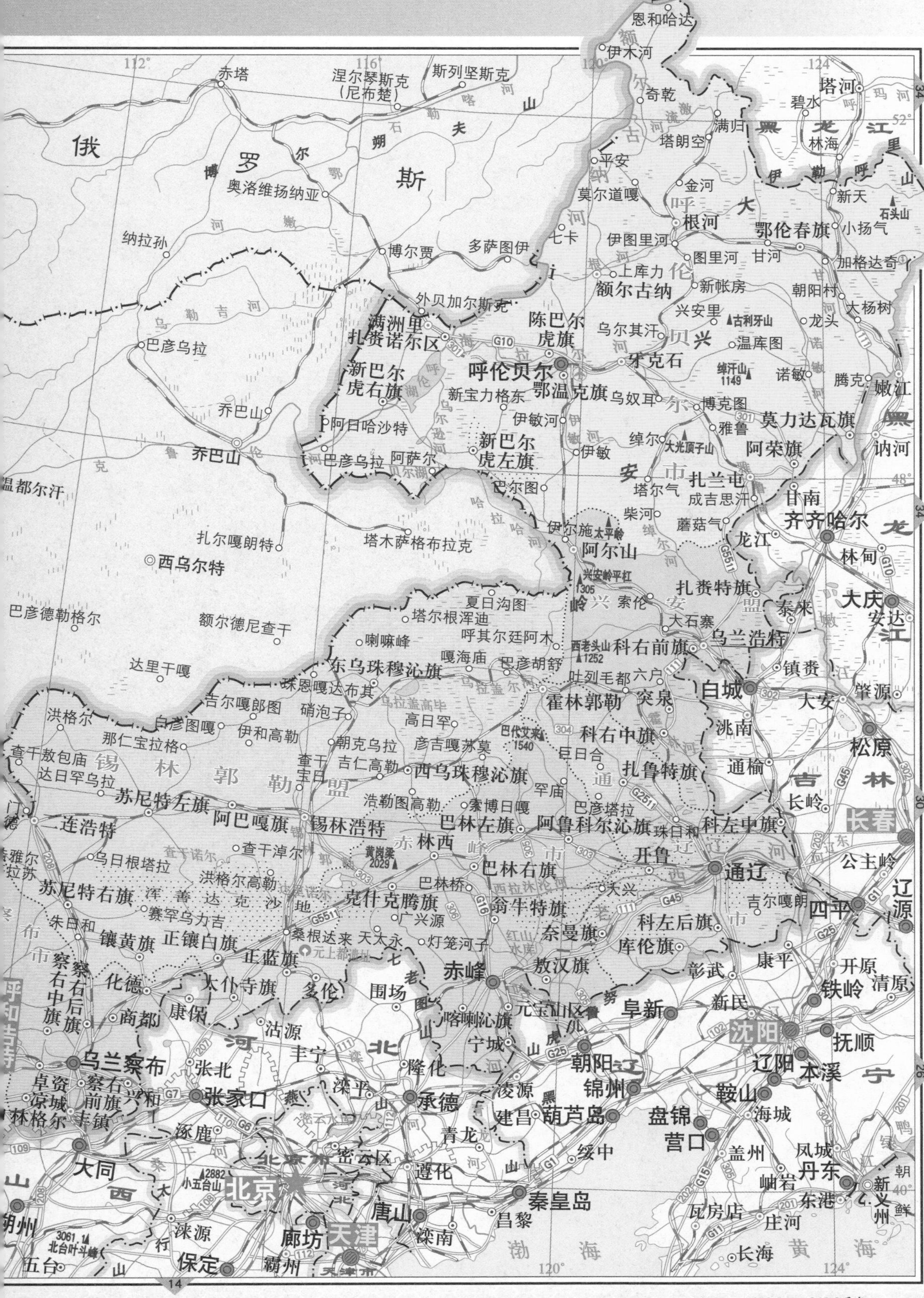

比例尺 1∶7 130 000 0 71.3 142.6 213.9千米

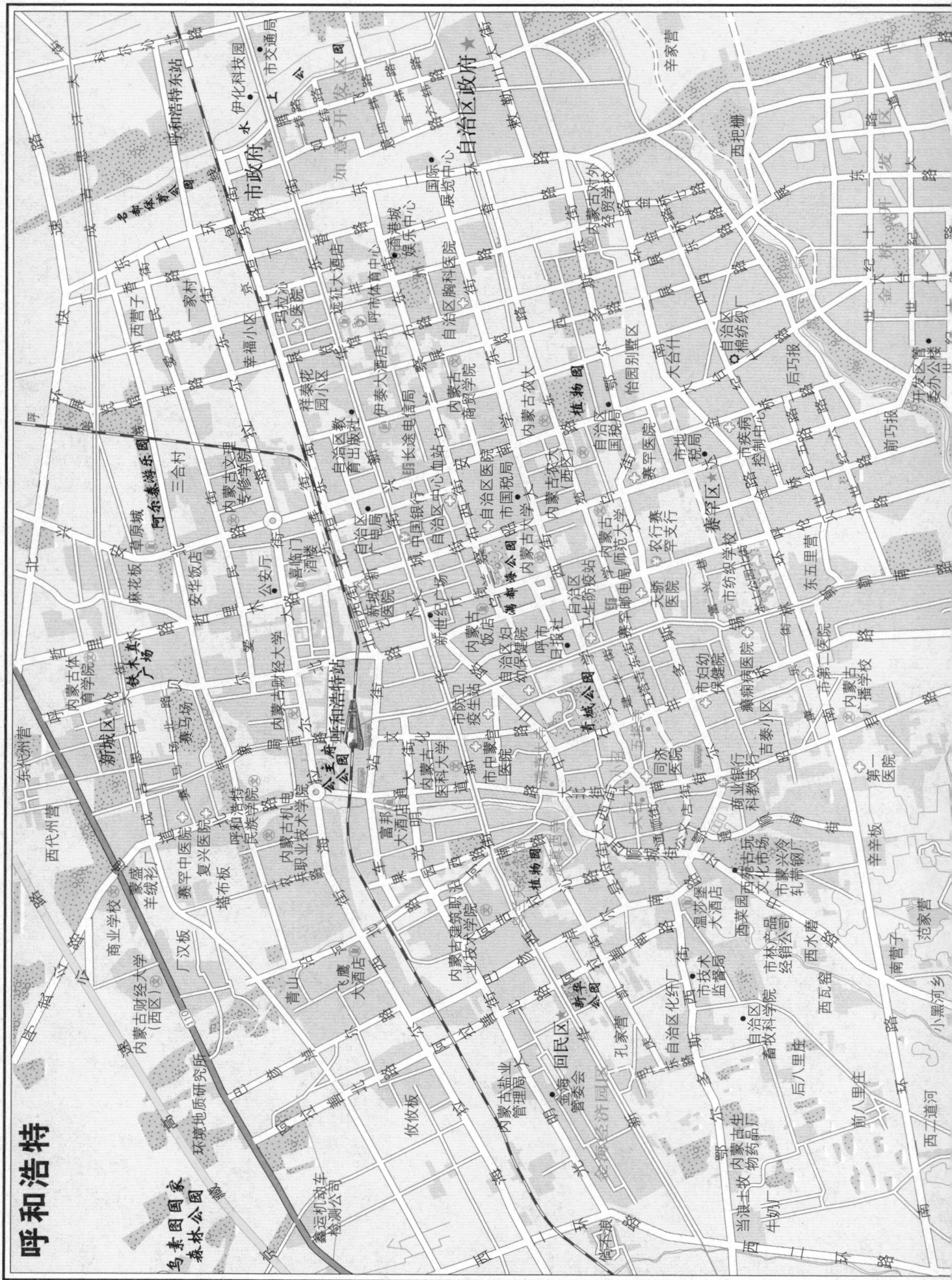
呼和浩特
市政府
自治区政府
呼和浩特东站
呼和浩特站
新城区
回民区
赛罕区
青城公园
满都海公园
植物园
公主府公园
铁木真广场
阿尔泰游乐园
乌素图国家森林公园
内蒙古大学
内蒙古农大
内蒙古财经大学
内蒙古师范大学
内蒙古医院
自治区医院
国际展览中心
大召
五塔寺

文化名城。明万历年间建归化城，清雍正年间建绥远城，分别为现在的旧城和新城，1928年新旧两城合并设归绥市，1954年改称呼和浩特，蒙古语意为“青城”之意，简称呼市，是一座具有悠久历史的塞外古城。现为我国毛纺织、畜产品加工工业名城，是我国毛线、地毯、皮革等皮毛制品生产基地，有“乳城”之称，其中伊利、蒙牛是全国闻名的两大乳业龙头企业。呼和浩特又被誉为“召城”，有着丰富的民间召庙文化，规模较大的有明代大召（伊克昭）、小召（席力图召）、乌素图召、喇嘛洞召等，还有清代的五塔寺、昭君墓等名胜古迹。

[邮政编码] 010000
[市　　花] 丁香　　[市　　树] 油松
[风景名胜] 大窑文化遗址、昭君墓、大召寺、小召寺、五塔寺、哈素海、辽代白塔等。
[特产美食] 烤全羊、羊杂碎汤、莜面、马奶酒、奶皮子、奶酪、馓子、羊绒衫、昭君酒等。

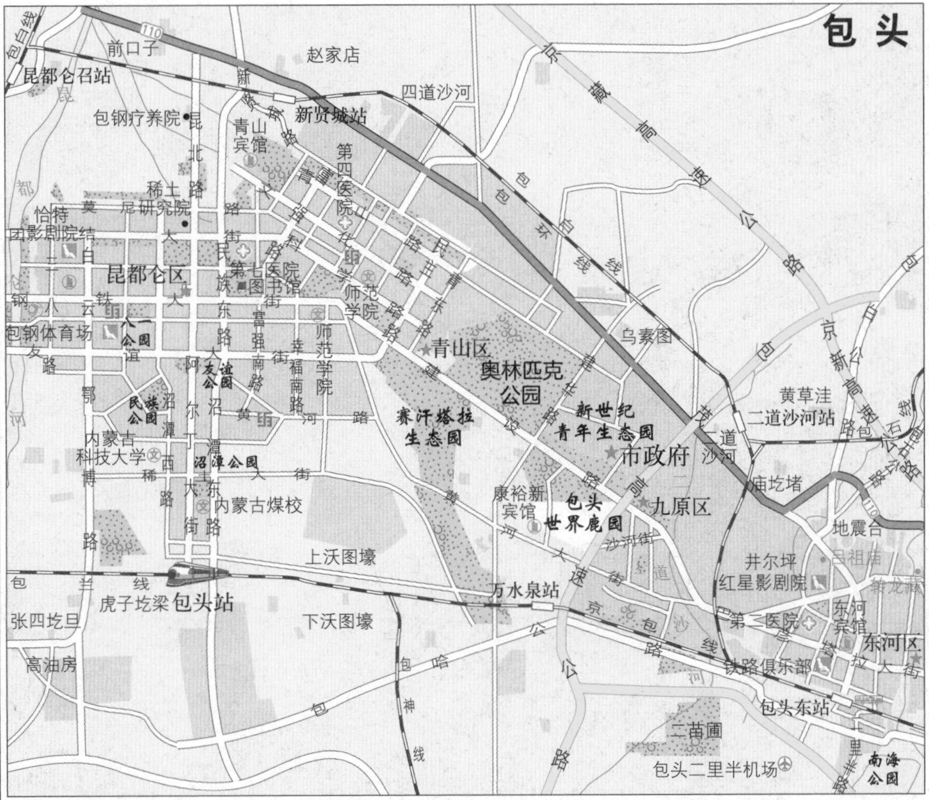

包头　是内蒙古自治区最大的工业城市，也是新兴的钢铁工业名城，有“草原钢城”之称。包头矿产资源丰富，白云鄂博铁矿最为著名，稀土矿储量居世界首位，是我国最大的稀土金属生产基地和著名的钢铁工业基地。

[电话区号] 0472　[邮政编码] 014025　[市　　花] 小丽花　[市　　树] 云杉　[风景名胜] 五当召、响沙湾、成吉思汗陵、阿拉善沟门遗址、九峰山等。
[特产美食] 皮毛、地毯、奶制品、牛肉干等。

满洲里　是我国最大的沿边陆路口岸。居住着蒙、汉、回、朝鲜、鄂温克、鄂伦春、俄罗斯等20多个民族，是一座独领中俄蒙三国风情、中西文化交融的口岸城市，素有“东亚之窗”的美誉。

[电话区号] 0470　[邮政编码] 021400
[风景名胜] 呼伦贝尔大草原、呼伦湖景区、扎赉诺尔国家矿山公园等。
[特产美食] 鱼匹子、满洲里白蘑、苦杏仁、烤羊腿、狍子肉等。

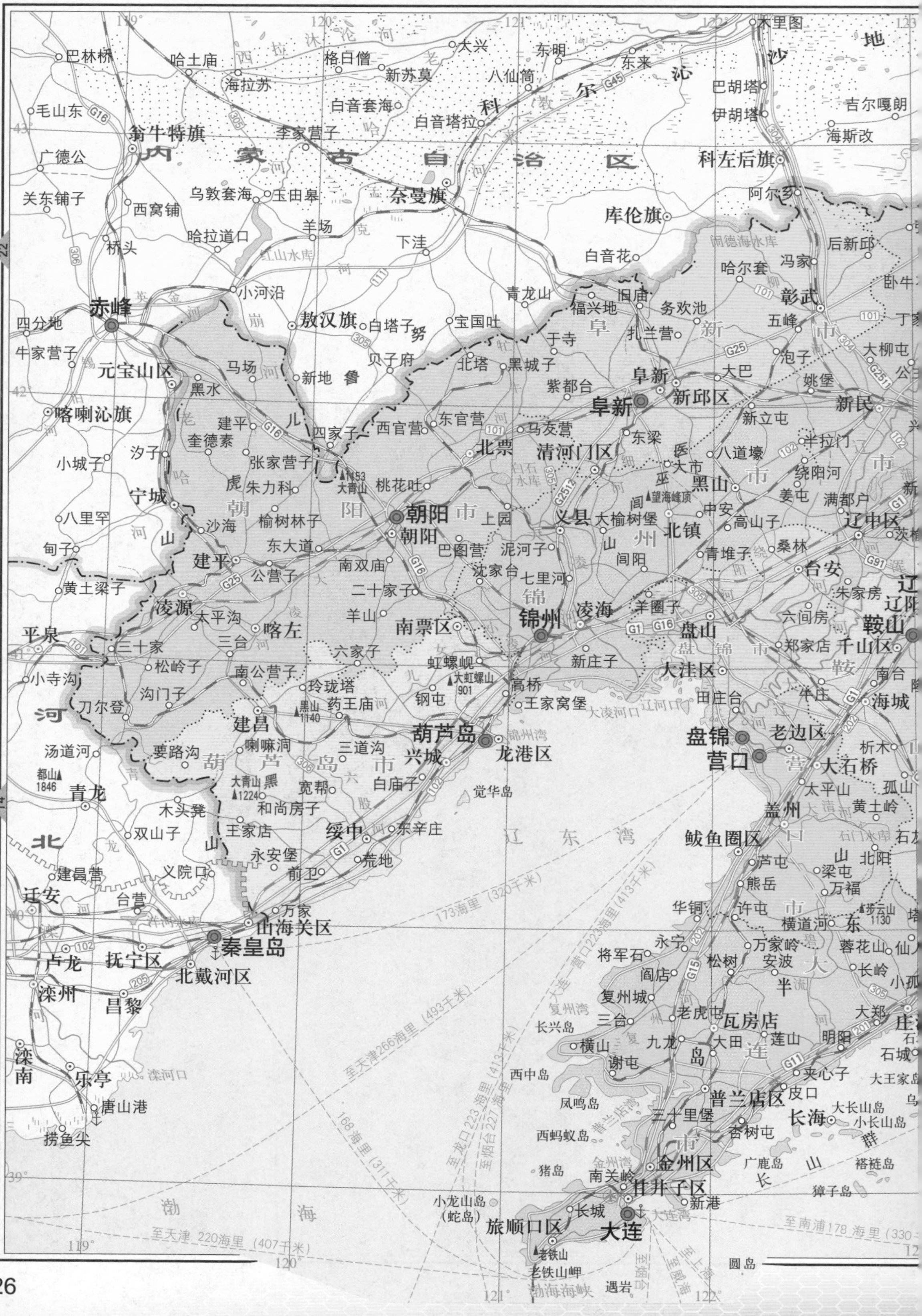
内蒙古自治区
科尔沁沙地
巴林桥
哈土庙
海拉苏
格日僧
新苏莫
大兴
八仙筒
东明
东来
木里图
巴胡塔
伊胡塔
吉尔嘎朗
海斯改
毛山东
白音套海
白音塔拉
翁牛特旗
李家营子
广德公
科左后旗
关东铺子
乌敦套海
玉田皋
奈曼旗
阿尔乡
西窝铺
羊场
库伦旗
哈拉道口
下洼
桥头
红山水库
白音花
后新邱
闹德海水库
哈尔套
冯家
赤峰
小河沿
青龙山
福兴地
旧庙
务欢池
彰武
四分地
敖汉旗
白塔子
宝国吐
于寺
扎兰营
五峰
牛家营子
阜新市
马场
贝子府
北塔
黑城子
泡子
大柳屯
元宝山区
黑水
新地
紫都台
阜新
大巴
姚堡
喀喇沁旗
建平
东官营
阜新
新邱区
新民
新立屯
奎德素
四家子
西官营
马友营
东梁
半拉门
汐子
张家营子
北票
清河门区
八道壕
小城子
朱力科
大青山
桃花吐
白石水库
大市
黑山
绕阳河
宁城
朝阳市
朝阳
上园
义县
大榆树堡
望海峰顶
中安
姜屯
满都户
八里罕
沙海
朝阳
榆树林子
巴图营
泥河子
北镇
高山子
辽中区
甸子
建平
东大道
锦州市
闾阳
青堆子
桑林
南双庙
沈家台
七里河
台安
黄土梁子
公营子
二十家子
羊圈子
朱家房
辽阳
凌源
太平沟
锦州
凌海
六间房
羊山
南票区
盘山
鞍山
平泉
三十家
喀左
三台
盘锦市
郑家店
千山区
六家子
新庄子
虹螺岘
大虹螺山
松岭子
南公营子
大洼区
南台
小寺沟
玲珑塔
高桥
鞍山
沟门子
刀尔登
黑山
药王庙
钢屯
王家窝堡
田庄台
海城
建昌
大凌河口
辽河口
牛庄
葫芦岛
锦州湾
盘锦
老边区
汤道河
喇嘛洞
三道沟
兴城
龙港区
营口
大石桥
要路沟
葫芦岛市
析木
都山
大青山
白庙子
觉华岛
太平山
孤山
青龙
宽帮
和尚房子
盖州
黄土岭
木头凳
王家店
绥中
东辛庄
辽东湾
鲅鱼圈区
营口市
石门水库
双山子
永安堡
荒地
芦屯
山
北阳
建昌营
义院口
前卫
熊岳
梁屯
万福
迁安
台营
万家
华铜
许屯
步云山
横道河
东
秦皇岛
山海关区
173海里（320千米）
永宁
万家岭
蓉花山
卢龙
抚宁区
将军石
松树
安波
长岭
滦州
北戴河区
阎店
半
复州城
大连—营口223海里（413千米）
昌黎
复州湾
三台
老虎屯
瓦房店
大郑
长兴岛
横山
九龙
莲山
明阳
滦南
大田
石城
谢屯
连
乐亭
至天津266海里（493千米）
滦河口
西中岛
夹心子
大王家岛
唐山港
凤鸣岛
普兰店区
皮口
大长山岛
捞鱼尖
普兰店湾
三十里堡
长海
小长山岛
西蚂蚁岛
杏树屯
168海里（311千米）
至龙口223海里（413千米）
至烟台227海里
金州湾
金州区
广鹿岛
长山
褡裢岛
猪岛
南关岭
甘井子区
獐子岛
渤海
小龙山岛（蛇岛）
长城
大连湾
新港
旅顺口区
大连
至天津220海里（407千米）
至南浦178海里（330千米）
老铁山
老铁山岬
圆岛
渤海海峡
遇岩
至烟台
至威海
至上海

[概　况] 辽宁省简称“辽”，省会沈阳。位于东北地区南部沿海，南临黄海、渤海。战国时属燕国，秦置辽东、辽西等郡，汉属幽州，清初为盛京，后设奉天省，1929年改辽宁省。现辖14地级市、16县级市、17县、8自治县及59市辖区。全省面积约15万平方千米，人口4259万。

[地理特征] 地势自东北西向中南部倾斜，两翼高，中间低。中部为辽河平原，东、西部为海拔500米左右的丘陵山地，主要有千山、医巫闾山、龙岗山等。宽甸花脖山海拔1336米，是本省最高山峰。主要河流有辽河、鸭绿江及浑河等，其中辽河是该省最大河流。辽东半岛海岸曲折多良港，近海分布有500多个岛屿。

[特色经济] 辽宁是我国主要的工业和原材料基地。工业门类齐全，石油化工、冶金、电子、机械是该省的四大支柱产业。沈阳与京、津、沪并称我国四大机械工业中心。辽宁是全国主要的海盐、芦苇、柞蚕产区以及东北地区主要的棉花、花生产区。沿海渔业发达，有辽东湾和海洋岛两大渔场。

[名胜古迹] 辽宁名胜古迹众多，沈阳故宫、盛京三陵、高句丽王城、王陵及贵族墓葬被列入《世界遗产名录》，鸭绿江、千山、青山沟、兴城海滨、凤凰山、本溪水洞、金石滩、医巫闾山等为国家级风景名胜区。

[名优特产] 大连、营口的国光苹果、辽阳香水梨、大连黄金桃等温带果品最为出名。该省也是“东北三宝”人参、貂皮、鹿茸的主要产区之一。特产工艺品有岫岩玉雕、抚顺煤精雕刻、大连贝雕等、琥珀工艺品、锦州玛瑙雕。

二人转 是辽宁省乃至整个东北地区最有影响力的民间艺术形式，它集中反映了东北民歌、民间舞蹈和口头文学的精华，属走唱类曲艺，有男女两个演员在台上边走边唱边舞，演绎整个故事。唢呐、板胡是二人转的主奏乐器，唱词诙谐风趣、节奏明快。

比例尺 1:2 500 000　0　25　50　75千米

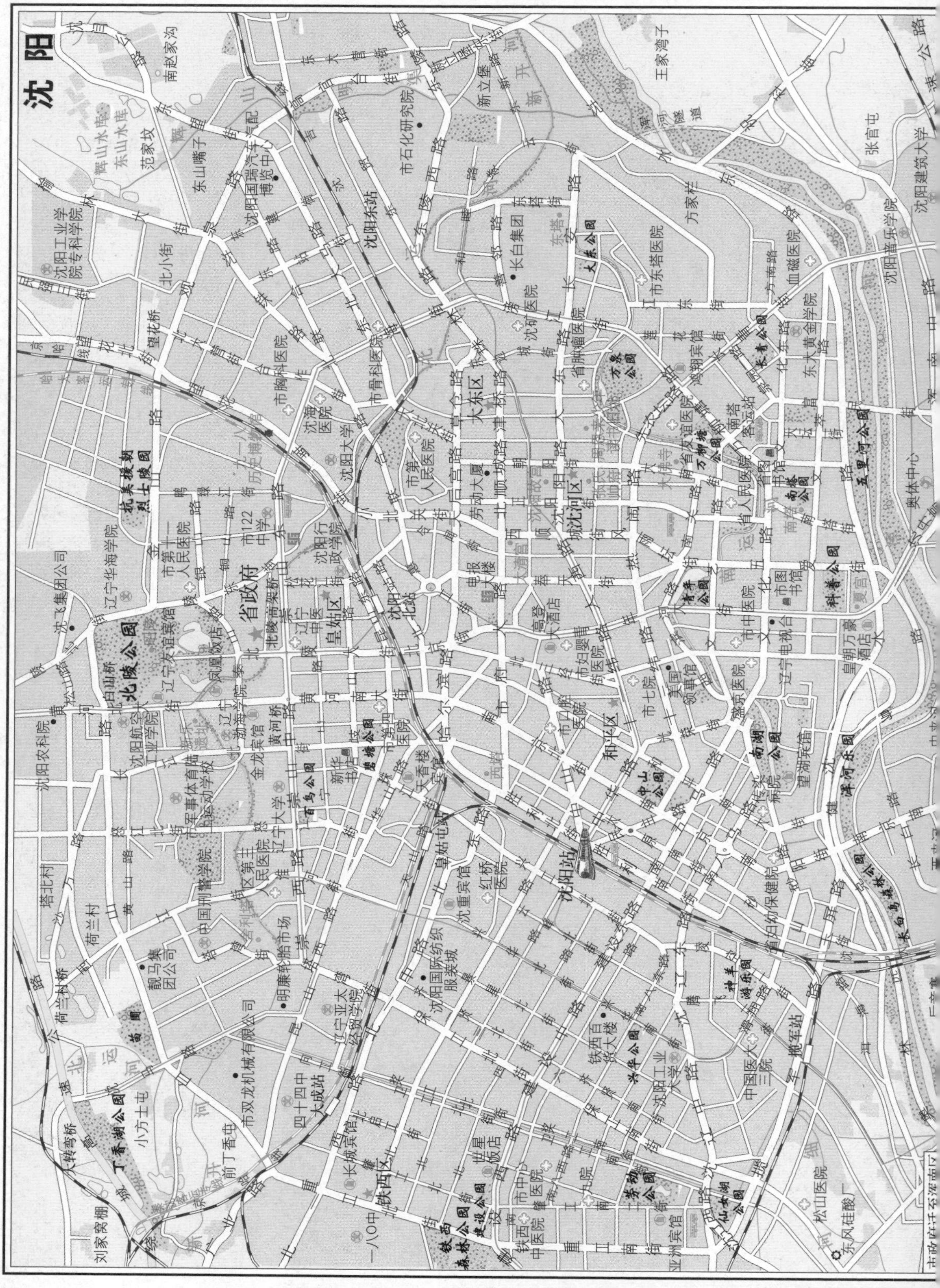
沈阳
大东区
沈河区
和平区
皇姑区
铁西区
沈阳站
沈阳北站
沈阳东站
省政府
北陵公园
辉山水库
东山水库
南赵家沟
王家湾子
张官屯
沈阳建筑大学
沈阳音乐学院
东塔公园
大东公园
万泉公园
长青公园
五里河公园
南塔公园
青年公园
科普公园
南湖公园
中山公园
浑河長廊公园
劳动公园
仙女湖公园
兴华公园
丁香湖公园
沈阳工业学院
沈阳农科院
沈阳航空工业学院
辽宁大学
沈阳大学
中国医大二院
中国刑警学院
奥体中心
市图书馆
长白集团
东东塔医院
血液研究所
沈阳国际纺织服装城
铁西百货大楼
沈阳工业大学
东风硅酸厂
松山医院
刘家窝棚
前丁香屯
小方士屯
塔北村
荷兰村
一八O中
四十四中
大成站
长城宾馆
世星饭店
沈重宾馆
红桥医院
亚洲宾馆
铁西中医院
抗美援朝烈士陵园
辽宁华海学院
沈飞集团公司
望花桥
北小街
东山嘴子
范家坟
方家栏
新立堡

沈阳　辽宁省省会，全省政治、经济、文教中心，东北地区最大的综合性工业城市和交通枢纽，是国家历史文化名城。沈阳素有“一朝发祥地，两代帝王都”之称。1625年清太祖努尔哈赤迁都于此，更名盛京，1636年皇太极在此建立清王朝，1947年设市。沈阳重工业基础雄厚，是我国主要重工业基地之一，被誉为“共和国长子”，素有“东方鲁尔”的美誉。如今在国家振兴东北老工业基地的重要战略机遇下，沈阳将建成全国装备制造、东北地区商贸物流和金融三大中心。

[电话区号]　[邮政编码]
[市　　花] 玫瑰　[市　　树] 油松
[风景名胜] 沈阳故宫、北陵公园、东陵、抗美援朝烈士陵园、“九一八”历史博物馆、棋盘山风景区、怪坡、张氏帅府等。
[特产美食] 玉雕、羽毛画、绢花、雪花啤酒、老龙口白酒、老边饺子、李连贵熏肉大饼、那家白肉血肠等。

大连　省内第二大城市，是我国沿海重点开放的港口城市和我国最大的出口船舶基地，1945年设市，是中国重要的水果和水稻产地，有“苹果之乡”的美誉。大连周水子机场是环渤海地区重要的门户枢纽机场，大连港是我国重要的对外贸易港和渔业基地。

[电话区号] 0411　[邮政编码] 116011　[市　　花] 月季　[市　　树] 龙柏
[风景名胜] 老虎滩、星海公园及棒棰岛、旅顺口、金石滩风景区、蛇岛等。
[特产美食] 贝雕、玻璃制品、海参、鱿鱼丝等。

丹东　是辽东地区的政治、经济、文化中心和中国最大的边境城市，中国与朝鲜交往的门户，也是我国著名的柞蚕产地、柞丝绸生产基地和重要的化纤生产基地。

[电话区号] 0415　[邮政编码] 118000　[市花] 杜鹃　[市树] 银杏
[风景名胜] 中朝友谊桥、青山沟、天桥沟、白石砬子等。
[特产美食] 柞丝绸、“丹东绿”大理石、柱参、孤山杏梅等。

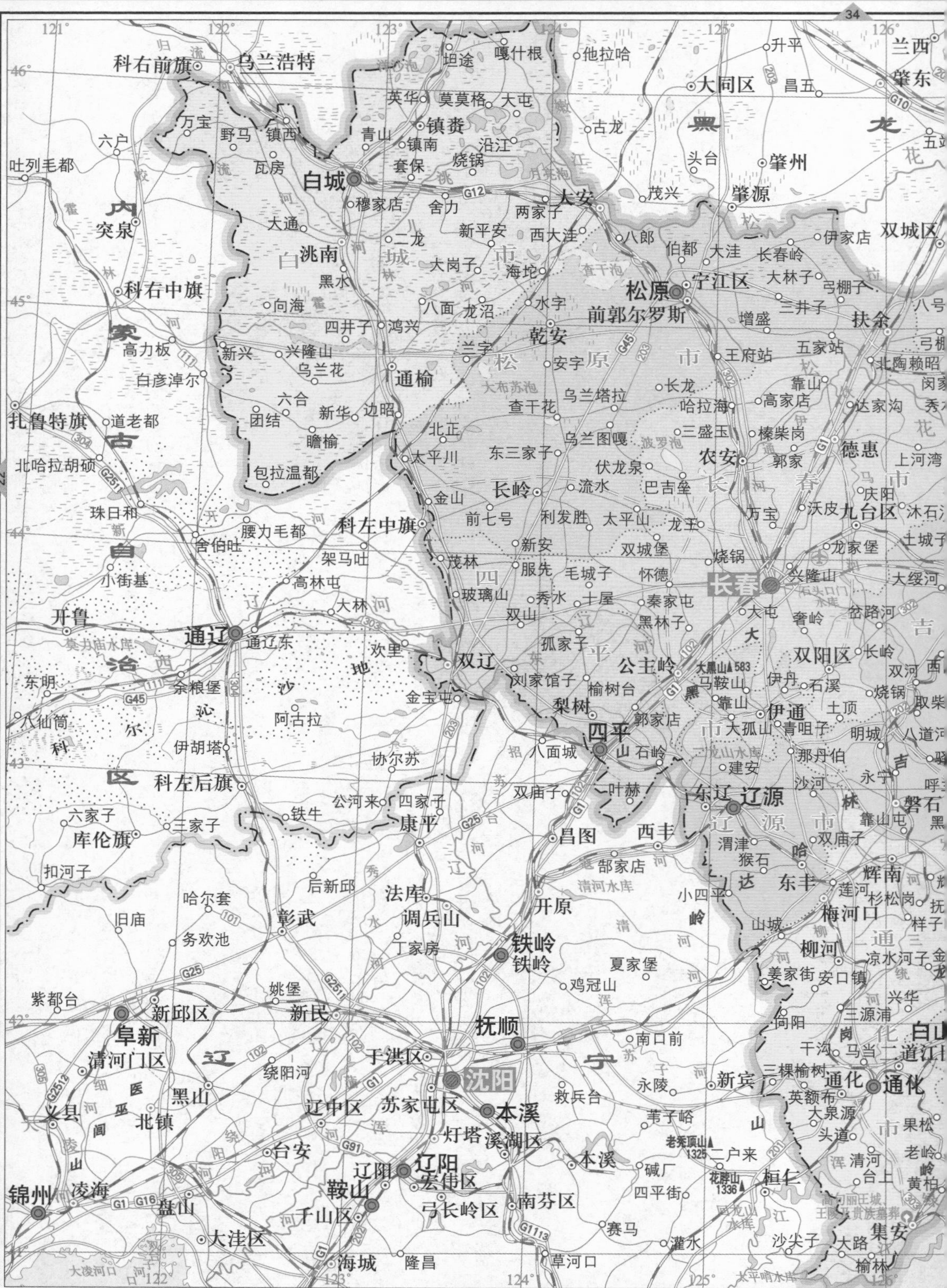
34
科右前旗
乌兰浩特
坦途
嘎什根
他拉哈
升平
兰西
大同区
昌五
肇东
万宝
野马
镇西
英华
莫莫格
大屯
镇赉
古龙
黑
龙
六户
青山
镇南
沿江
头台
肇州
吐列毛都
瓦房
套保
烧锅
白城
G12
茂兴
肇源
内
穆家店
舍力
大安
两家子
突泉
大通
二龙
新平安
西大洼
八郎
伯都
大洼
长春岭
伊家店
双城区
白
洮南
城
市
大岗子
海坨
查干泡
松原
宁江区
大林子
弓棚子
黑水
科右中旗
向海
八面
龙沼
水字
前郭尔罗斯
三井子
八号
扶余
增盛
四井子
鸿兴
家
高力板
新兴
兴隆山
兰字
乾安
王府站
五家站
弓棚
乌兰花
北陶赖昭
松
原
市
白彦淖尔
通榆
安字
大布苏泡
长龙
六合
乌兰塔拉
高家店
靠山
团结
新华
边昭
查干花
哈拉海
达家沟
扎鲁特旗
道老都
北正
乌兰图嘎
三盛玉
榛柴岗
古
瞻榆
波罗泡
德惠
北哈拉胡硕
太平川
东三家子
伏龙泉
农安
郭家
上河湾
包拉温都
长岭
流水
巴吉垒
长
春
市
G251
金山
庆阳
珠日和
万宝
沃皮
九台区
沐石河
前七号
利发胜
太平山
龙王
科左中旗
腰力毛都
新安
双城堡
烧锅
龙家堡
土城子
舍伯吐
架马吐
茂林
服先
毛城子
怀德
长春
兴隆山
小街基
高林屯
四
大绥河
玻璃山
秀水
十屋
秦家屯
开鲁
大林
303
双山
黑林子
大屯
奢岭
岔路河
通辽
通辽东
莫力庙水库
孤家子
双阳区
长岭
双辽
欢里
大黑山583
治
公主岭
双河
东明
余粮堡
刘家馆子
马鞍山
伊丹
石溪
沙
榆树台
烧锅
金宝屯
郭家店
靠山
土顶
G45
梨树
伊通
八仙筒
阿古拉
四平
大孤山
青咀子
明城
伊胡塔
八面城
石岭
那丹伯
科
二龙山水库
协尔苏
建安
永宁
区
科左后旗
沙河
叶赫
公河来
东辽
辽源
磐石
六家子
铁牛
双庙子
辽
源
市
库伦旗
三家子
康平
昌图
西丰
靠山屯
渭津
双庙子
扣河子
猴石
部家店
辉南
东丰
后新邱
清河水库
小四平
莲河
法库
杉松岗
哈尔套
开原
梅河口
旧庙
彰武
调兵山
山城
务欢池
铁岭
柳河
丁家房
凉水河子
夏家堡
姜家街
安口镇
鸡冠山
兴华
紫都台
姚堡
三源浦
阜新
新邱区
新民
抚顺
尚阳
白山
南口前
干沟
马当
二道江区
清河门区
于洪区
宁
绕阳河
三棵榆树
通化
沈阳
永陵
新宾
英额布
黑山
救兵台
大泉源
义县
北镇
辽中区
苏家屯区
本溪
苇子峪
果松
头道
灯塔
溪湖区
老秃顶山1325
二户来
清河
老岭
台安
本溪
碱厂
G91
台上
辽阳
辽阳
宏伟区
花脖山1336
桓仁
锦州
凌海
鞍山
四平街
盘山
千山区
弓长岭区
南芬区
高句丽王城、王陵及贵族墓葬
大洼区
赛马
沙尖子
大路
集安
海城
隆昌
草河口
灌水
榆林
大凌河口
太平哨水库
121°
122°
123°
124°
125°
126°
46°
45°
44°
43°
42°
41°
22
26

[概　　况] 吉林省简称“吉”，省会长春。西周为肃慎地，汉属夫余，唐建渤海国，宋建金国，元属辽阳行中书省，明为女真地，清末始设吉林省。现辖8地级市、1自治州、20县级市、16县、3自治县及21市辖区。全省面积约19万平方千米，人口2407万。

[地理特征] 东南部有长白山、吉林哈达岭、威虎岭等山地丘陵。白云峰海拔2691米，是境内最高峰。中西部为松嫩平原和辽河平原，盆地有延吉盆地、珲春盆地等。西北端为草原牧区。主要河流有松花江、鸭绿江、图们江、牡丹江等。

[特色经济] 吉林是全国重要的商品粮生产基地和大豆产区，以汽车制造为主的机械工业在经济中居主导地位。

[名胜古迹] 集安高句丽王城、王陵及贵族墓葬被列入《世界遗产名录》。长白山被联合国认定为世界生物圈保护区。“八大部”—净月潭、仙景台、防川、松花湖为国家级风景名胜区。

[名优特产] 特产“东北三宝”人参、貂皮、鹿茸。珲春木耳、延边圆蘑、白蜜、通化葡萄酒是有名的特色产品。工艺品以长春刺绣、吉林桦皮画、工艺手杖和四平铁器较为出名。

中国汽车工业的摇篮　长春市是新中国最早的工业发展基地，是中国汽车工业的摇篮，从新中国的第一辆汽车在这里诞生起，就成为驰名中外的“汽车城”。

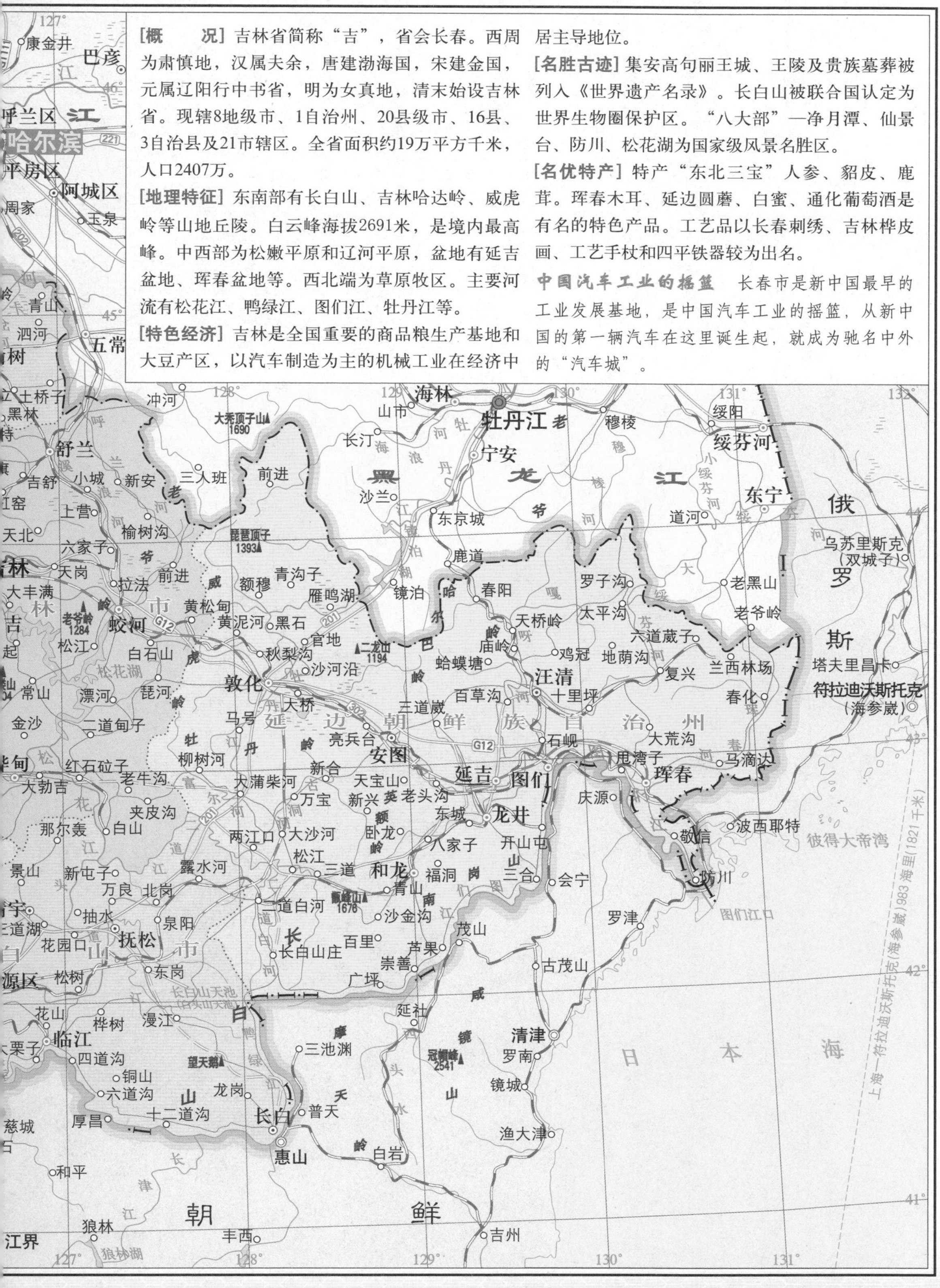

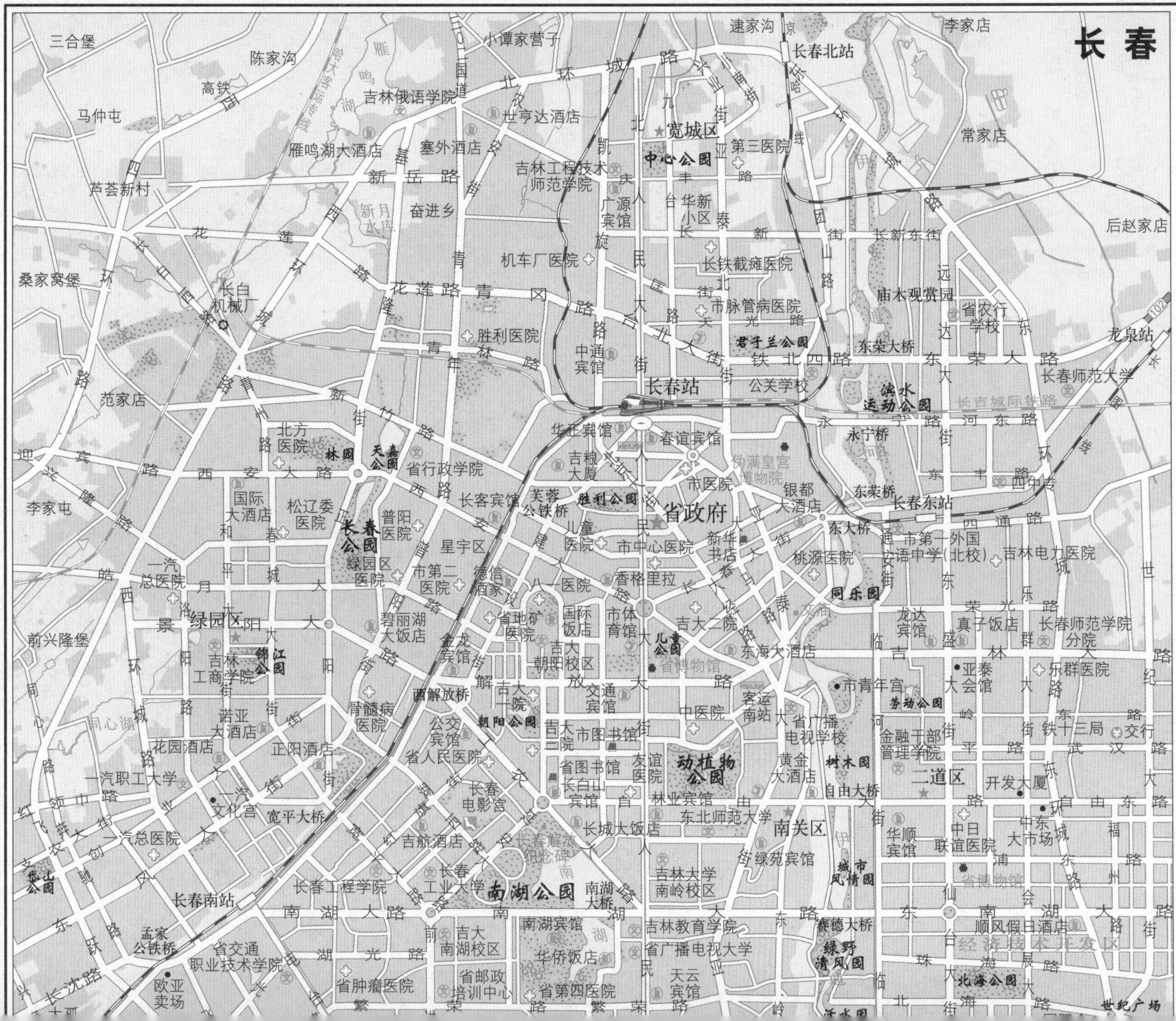

长春　全省政治、经济、文化中心，著名的汽车城、电影城，有“东方底特律”和“东方好莱坞”之称，为国家历史文化名城。清嘉庆五年（1800年）始置长春厅，1865年建城，1931年“九一八”事变后曾一度沦为日伪满洲帝国国都，1947年设市，1954年起吉林省省会从吉林市迁此。长春是中国汽车工业的摇篮，中国第一汽车集团公司是中国最大的汽车工业科研生产基地。曾制造出新中国第一辆解放牌卡车、第一辆东风牌小轿车和第一辆红旗牌高级轿车。此外还发展了光学仪器、电子、轻纺、化工、食品、医药等工业门类，已成为全国著名的交通运输设备制造和科研教育基地。长春还是东北地区重要交通枢纽和物资集散中心。

[电话区号] 0431
[邮政编码] 130022
[市　　花] 君子兰
[市　　树] 油松
[风景名胜] 长春电影制片厂、伪满皇宫博物院、“八大部”—净月潭风景区及农安辽代古

老茂生糖果、木雕、鼎丰真糕点、鹿茸、人参、梅花鹿宴、翡翠人参茅台鸡、红花熊掌等。

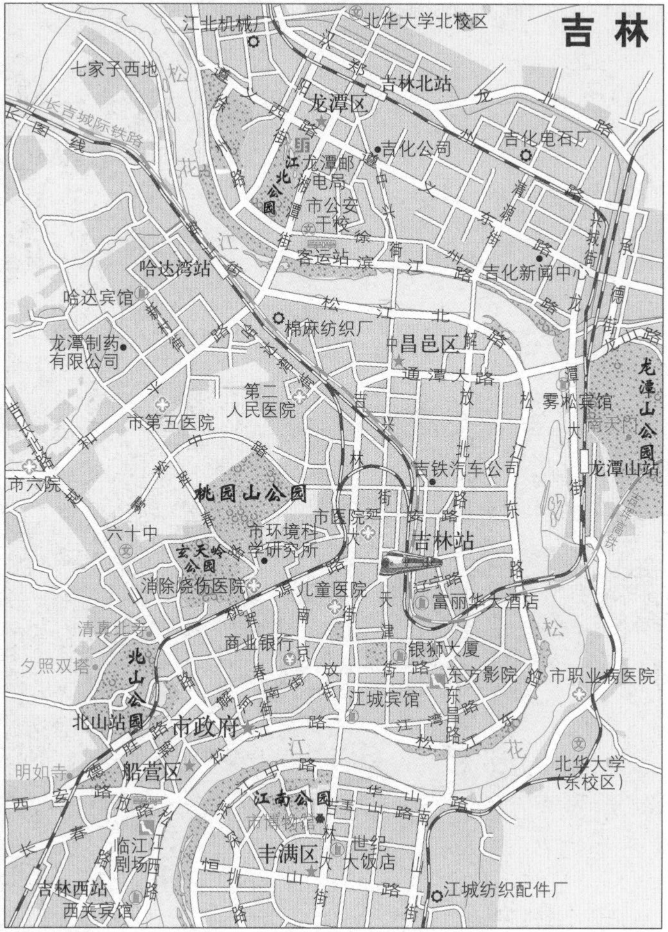

吉林 为国家历史文化名城，原名吉林乌拉，满语意为沿江的城池，有“北国江城”之称，明清时在此造过战船，又有“船厂”之称，1947年设市，曾为吉林省省会。吉林省第二大城市和重要的工业、文化中心及交通枢纽。

[电话区号] 0432
[邮政编码] 132011
[市　　花] 玫瑰
[市　　树] 垂柳
[风景名胜] 松花湖、龙潭山、吉林文庙、吉林雾凇等。
[特产美食] “东北三宝”貂皮、人参、鹿茸等。

延吉 为延边朝鲜族自治州首府。延吉为自治州政治、经济、文化、交通中心，有“歌舞之乡”、“北国足球之乡”的美誉。

[电话区号] 0433　[邮政编码] 133000　[市　花] 金达莱　[市　树] 垂柳
[风景名胜] 城子山山城遗迹、帽儿山、石人沟等。
[特产美食] 苹果梨、朝鲜泡菜、明太鱼、冷面等。

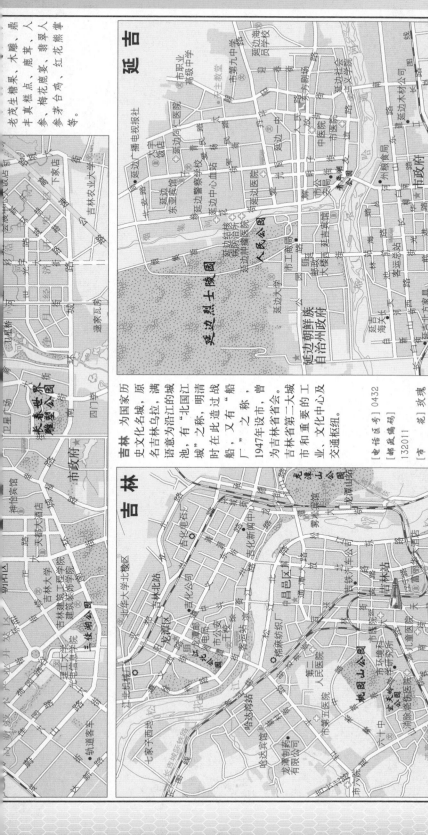

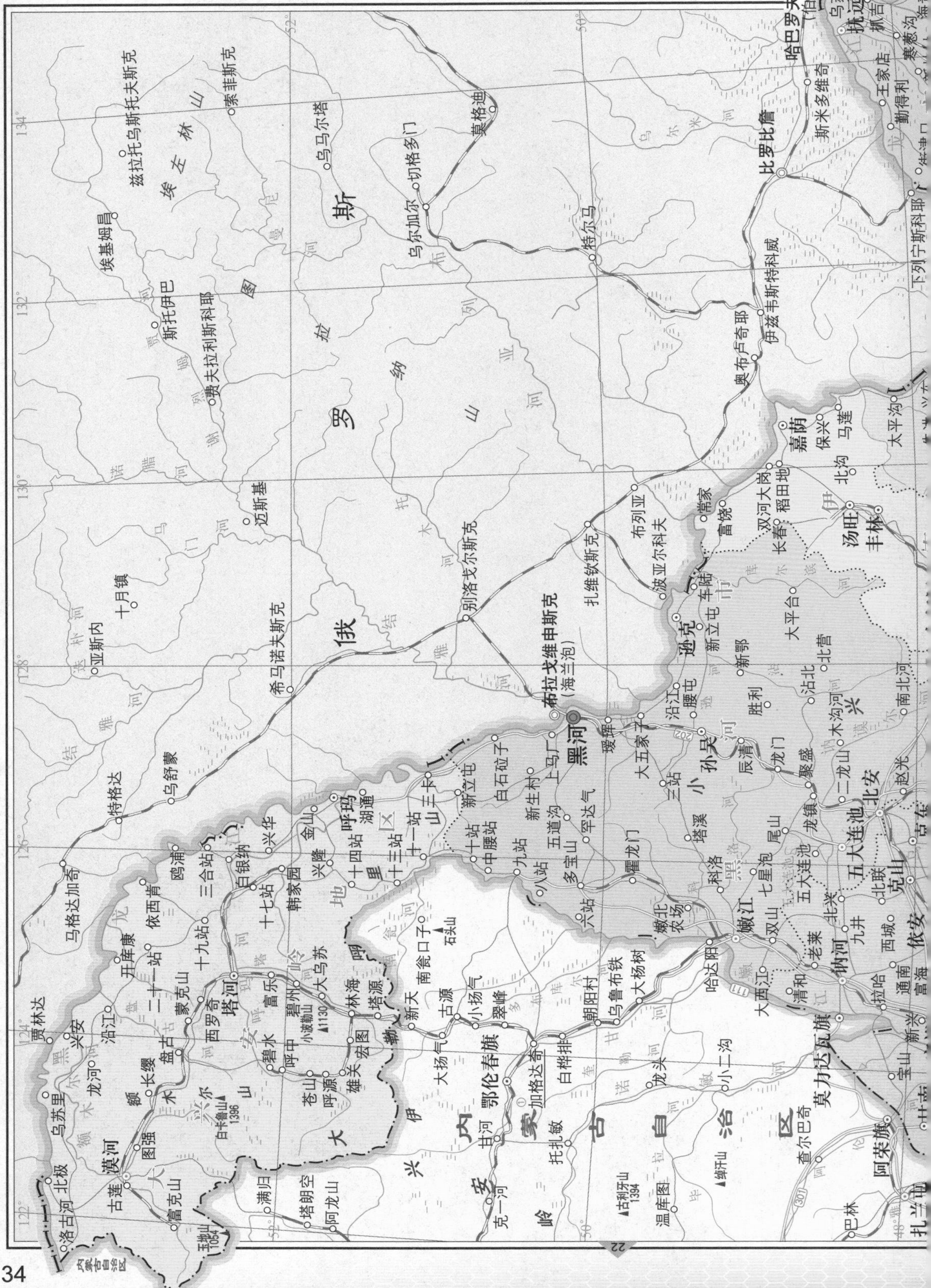
俄罗斯
哈巴罗夫斯克(伯力)
抚远
比罗比詹
斯米多维奇
伊兹韦斯特科威
奥布卢奇耶
特尔马
乌尔加尔
切格多门
乌马尔塔
莫格迪
索菲斯克
兹拉托乌斯托夫斯克
埃基姆昌
斯托伊巴
费夫拉利斯科耶
迈斯基
十月镇
亚斯内
希马诺夫斯克
别洛戈尔斯克
扎维钦斯克
布拉戈维申斯克(海兰泡)
波亚尔科夫
布列亚
马格达加奇
特格达
马舒蒙
黑河
嘉荫
汤旺
丰林
逊克
孙吴
北安
五大连池
克山
依安
讷河
嫩江
呼玛
塔河
漠河
加格达奇
鄂伦春旗
莫力达瓦旗
阿荣旗
大兴安岭
小兴安岭
内蒙古自治区

比例尺 1:4 280 000　0　42.8　85.6　128.4千米

[概　　况] 黑龙江省简称“黑”，省会哈尔滨。西周时为肃慎地，明为女真地，清末置省。现辖12地级市、1地区、21县级市、45县、1自治县及54市辖区。全省面积约46万平方千米，人口3185万。

[地理特征] 地势大体呈西北高，东南略低，本省小兴安岭斜贯中部，以西为松花江、嫩江冲积平原，以东为松花江、黑龙江和乌苏里江冲积的三江平原低地。五常大秃顶子海拔1690米，是本省最高峰。湖泊有兴凯湖、镜泊湖、五大连池和连环湖。

[特色经济] 黑龙江是我国重要的商品粮和畜牧业基地，粮食商品量、专储量均居全国第一。奶牛头数、牛奶产量均居全国之首。黑龙江也是国家重要工业基地，大庆油田原油产量居全国之首。

[名胜古迹] 该省旅游以冰雪旅游为特色，风景名胜主要有北国冰城哈尔滨、五大连池及镜泊湖、亚布力滑雪旅游度假区等。

[名优特产] 土特产有人参、鹿茸、黄芪等中药材，还有猴头蘑、真松茸等野菜。传统工艺美术品包括玉雕、牛角画等。

大庆油田　是我国目前最大的油田，于1960年投入开发建设，由萨尔图、杏树岗、喇嘛甸、朝阳沟等48个规模不等的油气田组成。大庆油田使中国石油工业彻底甩掉了“贫油”的帽子，引领了中国工业半个世纪的辉煌，为中国经济史写下了浓墨重彩的一笔。

①注：大兴安岭地区行政公署驻加格达奇

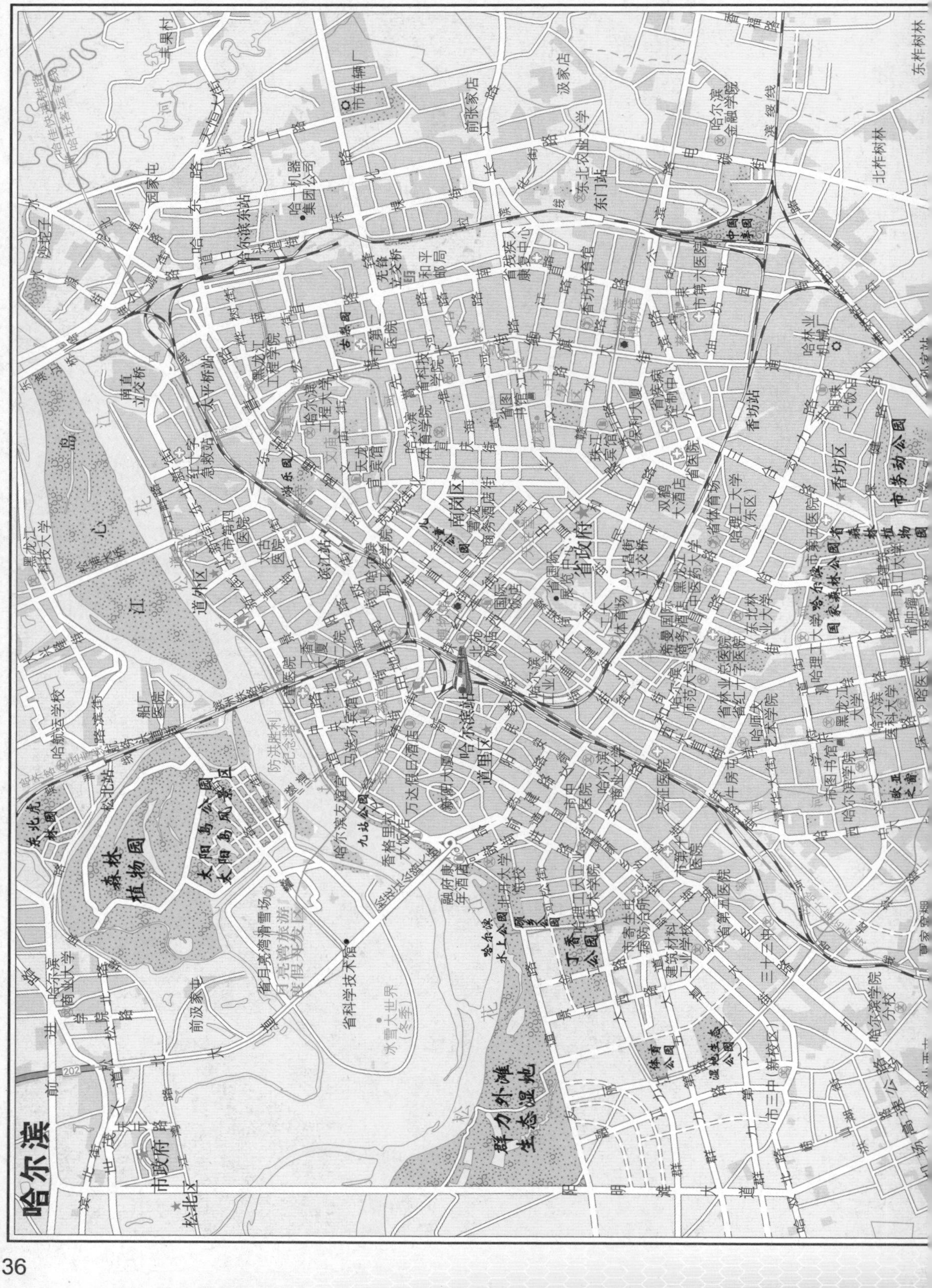
哈尔滨
丰果村
园家屯
沙岭子
汲家店
前张家店
哈尔滨金融学院
东北农业大学
东门站
北柞树林
东柞树林
哈一机器集团公司
哈尔滨东站
市车辆厂
和平邮局
先锋立交桥
省残疾人康复中心
省体育馆
香坊体育馆
市第六医院
哈林业机械厂
香坊站
明珠大饭店
香坊区
市劳动公园
省博物馆
哈尔滨工程大学
黑龙江工程学院
太平桥站
向直立交桥
太阳岛
江心岛
道外区
江北
黑龙江科技大学
哈航运学校
船厂医院
松北站
东北虎林园
森林植物园
太阳岛公园
太阳岛风景区
防洪胜利纪念塔
省月亮湾滑雪场
月亮湾旅游度假开发区
省科学技术馆
冰雪大世界（冬季）
前汲家屯
哈尔滨商业大学
市政府
松北区
群力外滩生态湿地
哈尔滨水上公园
丁香公园
融府康年酒店
九站公园
香格里拉大饭店
哈尔滨友谊宫
万达假日酒店
新闻大厦
道里区
哈尔滨站
南岗区
省政府
哈尔滨工业大学
黑龙江大学
哈尔滨师范大学
东北林业大学
哈理工大学
哈尔滨医科大学
省林业职工大学
哈尔滨学院
哈师大艺术学院
市图书馆
省红十字医院
省第五医院
哈师范大学
市第十医院
建筑材料工业学校
市寄生虫病防治所
哈尔滨学院分校
三十三中
市三中（新校区）
省体育场
双鹤大酒店
哈尔滨工程大学
北京大学
哈尔滨体育学院
省科技学院
儿童医院
文昌街立交桥
革命领袖视察黑龙江纪念馆
湿地生态公园
体育公园
哈尔滨商业大学
省国际展览中心
国际饭店
北苑饭店
哈尔滨站
松花江
滨绥线
滨北线
202

城之一。1945年设市，1954年起成为黑龙江省省会。哈尔滨铁路局是中国历史上第一个铁路局。松花江哈尔滨港为东北内河最大的水陆换装枢纽港和国际口岸港。道里区是哈尔滨市主要的商业区。中央大街、尚志大街、西十二道街、地段街等为繁华商业街。哈尔滨城市格局和建筑充满异国情调，有“东方莫斯科”、“东方小巴黎”之称。哈尔滨以冰雪、避暑旅游为主要特色，被誉为“冰城”，“中国哈尔滨国际冰雪节”，目前已成为与日本札幌雪节、加拿大魁北克冬季狂欢节和挪威滑雪节齐名的全球四大冰雪节之一。创建于1900年的哈尔滨啤酒是中国最早的啤酒品牌。

[邮政编码] 150010

[市　　花] 丁香　　[市　　树] 榆树

[风景名胜] 松花江太阳岛、哈尔滨游乐园、极乐寺和冰上运动基地、圣索菲亚教堂、防洪纪念塔、东北虎林园、斯大林公园、哈尔滨极地馆、中央大街、萧红故居等。

[特产美食] 西式餐具、大红肠、酒心糖、大列巴、锅包肉、冻柿子、冻梨、东北炖菜、白肉血肠等。

齐齐哈尔　1947年设市，为黑龙江省第二大城市，国家历史文化名城，是黑龙江省西北部的重要工业城市，经济、科技、文化中心，也是国家重点商品粮和畜牧业生产基地。齐齐哈尔还是黑龙江乃至东北西部地区之交通枢纽。齐齐哈尔又称鹤城，因国内著名湿地之一扎龙自然保护区在此，并且拥有几十种鹤而闻名。

[电话区号] 0452

[邮政编码] 161005

[风景名胜] 龙沙公园望江楼、南山公园、嫩江明月岛、扎龙丹顶鹤自然保护区等。

[特产美食] 冰刀、猎枪、北大仓酒、克东腐乳、克山土豆等。

大庆　是著称全国的石油工业新城，也是我国最大的石油、石化生产基地。1960年设安达市。1959年新中国建立十周年大庆前夕，开发松嫩平原油田打出第一口油井，因此命名大庆油田。1979年改名大庆市。

[电话区号] 0459　　[邮政编码] 163000

[风景名胜] 铁人王进喜同志纪念馆、白金宝塔遗址、大青山遗址、龙虎台、莲花湖、杜蒙草原、杜尔伯特靠山草原等。

[特产美食] 肇源红高粱、大庆奶粉、毛毯等。

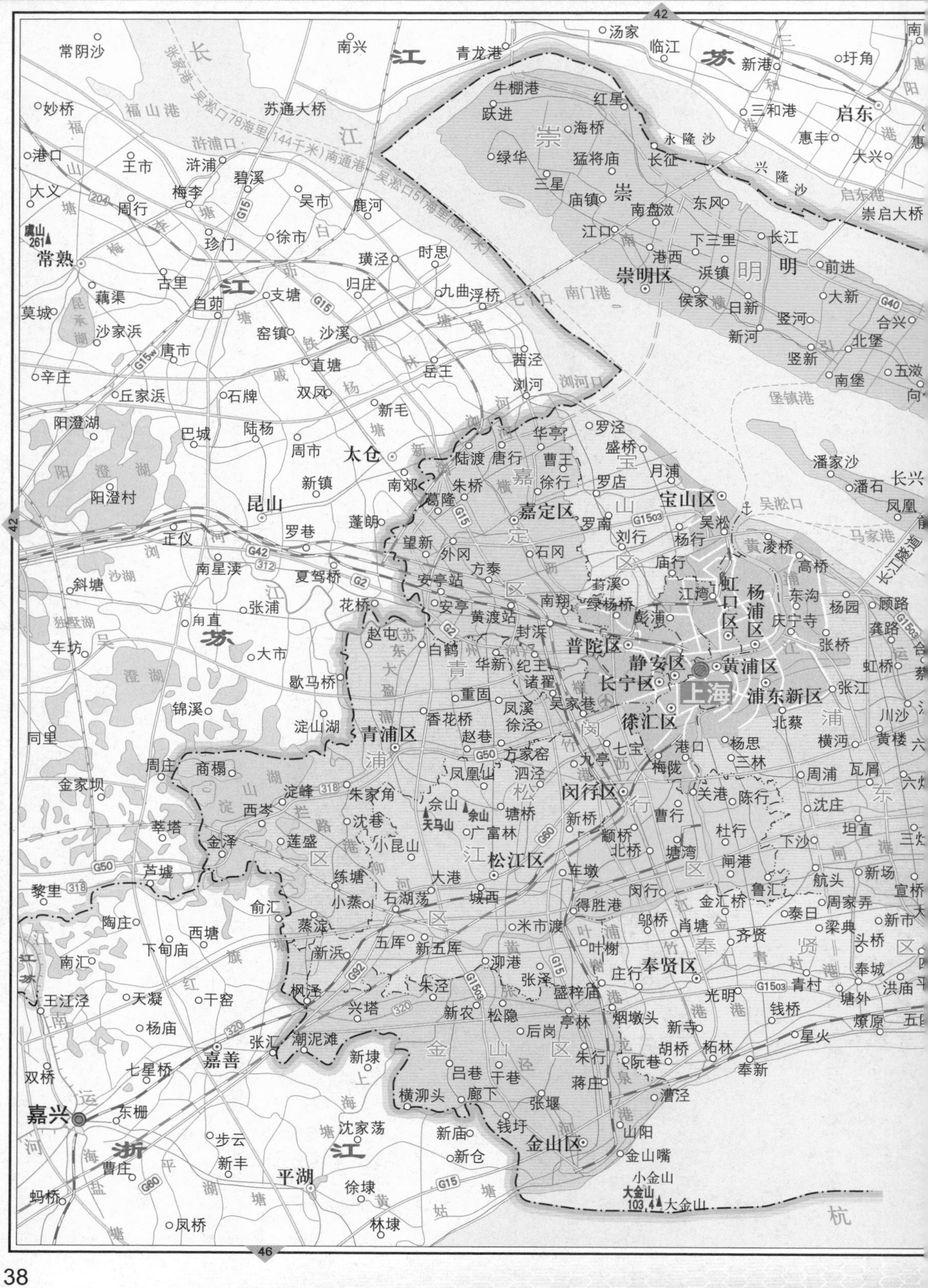

上海
崇明区
宝山区
嘉定区
普陀区
静安区
黄浦区
长宁区
徐汇区
浦东新区
虹口区
杨浦区
闵行区
青浦区
松江区
奉贤区
金山区
太仓
昆山
常熟
启东
嘉善
嘉兴
平湖

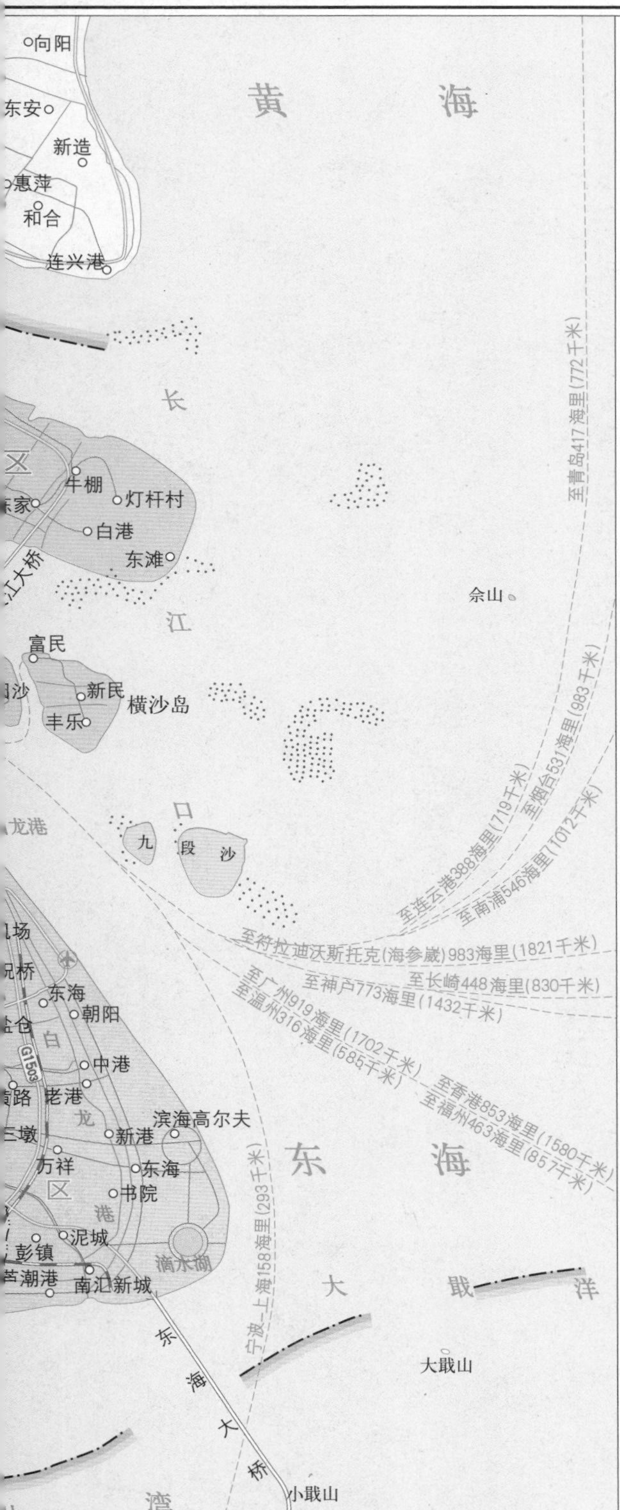

[概　　况] 上海市简称“沪”，别称“申”。位于我国东部海岸中段，长江入海口处。古为东海之滨渔村，春秋时为吴国地，战国时为楚国春申君封邑，唐属华亭县，宋始设上海镇，元至元二十八年（1291年）设上海县，1927年设特别市，1930年设市。现辖16市辖区。全市面积约6340平方千米，人口2487万。

[地理特征] 上海地处长江三角洲平原东端，地势低平，平均海拔4米左右，仅西部松江一带有少数残丘。市东南海上的大金山海拔103.4米，是上海市最高峰。河湖密布，有黄浦江、吴淞江和淀山湖等。岛屿有崇明岛、长兴岛和横沙岛等，其中崇明岛是仅次于台湾岛、海南岛的我国第三大岛。

[特色经济] 上海是国际化大都市，是我国最大的商业、金融中心，内外贸易额均居全国首位，社会商品零售总额也在全国四大直辖市中居第一位。上海也是全国最大的综合性工业基地之一，也是我国重要棉纺织工业城市。第三产业在上海的经济占了一定的比重，其中最主要的产业包括了金融业、房地产业、保险业及运输业等。浦东是著名的对外经济开发区，位于浦东新区的陆家嘴是上海新兴的金融中心。2013年8月，上海自由贸易试验区正式成立。

[名胜古迹] 上海历史悠久，迄今仍保留着我国唐、宋、元、明、清以来的若干名胜古迹和富有特色的园林。主要名胜有豫园、黄浦江外滩、东方明珠电视塔、中共一大会址、嘉定猗园、青浦大观园、淀山湖、孙中山故居和鲁迅故居等。2010年修建的世博园是上海最具吸引力的新景点。

[名优特产] 上海传统工艺品驰誉国内外，有金银饰品、玉雕、绒绣、人造花、海派戏装等。上海服装、毛呢、府绸、领带、皮鞋、化妆品、钟表、玩具及文娱体育用品、家具等轻纺工业品亦在国内外享有良好声誉。上海小吃点心也很丰富，有糕点、饼干、五香豆、奶糖、梨膏糖等。

海派文化 是植根于中华传统文化基础上，融汇吴越文化等中国其它地域文化的精华，吸纳消化一些外国的主要是西方的文化因素，创立了新的富有自己独特个性的海派文化，其特点是：吸纳百川、善于扬弃、追求卓越、勇于创新。海派文化形成于公元1843—1898年，一开始便折射出上海移民社会的习性以及中西方文化交融的文化性格。公元1898—1949年是海派文化的全盛时期，海派文化呈现出明显的商业性、政治性和市民性特征，且成为了“上海”的标志。

比例尺 1:710 000　0　7.1　14.2　21.3千米

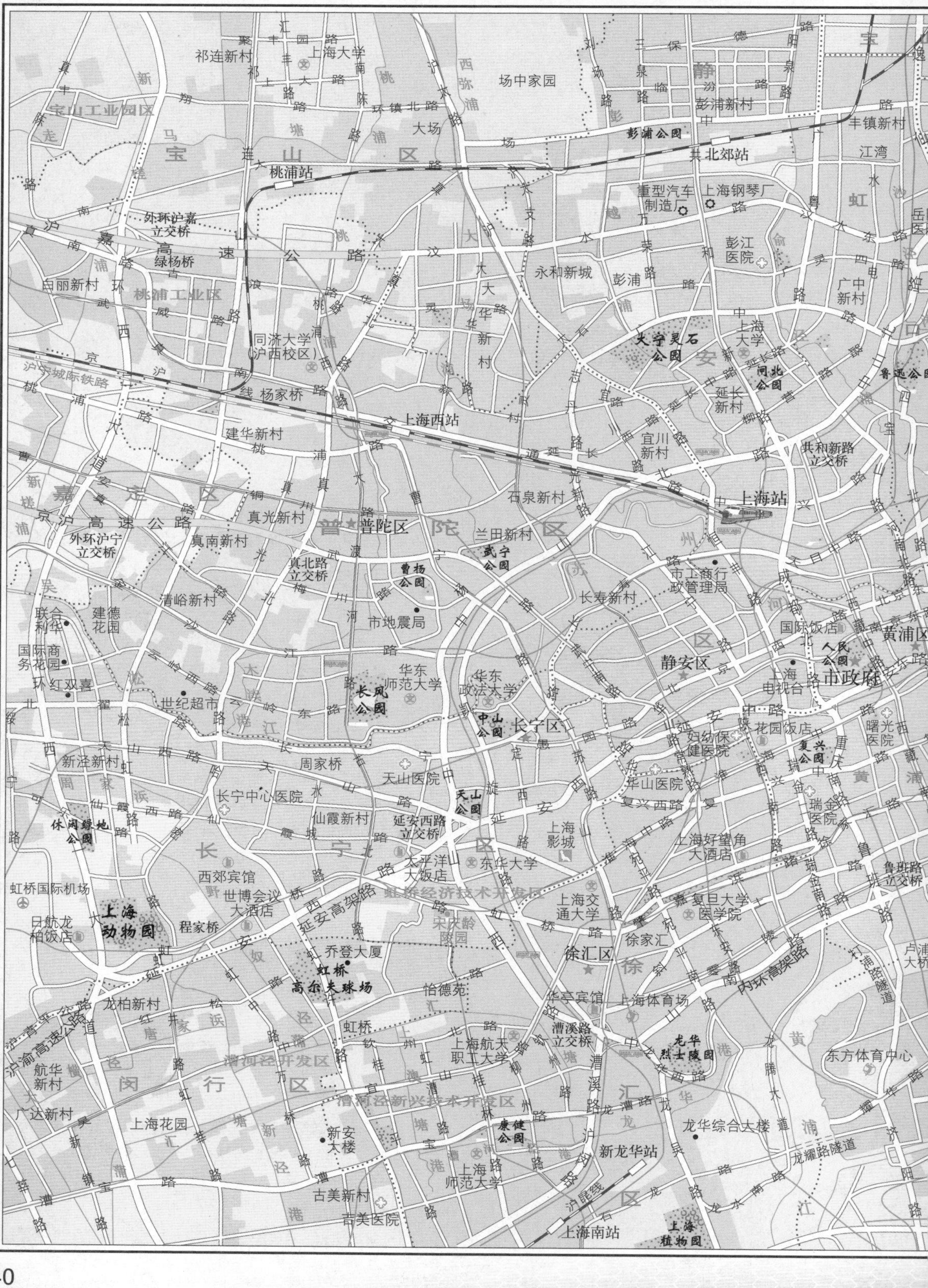
祁连新村
上海大学
场中家园
彭浦新村
宝山工业园区
宝山区
彭浦公园
共北郊站
丰镇新村
江湾
大场
桃浦站
重型汽车制造厂
上海钢琴厂
外环沪嘉立交桥
沪嘉高速公路
绿杨桥
彭江医院
永和新城
白丽新村
桃浦工业区
广中新村
同济大学(沪西校区)
大宁灵石公园
上海大学
沪宁城际铁路
杨家桥
延长新村
闸北公园
鲁迅公园
上海西站
建华新村
宜川新村
共和新路立交桥
石泉新村
上海站
嘉定区
京沪高速公路
真光新村
普陀区
兰田新村
外环沪宁立交桥
真南新村
武宁公园
真北路立交桥
曹杨公园
市工商行政管理局
联合利华
建德花园
清峪新村
长寿新村
市地震局
国际饭店
黄浦区
国际商务花园
人民公园
静安区
华东师范大学
华东政法大学
上海电视台
市政府
环红双喜
世纪超市
长风公园
中山公园
长宁区
花园饭店
曙光医院
新泾新村
周家桥
妇幼保健医院
复兴公园
天山医院
华山医院
长宁中心医院
天山公园
瑞金医院
休闲绿地公园
仙霞新村
延安西路立交桥
复兴西路
上海影城
上海好望角大酒店
太平洋大饭店
西郊宾馆
东华大学
鲁班路立交桥
虹桥国际机场
世博会议大酒店
延安高架路
上海交通大学
复旦大学医学院
日航龙柏饭店
上海动物园
程家桥
宋庆龄陵园
徐家汇
乔登大厦
虹桥高尔夫球场
徐汇区
卢浦大桥
内环高架路
怡德苑
华亭宾馆
上海体育场
龙柏新村
沪渝高速公路
虹桥
上海航天职工大学
漕溪路立交桥
龙华烈士陵园
东方体育中心
航华新村
闵行区
漕河泾开发区
漕河泾新兴技术开发区
广达新村
上海花园
康健公园
龙华综合大楼
新安大楼
新龙华站
龙耀路隧道
上海师范大学
古美新村
古美医院
上海南站
上海植物园

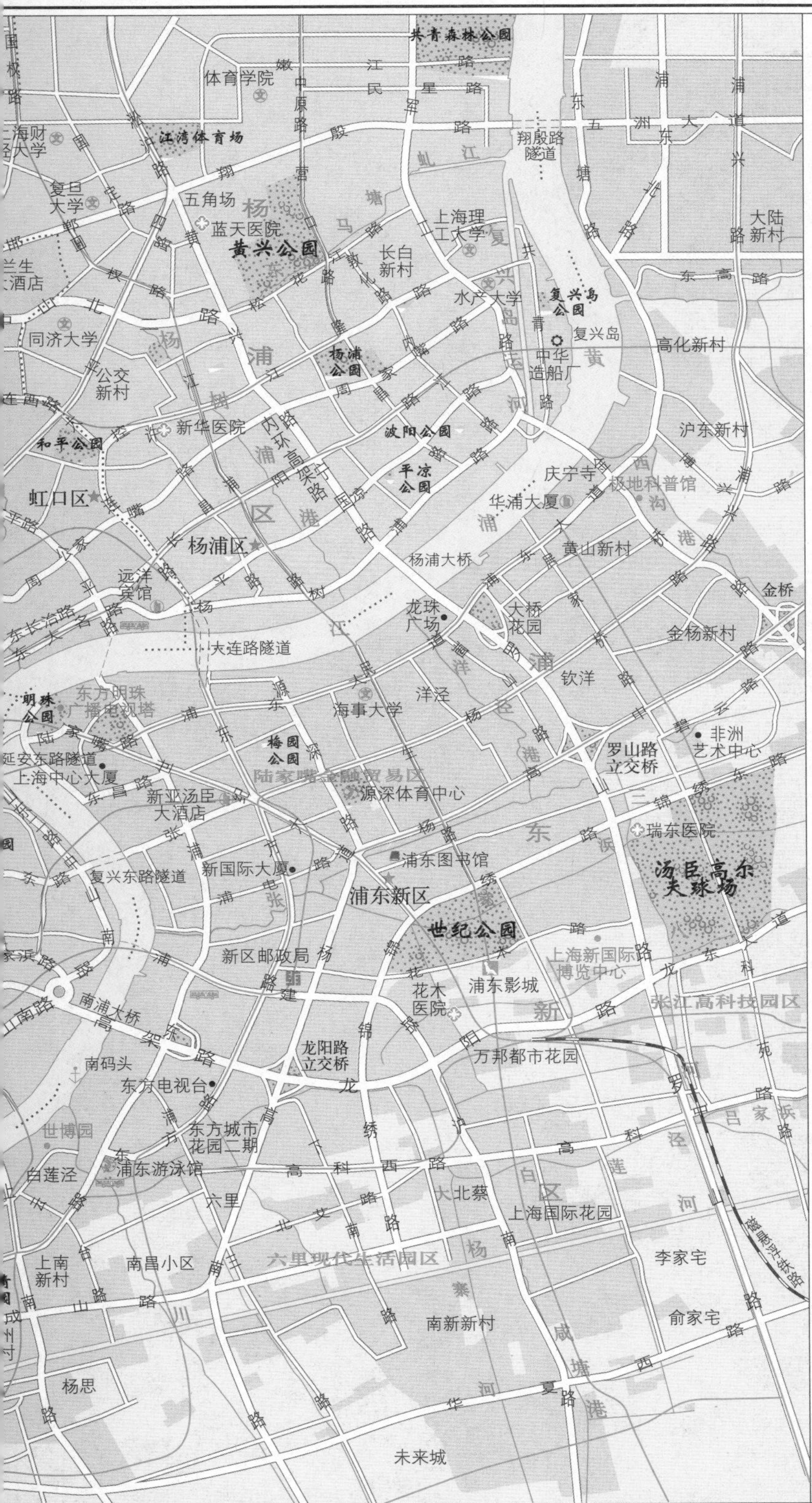

上海 是我国最大的商业、金融名城，重要的综合性工业基地，中国沿海主要的开放城市和进出口岸，也是国家历史文化名城，美、俄、英、法、德等10多个国家都在这里设有总领事馆。上海市区包括黄浦、徐汇、长宁、静安、普陀、虹口、杨浦、浦东新区等市辖区。

上海是我国最大的商业、金融中心，中心商业区以黄浦区为核心，延伸至黄浦区、徐汇区和静安区，商业中心以南京路、淮海路、西藏路、豫园商城为主体，和四川路、河南路、北京路、延安路以及新世界商场、中央商场等一起构成中心商业网络，是国内著名的购物胜地。外滩长堤边的一幢幢具有浓郁欧洲风格的古老建筑沿江而立，被称作“万国建筑博览群”。徐汇区是上海投资环境最理想的区域之一，科教、卫生机构大多集中于此。浦东新区开发建设已初具规模，是上海新兴高科技产业和现代工业基地。

上海市政交通建设突飞猛进，先后建设了上海新客站、博物馆、上海世博园等宏伟建筑，人民广场是上海市区重要交通枢纽，联络黄浦江两岸的有南浦大桥、杨浦大桥、卢浦大桥、延安路隧道、打浦路隧道等。

[电话区号] 021

[邮政编码] 200001

[市　　花] 白玉兰

[市　　树] 法国梧桐

[风景名胜] 外滩、豫园、老城隍庙、东方明珠广播电视塔、杜莎夫人蜡像馆等。

[特产美食] 蟹壳黄、南翔小笼包、松江鲈鱼、城隍庙梨膏糖、上海雕刻、上海绒绣等。

江苏省

[概　　况] 江苏省简称“苏”，省会南京。位于我国东部，长江、淮河下游，黄海之滨。春秋、战国时为吴、楚等国地，汉属徐、扬二州，明属南京，清初建省，取江宁、苏州二府首字得名。现辖13地级市、21县级市、19县及55市辖区。全省面积约10万平方千米，人口8475万。

[地理特征] 江苏省是我国地势最低平的省份，境内平原辽阔，地势平坦，绝大部分地区海拔低于50米。地形可分为长江三角洲平原、苏北平原、西南低山丘陵三部分。通扬运河以南、太湖周围为长江三角洲。东北隅云台山海拔624.4米，为本省最高峰。湖泊众多，水网密布，主要河流有长江、淮河、沂河、沭河，还有秦淮河、新沭河、苏北灌溉总渠、通扬运河等，湖泊有太湖、洪泽湖、高邮湖等。

[特色经济] 江苏是我国近代轻纺工业发展最早的省区，工业门类齐全，商品经济发达。机械电子、石油化工、轻工、建材、纺织、食品等是支柱产业，其中纺织、食品更是传统优势产业。乡镇企业发达，苏南模式全国著名。江苏省也是我国的农业大省，著名的鱼米之乡，麦、棉、油菜籽、桑蚕、猪肉、禽肉、淡水鱼虾等年产量均居全国前列。

[名胜古迹] 江苏历史悠久，名胜古迹众多。苏州古典园林、明孝陵、大运河(中河宿迁段、淮扬运河段、江南运河段)、中国黄（渤）海候鸟栖息地已列入《世界遗产名录》，太湖、南京钟山、云台山、蜀冈—瘦西湖、镇江三山等为国家级风景名胜区。其他景点还有南京“石头城”、秦淮河、徐州汉代兵马俑、刘邦“大风歌碑”，常州天宁禅寺、古运河，以及江南水乡的代表昆山市周庄镇、吴江区同里镇、苏州市甪直镇等。

[名优特产] 传统风味美食有太仓肉松、如皋火腿、如东海味及苏州糕点、洋河大曲、镇江香醋、阳澄湖大闸蟹等。太湖碧螺春是绿茶中名品。传统手工艺品有苏州刺绣、南京云锦、扬州玉雕、宜兴陶瓷、无锡惠山泥人等。

昆曲　昆曲是我国最古老的剧种之一，也是我国传统文化艺术中的珍品，被称为百花园中的一朵“兰花”，有“中国戏曲之母”的雅称。清代以来被称为“昆曲”，现又被称为“昆剧”，以曲词典雅、行腔宛转、表演细腻著称，被誉为“百戏之祖”。昆曲以鼓、板控制演唱节奏，以曲笛、三弦等为主要伴奏乐器，其唱念语音为“中州韵”。2001年，昆曲被联合国教科文组织列为“人类口述和非物质遗产代表作”。

比例尺 1:2 130 000　0　21.3　42.6　63.9千米

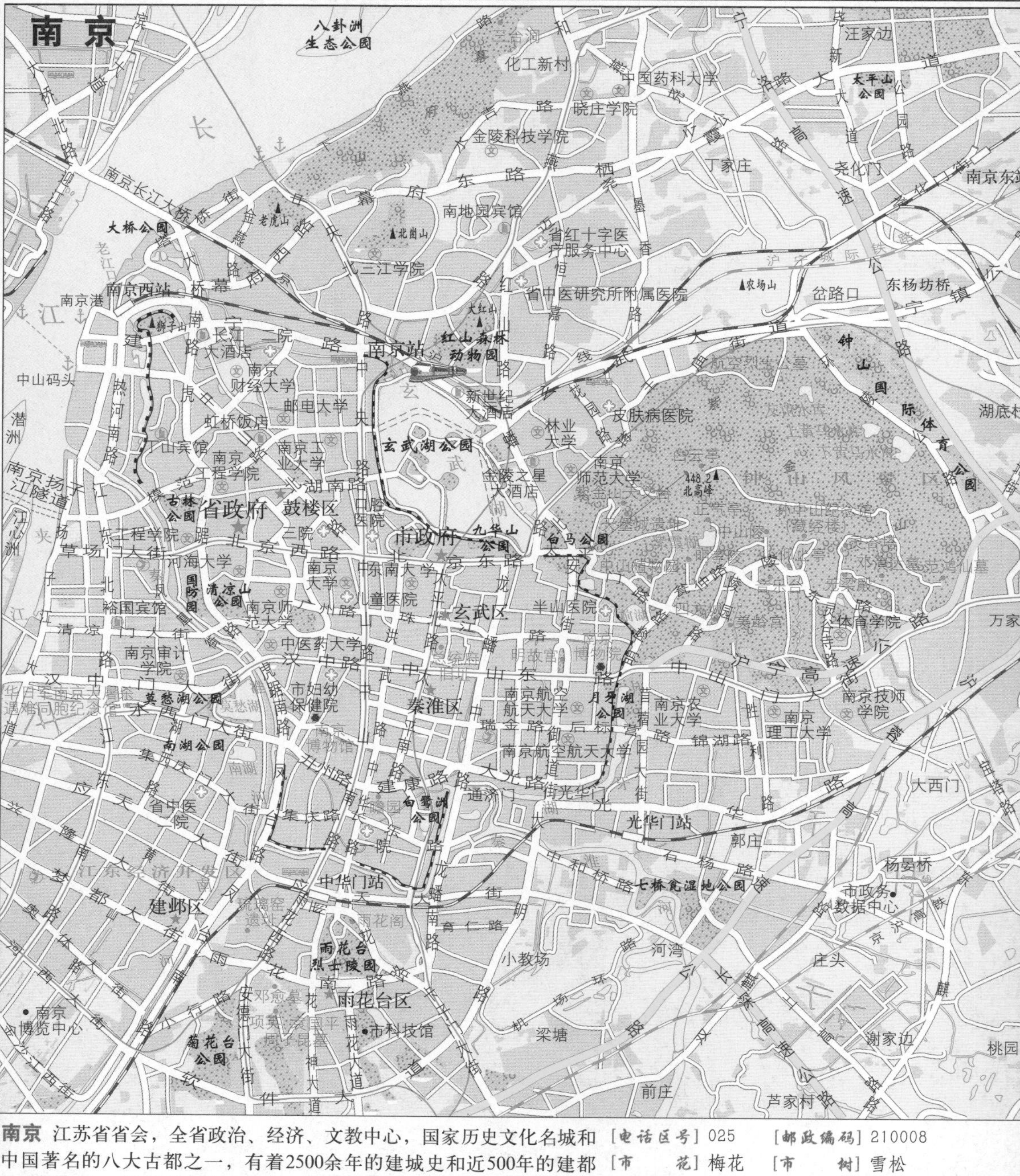

南京 江苏省省会，全省政治、经济、文教中心，国家历史文化名城和中国著名的八大古都之一，有着2500余年的建城史和近500年的建都史，简称宁，别名石头城、金陵。先后有东吴、东晋、南朝宋、齐、梁、陈、南唐、明初、太平天国、中华民国等十个朝代在此建都，有“六朝古都”、“十朝都会”之称，是中华文明的重要发祥地。1927年设市。南京是以石油化工、电子仪表、钢铁、纺织为主的综合性工业基地，也是我国著名的水陆交通枢纽，南京港是全国最大的对外轮开放的内河港口。南京是融“山、水、城、林”于一体的著名旅游城市，有着丰富的自然景观和历史遗存，作为明清皇家陵寝之一的明孝陵被列入《世界遗产名录》。

[电话区号] 025 [邮政编码] 210008

[市 花] 梅花 [市 树] 雪松

[风景名胜] 钟山、中山陵、明孝陵、玄武湖、雨台、莫愁湖、瞻园、夫子庙秦淮河风景带、栖山、中山植物园、紫金山天文台、藏经楼、音台、光华亭、阅江楼、梅园新村等。

[特产美食] 特产有云锦、天鹅绒毯、雨花石玛瑙刻等。特色美食有南京板鸭、盐水鸭、鸭血粉汤、鸭肫干、小笼包、狮子头、松鼠鱼等。

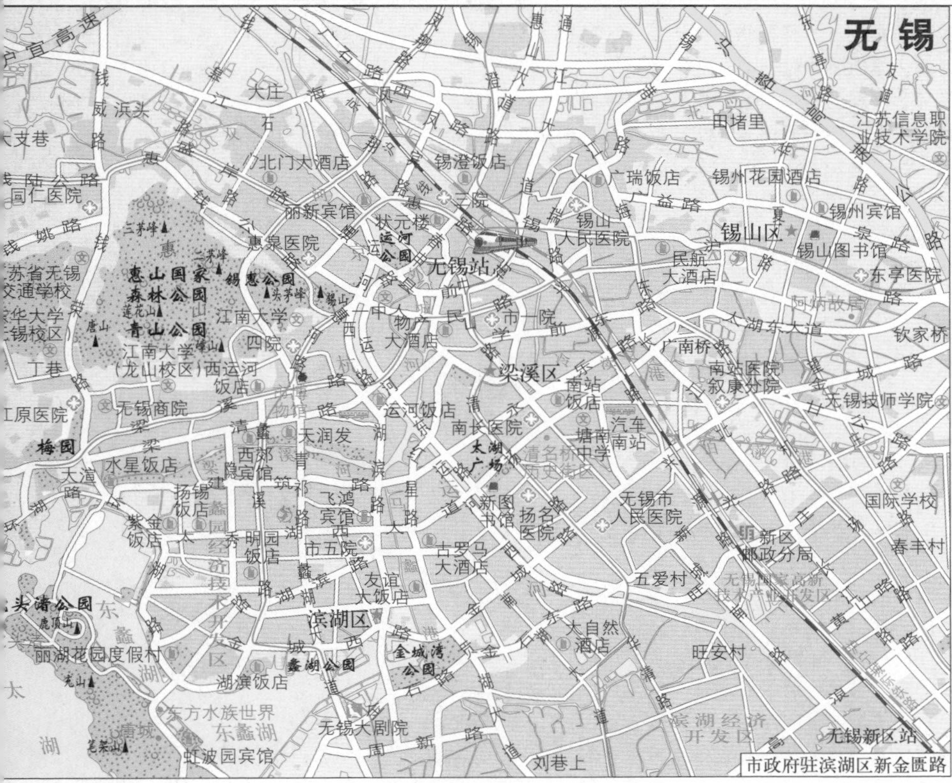

无锡

无锡 国家历史文化名城。别名梁溪，简称锡，汉始称无锡，1949年设市。无锡早有“小上海”之称，是我国民族工商业发祥地之一，现为全国轻纺、微电子、机械工业名城。

[电话区号] 0510
[邮政编码] 214000
[市　　花] 梅花、杜鹃
[市　　树] 香樟
[风景名胜] 太湖、太湖鼋头渚、锡惠公园、梅园、灵山大佛、徐霞客故居等。
[特产美食] 刺绣、惠山泥人、无锡排骨等。

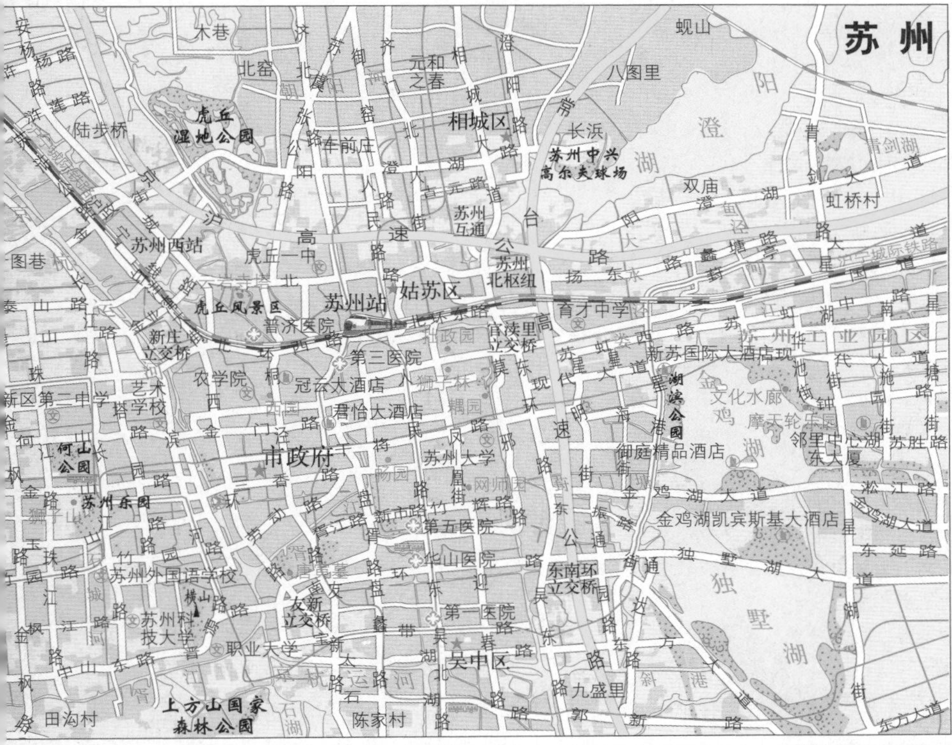

苏州

苏州 国家历史文化名城，有“人间天堂，园林之城”和“威尼斯水城”的美誉。春秋时为吴国都城，因境内有姑苏山，隋始称苏州，1949年设市。苏州素为丝绸业名城，有“丝绸之都”之称。

[电话区号] 0512
[邮政编码] 215002
[市　　花] 桂花
[市　　树] 香樟
[风景名胜] 沧浪亭、狮子林、拙政园、留园等。
[特产美食] 苏州刺绣、桃花坞木刻年画、苏扇、碧螺春茶、阳澄湖大闸蟹等。

[概　　况] 浙江省简称“浙”，省会杭州。位于我国东南沿海，东海之滨。春秋时为越国地，战国时属楚，秦时属会稽等郡，汉属扬州，三国时属吴，唐置浙江东、西二道，始有浙江一称，元属江浙行省，明清为浙江省。现辖11地级市、20县级市、32县、1自治县及37市辖区。全省面积约10万平方千米，人口6457万。

[地理特征] 境内丘陵低山广布，地势自西南向东北倾斜。主要山脉有雁荡山、天台山、会稽山、仙霞岭、括苍山、天目山等。龙泉市境内的黄茅尖海拔1921米，是浙江省最高峰。中东部主要是平原、盆地，包括杭嘉湖平原、宁绍平原和金衢盆地、东阳盆地等。河湖众多，有钱塘江、瓯江、灵江等，其中钱塘江是境内第一大江。杭州西湖、绍兴东湖、嘉兴南湖、鄞州东钱湖等是著名湖泊。沿海岛屿众多，是我国岛屿最多的省区，其中舟山岛是我国第四大岛。

[特色经济] 浙江省是我国农业商品化生产水平较高地区之一，以粮食生产为主。浙北平原是全国著名的鱼米之乡、丝绸之府，重要的黄红麻、桑蚕产区。工业基础雄厚，门类齐全，以冶金、机械、纺织、食品、化工、建材等为主要支柱产业，市场经济尤其是小商品经济发达。

[名胜古迹] 浙江山清水秀，文物古迹众多。被称为“神州丹霞第一峰”的江郎山和杭州西湖、大运河(江南运河段、浙东运河)、良渚古城遗址已列入《世界遗产名录》。杭州西湖、雁荡山、普陀山、莫干山、嵊泗列岛、楠溪江、富春江-新安江、天台山、雪窦山、双龙、仙都、天姥山等为国家级风景名胜区。其他景点还有天目山、金华双龙洞、诸暨五泄、泰顺廊桥等胜景以及西塘、南浔、乌镇、景宁畲乡、郭洞村等著名古村落。

[名优特产] 杭州丝绸、织锦、杭绣、萧山花边、宁波绣衣、温州瓯绣等最为出名。风味名食有金华火腿、绍兴老酒、嘉兴粽子等。西湖龙井、金华茉莉、雁荡毛峰、普陀佛茶等是名茶。传统工艺品有乐清黄杨木雕、龙泉青瓷、张小泉剪刀、西湖绸伞等。

钱塘江大潮　钱塘潮指发生在浙江省钱塘江流域，由于月球和太阳的引潮力作用，使海洋水面发生的周期性涨落的潮汐现象。每年农历八月十八，钱江涌潮最大，潮头可达数米。海潮来时，声如雷鸣，排山倒海，犹如万马奔腾，蔚为壮观。观潮始于汉魏，盛于唐宋，历经2000余年，已成为当地的习俗。距杭州50千米的海宁盐官镇是观潮最佳处。

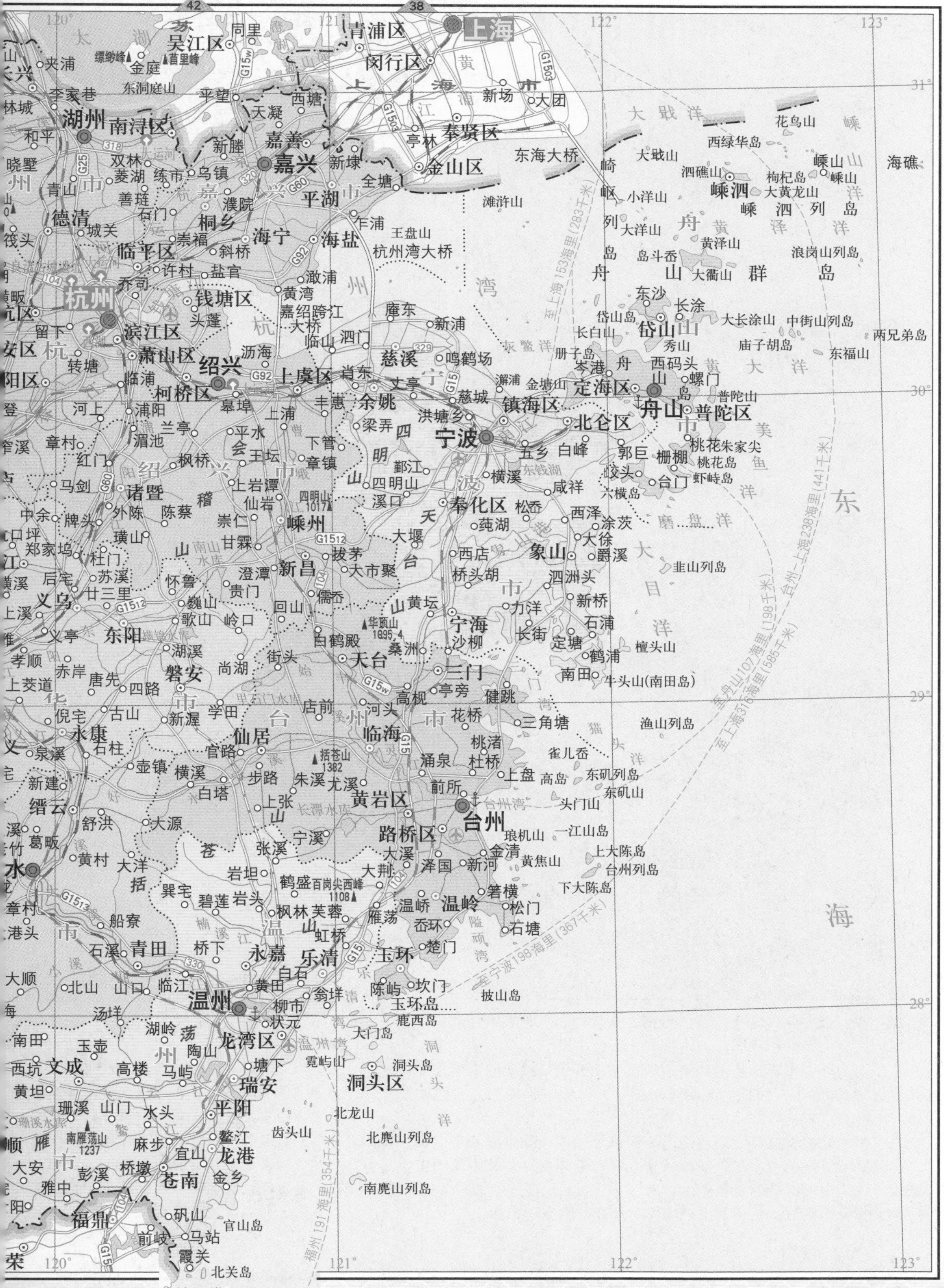

比例尺 1:2 130 000　0　21.3　42.6　63.9千米

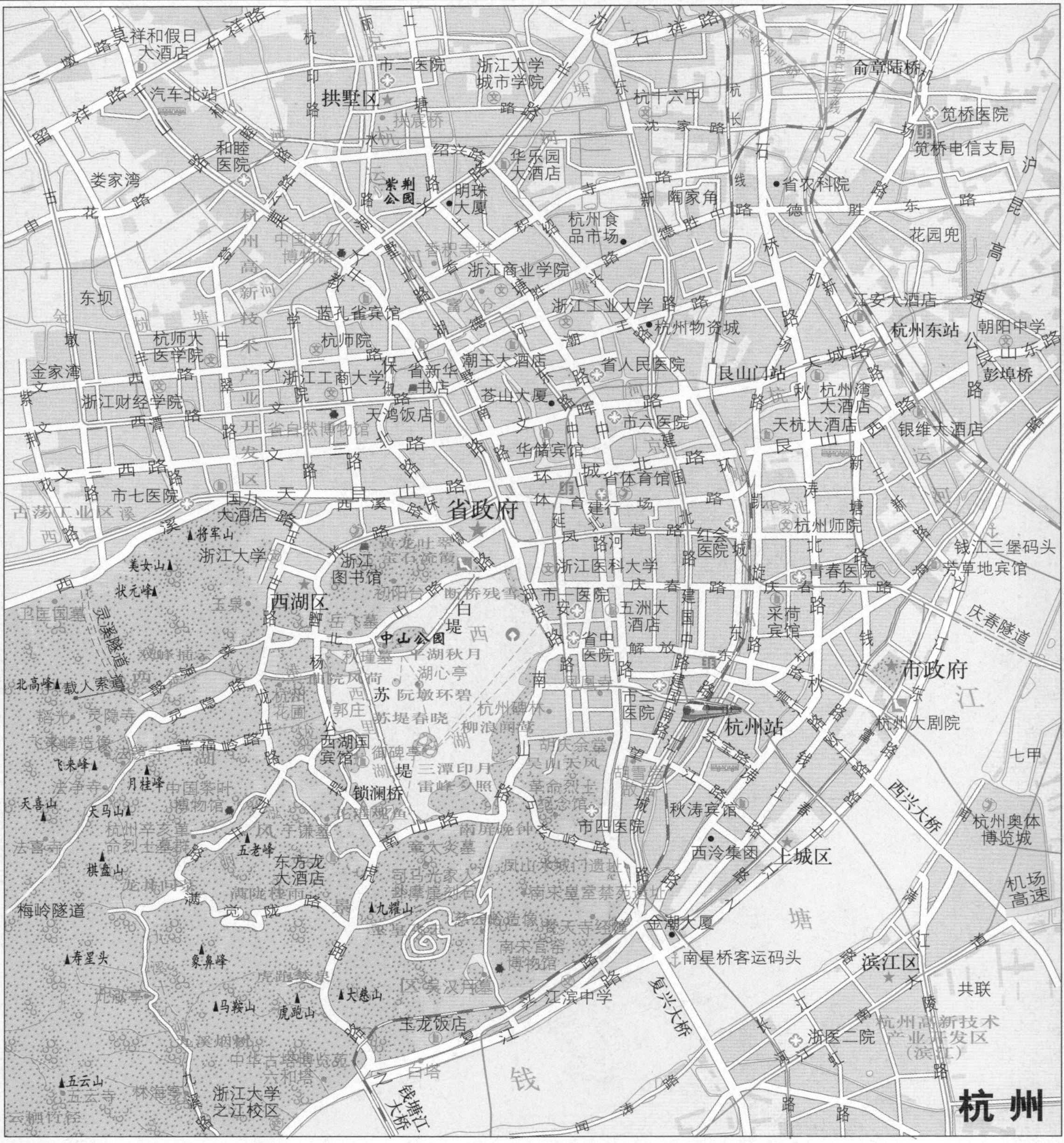

杭州　浙江省省会，全省政治、经济、文教中心，驰名中外的旅游城市，国家历史文化名城和我国八大古都之一，自古以“上有天堂，下有苏杭”驰名于海内外。秦置钱唐县，隋改城杭州，五代吴越和南宋两代曾在此建都，历时200多年，号称“东南第一州”，古称“临安”、“钱塘”等，1927年设市。

杭州地处钱塘江畔，是我国沿海经济发达地区的重要城市之一。杭州工业以机械、电子、化工、纺织、食品等产业为支柱，其中丝绸工业历史悠久，现为中国丝绸的重要产地，有“中国丝都”之誉。杭州是我国东南沿海主要交通枢纽，杭州萧山机场为对外开放的空运口岸。

[电话区号] 0571

[邮政编码] 310026

[市　　花] 桂花　[市　　树] 香樟

[风景名胜] 西湖、孤山、飞来峰、岳庙、灵隐寺、西溪湿地、玉泉、小瀛洲、六和塔、虎跑梦泉等。

[特产美食] 杭州织锦、西湖绸伞、张小泉刀剪、萧山花边、西泠印泥、杭菊、杭绿茶、龙井茶、西湖藕粉、萧山萝卜干等。

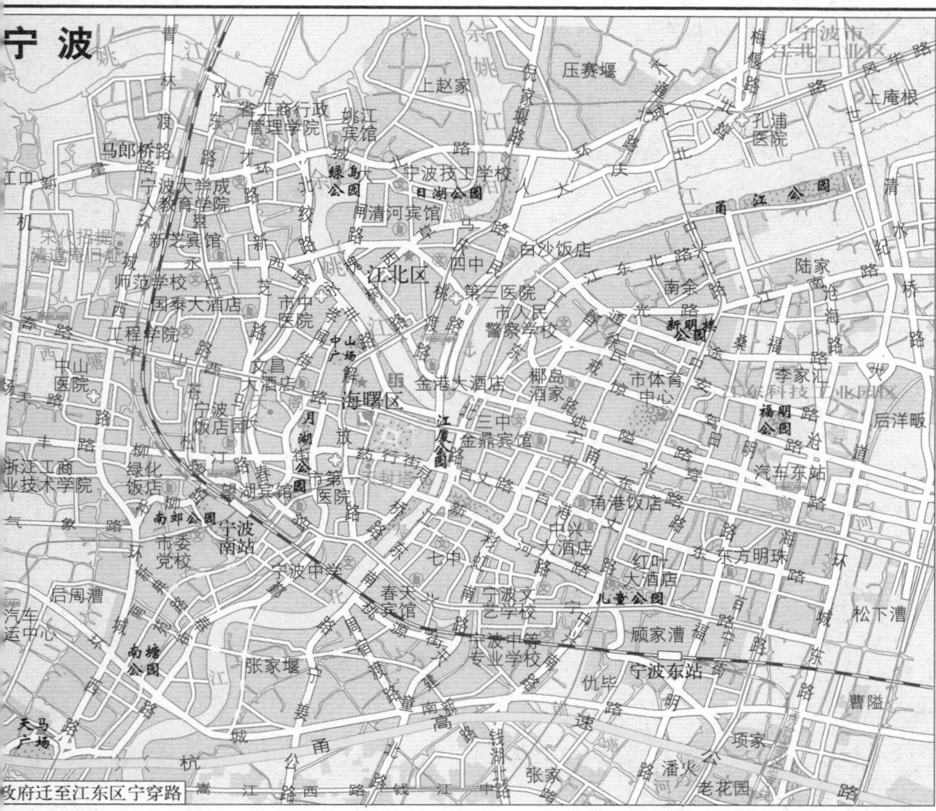

宁波 国家历史文化名城，是浙东最大的工商业中心、华东地区重工业基地和沿海重点开放的港口城市。秦始设县，明初取“海定则波宁”之意定名宁波，1949年设市，因地处甬江下游出海口处，故简称甬。宁波北仑港是我国四大国际深水港之一，有“东方大港”之称。

[电话区号] 0574
[邮政编码] 315000
[市　　花] 茶花
[市　　树] 樟树
[风景名胜] 它山堰、天一阁、天童寺、保国寺、阿育王寺、东钱湖等。
[特产美食] 骨木镶嵌、朱金木雕、宁波竹编、羊尾笋干等。

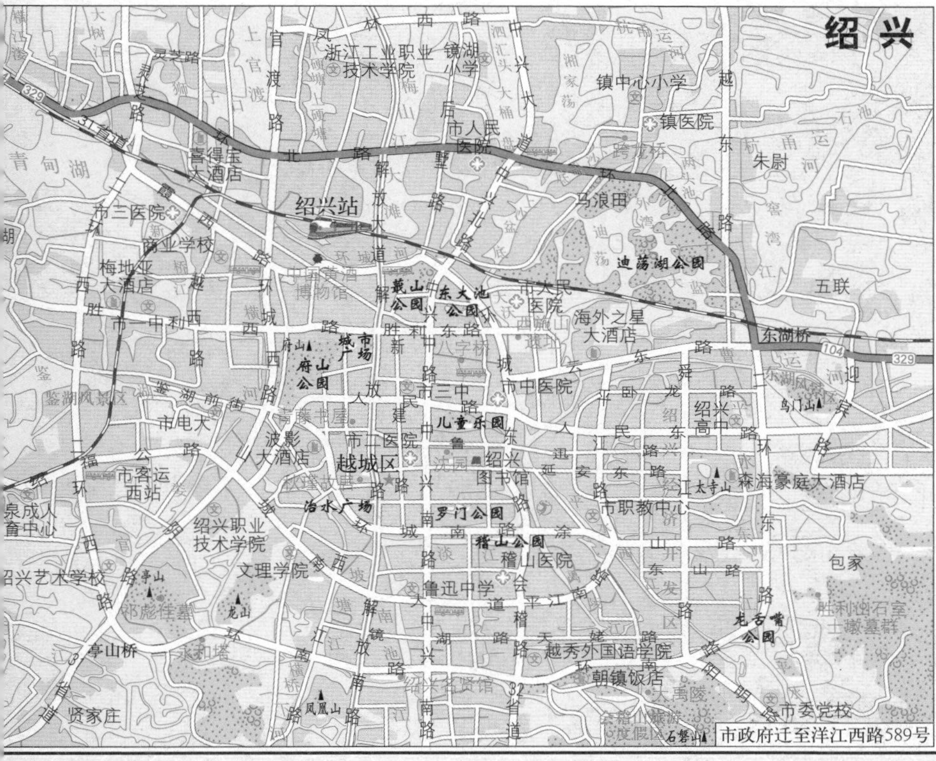

绍兴 国家历史文化名城，是著名的水乡，素有“东方威尼斯”的美誉；历代人才辈出，又被称为“名士乡”。为浙江重要的化纤纺织品生产基地。秦始置县，宋高宗时始称绍兴，寄托“绍祚中兴”。1950年设市。

[电话区号] 0575
[邮政编码] 312000
[市　　花] 兰花
[风景名胜] 禹陵、兰亭、东湖、鲁迅故居、沈园、诸暨西施殿等。
[特产美食] 绍兴老酒、豆腐乳、乌毡帽、麻鸭、霉干菜等。

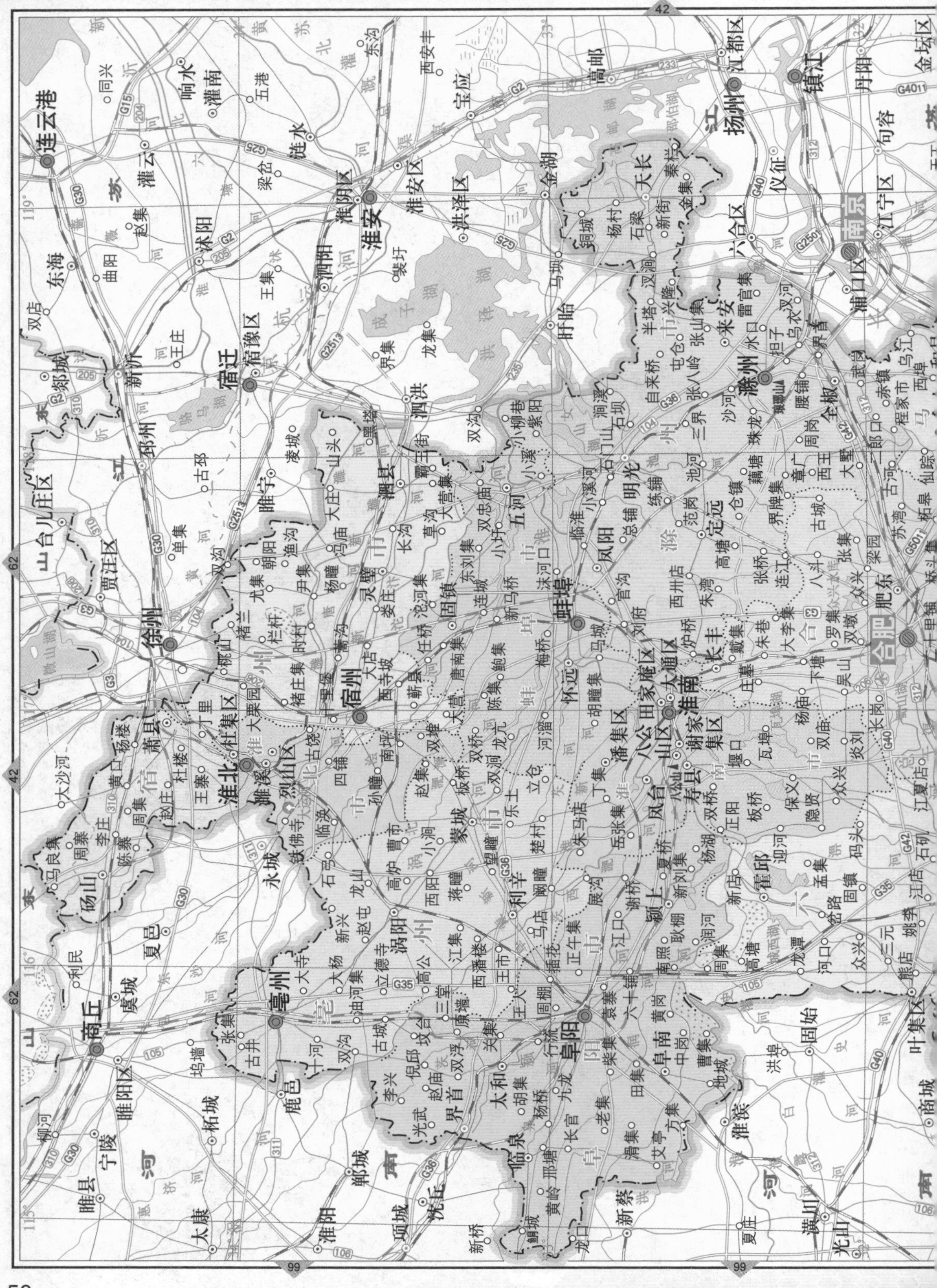
连云港
淮安
宿迁
徐州
宿州
淮北
蚌埠
淮南
合肥
滁州
扬州
镇江
南京
阜阳
亳州
商丘

[概　　况] 安徽省简称“皖”，省会合肥市。春秋时属吴、楚等国地，秦置九江、泗水等郡，汉属扬、徐、豫等州，明直隶南京，清康熙分置安徽省。现辖16地级市、9县级市、50县及45市辖区。全省面积约14万平方千米，人口6103万。

[地理特征] 本省多丘陵、山地。主要山脉有大别山、黄山、九华山等，丘陵有江淮丘陵和皖南低山丘陵。黄山最高峰莲花峰海拔1864.8米，为本省最高峰。河流分属长江、淮河、新安江三大水系。湖泊众多，巢湖为本省第一大湖。

[特色经济] 该省是我国重要农业生产基地，国家重要产粮省之一，也是我国煤炭、钢铁生产基地之一。

[名胜古迹] 皖南古村落—西递、宏村和黄山、大运河(通济渠泗县段)已被列入《世界遗产名录》。马鞍山采石、巢湖、花山谜窟渐江、太极洞、九华山、齐云山、天柱山和琅琊山等为国家级风景名胜区。

[名优特产] 传统工艺品以泾县宣纸、宣笔、徽墨、歙砚文房四宝最为著名，还有芜湖刀剪、芜湖铁画等。黄山毛峰、太平猴魁、祁门红茶、屯溪绿茶、六安瓜片等是茶中名品。古井贡酒则是名酒。

比例尺 1:2 130 000　0　21.3　42.6　63.9千米

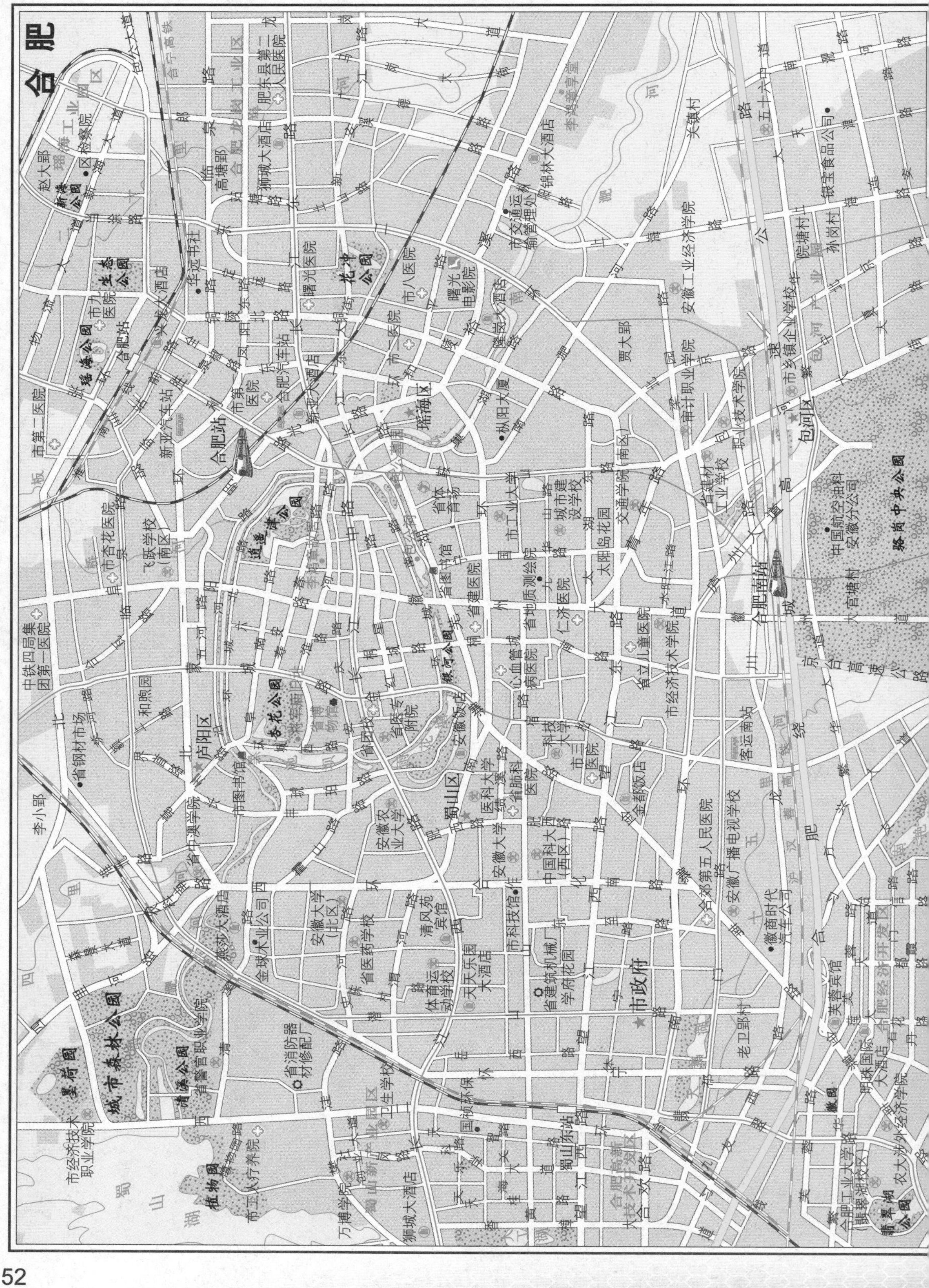
合肥
合肥站
合肥南站
瑶海区
庐阳区
蜀山区
包河区
市政府
逍遥津公园
杏花公园
包河公园
生态公园
花冲公园
城市森林公园
骆岗中央公园
植物园
省博物馆
省图书馆
安徽大学
安徽农业大学
中国科技大学
合肥工业大学
蜀山东站
客运南站
新亚汽车站
合肥汽车站
曙光电影院
市政府
稻香楼宾馆
古井假日酒店
大蜀山

合肥　安徽省省会，全省政治、经济、文教中心，我国主要的金融开发城市和科研基地之一，素以“三国故地、包拯家乡”而闻名海内外，是一座具有2000多年历史的文化古城。因古代淝水出山分支后在此合流，故称合肥秦汉之交，正式建立“合肥县”，东汉升合肥为侯国，三国时为扬州治所，明清时为庐州府治,又别称为“庐州”。1949年设市。合肥自古为江淮间交通咽喉和物资集散地，现已成为拥有钢铁、机械、化工、电子、建材、纺织、印染等多种工业的综合性工业城市，建有国家级高新技术产业开发区，有“中国科技城”之称。

[电话区号] 0551　　[邮政编码] 230001
[市　　花] 桂花、石榴　　[市　　树] 广玉兰
[风景名胜] 逍遥津公园、教弩台、明教寺、包公祠、包拯墓、安徽名人馆、天鹅湖、三河古镇、紫蓬山、周瑜墓、三国遗址公园等。
[特产美食] 四大名点（麻饼、烘糕、寸金、白切）、柘皋早点(炒面皮、鸡蛋锅贴饺、三鲜锅巴、凉拌干丝、狮子头、马蹄酥、烧麦、三尖子、蜜汁糕 等）、麻黄鸡、白乌骨鸡、三黄鸡、砀山酥梨、黄山毛峰茶、祁门红茶、六安瓜片等。

蚌埠　是淮河流域最大的河港和物资集散中心，安徽省重要的工业基地，也是本省最大的高铁枢纽。蚌埠港是千里淮河第一大港。古为采珠之地，因盛产河蚌而得名，原为边陲小渔村，1911年津浦铁路建成，从而成为南北通衢，1947年设市。

[电话区号] 0552　　[邮政编码] 233000
[市　　花] 月季　　[市　　树] 雪松、国槐
[风景名胜] 汤和墓、凤阳明皇陵、中都城、禹王宫、龙兴寺等。
[特产美食] 石雕、蚌埠玉雕、石榴、沱湖蟹等。

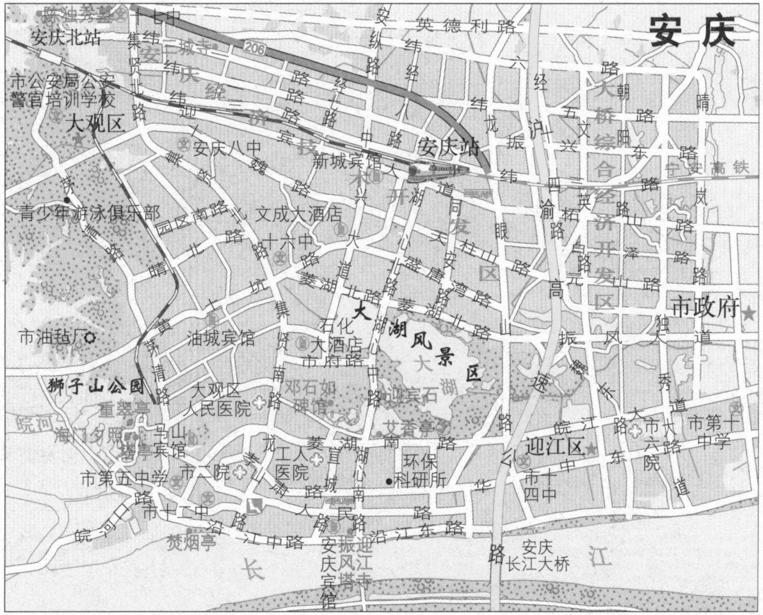

安庆　位于安徽省西南部，是皖西南中心城市，国家历史文化名城。别称“宜城”，南宋绍兴年间置安庆军，始得名“安庆”，1949年设市。安庆是国家一类口岸和对外籍轮开放口岸。安庆也是戏剧之乡，国粹艺术京剧、黄梅戏均发源于此。

[电话区号] 0556　　[邮政编码] 246001
[市　　花] 月季　　[市　　树] 香樟
[风景名胜] 天柱山、迎江寺、振风塔、菱湖风景区。
[特产美食] 胡玉美蚕豆辣酱、石牌贡糕、墨子酥、柏兆记、天柱剑毫、潜山舒席、雪木雕塑。

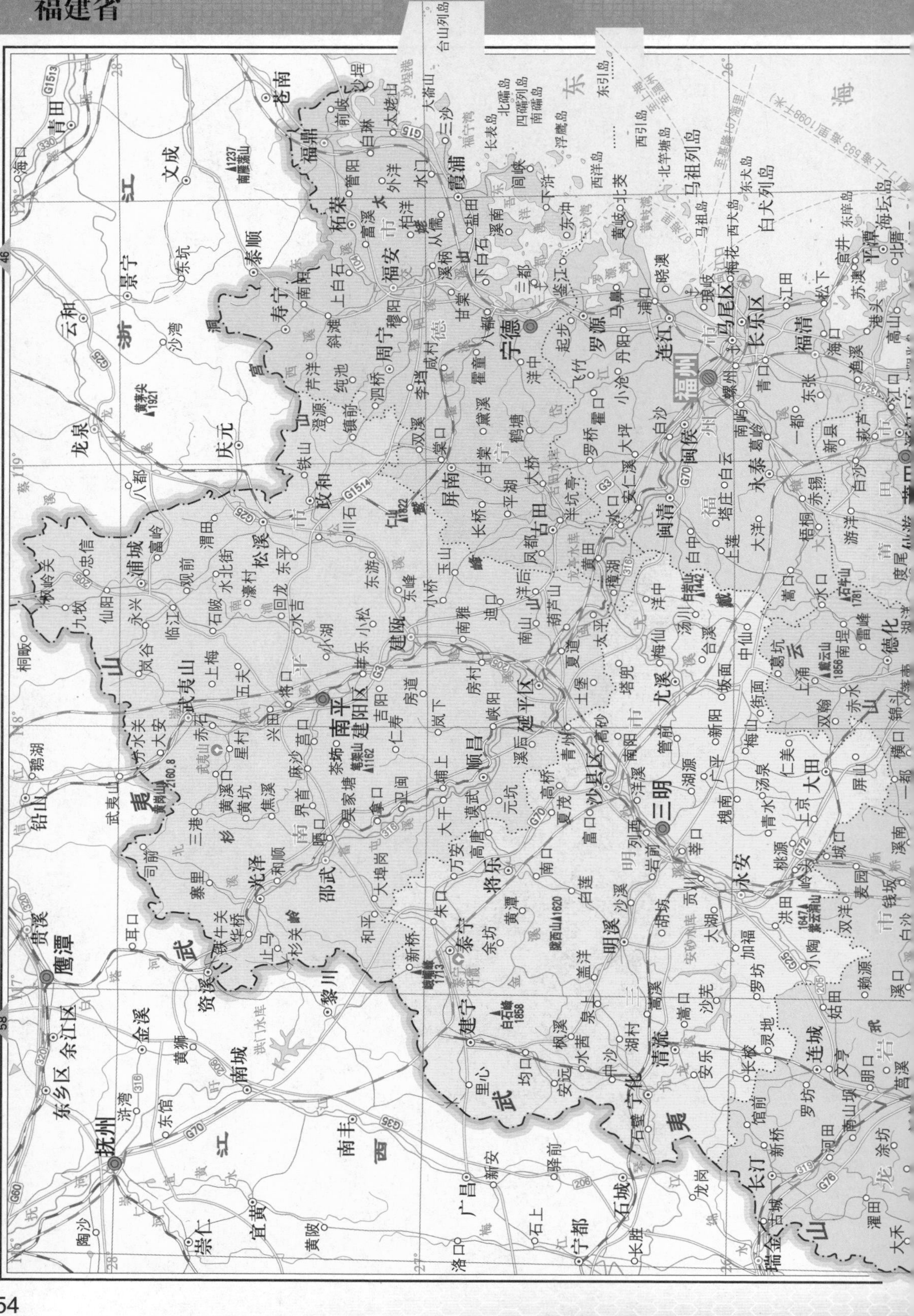
福州
宁德
南平
三明
福鼎
霞浦
福安
寿宁
周宁
柘荣
屏南
古田
政和
松溪
浦城
武夷山
建阳区
建瓯
顺昌
邵武
光泽
泰宁
将乐
明溪
清流
宁化
建宁
沙县区
永安
大田
尤溪
闽清
闽侯
连江
罗源
长乐区
马尾区
福清
永泰
德化
连城
长汀
鹰潭
抚州
南城
黎川
资溪
广昌
石城
瑞金
宁都
龙泉
庆元
泰顺
苍南
文成
景宁
云和
马祖列岛
台山列岛
东海

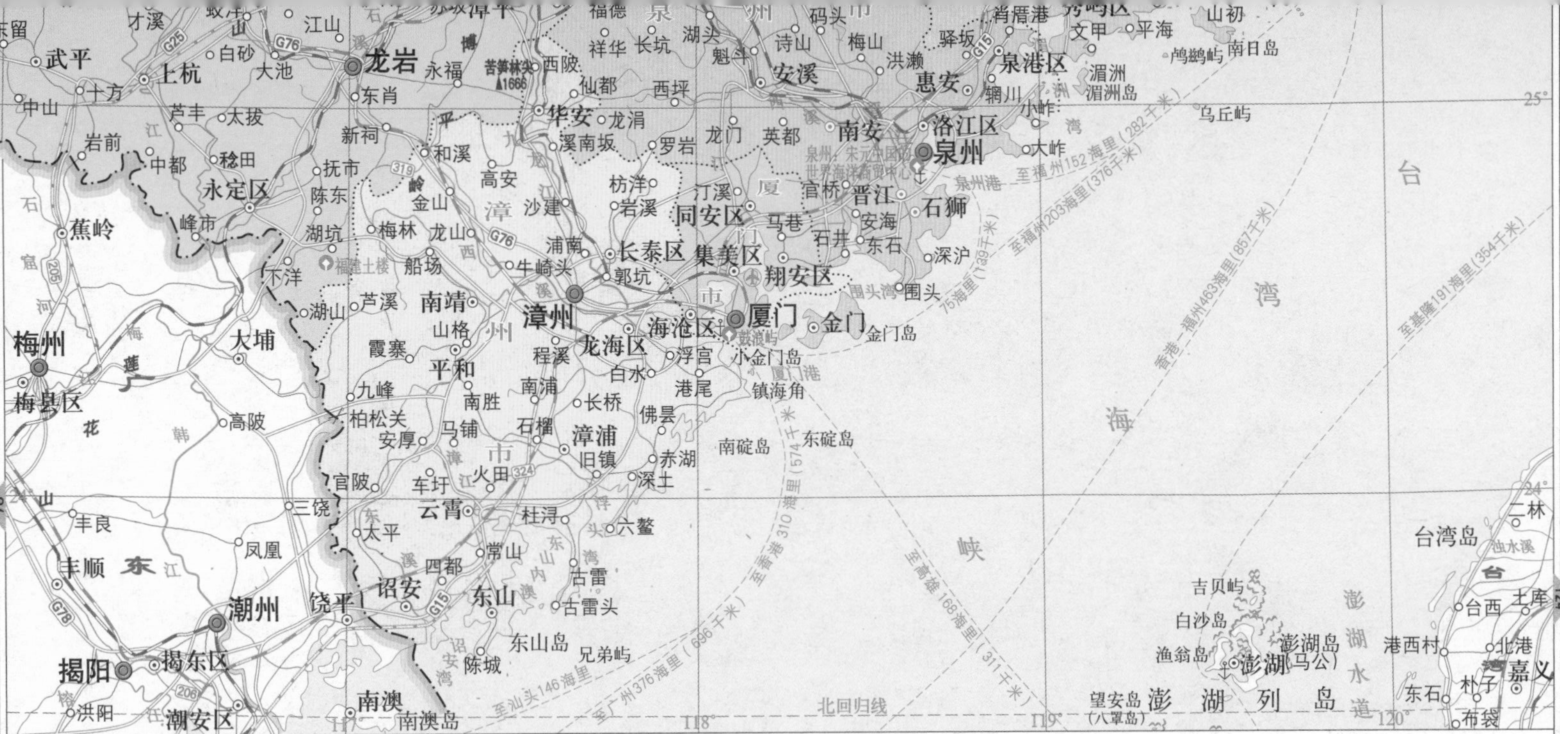

[概　　况] 福建省简称“闽”，省会福州。位于我国东南沿海，春秋时属越地，秦设闽中郡，汉后属扬州，唐属江南东道，宋设福建路，元置福建行省，清置福建省。现辖9地级市、11县级市、42县及31市辖区。全省面积约12万平方千米，人口4154万。

[地理特征] 以山地丘陵为主，西、中部有两列呈东北–西南走向的山脉武夷山、戴云山，沿海福州、莆田、泉州一带为平原。黄岗山海拔2160.8米，是本省最高峰。闽江、晋江、九龙江等为主要河流，其中闽江是省内最大河流。

[特色经济] 本省盛产水稻、甘蔗、黄红麻等，也是我国茶叶、甘蔗及亚热带水果主产区。龙眼产量居全国第一。沿海水产业发达，盛产带鱼、黄鱼等。制糖、制茶、食品、森工等轻工业在全国占有重要地位。侨商经济历史悠久。

[名胜古迹] 武夷山、泰宁丹霞、福建土楼、鼓浪屿及泉州：宋元中国的世界海洋商贸中心被列入《世界遗产名录》。鼓浪屿是位于厦门西南海中的一个小岛，有“海上花园”之称，有鼓浪屿–万石山、清源山、太姥山、鸳鸯溪等国家级风景名胜区。

[名优特产] 名茶有武夷岩茶、茉莉花茶、铁观音茶、乌龙茶等。龙眼、香蕉、柑橘、荔枝、枇杷、菠萝为福建六大名果。传统手工艺品有福州脱胎漆器、厦门珠绣、寿山石雕、泉州木偶头、漳州彩塑等。

妈祖文化　妈祖文化起源于北宋初期，妈祖姓林名默，因救助海难逝世，人们感念其治病救人的恩惠，在湄洲岛上建庙祀之，尊为护航女神。目前世界上二十多个国家和地区、国内30个省市建有五千多座颇具规模的妈祖分灵庙宇，敬祭妈祖民众近两亿人。

比例尺 1∶2 130 000　0　21.3　42.6　63.9千米

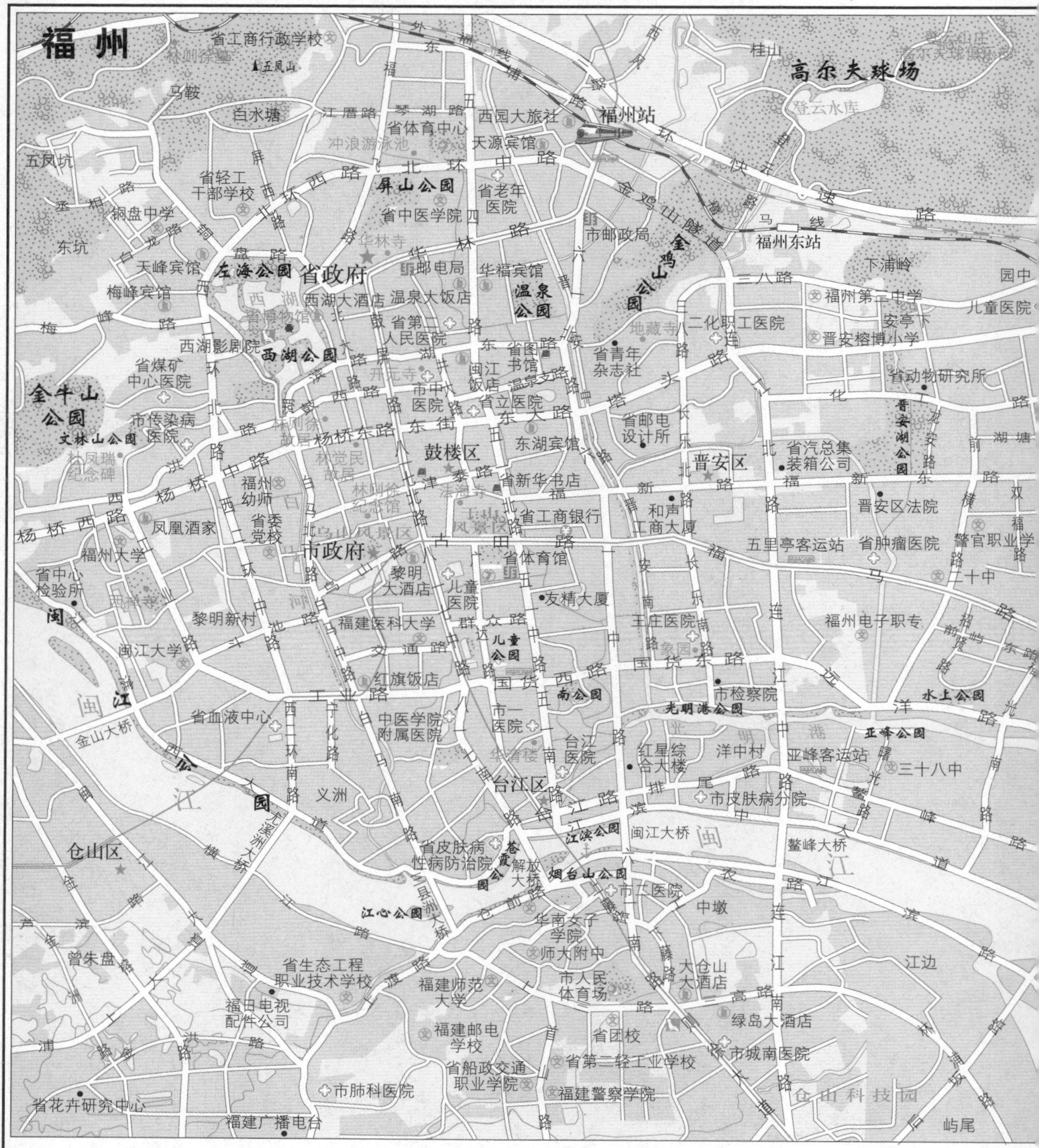

福州 是福建省省会，全省政治、经济、文教中心，我国沿海重点开放的港口城市和国家历史文化名城。市内多榕树，别称“榕城”。福州以马尾港为外港，一向为闽东、闽北和闽中物资集散地。是福建省最大的工贸基地。福州港是我国沿海重要枢纽港之一。1946年设市。城内的三坊七巷和朱紫坊街区保存有大量明、清街巷及民居，是福州的重要标志。福州船政文化是晚清于马尾兴办福建船政时所形成的思想文化成果。福州脱胎漆器是一种具有特殊民族风格及厚重地方特色的珍贵的艺术品并与北京的景泰蓝以及江西景德镇瓷器统称为中国传统工艺的“三宝”。

[电话区号] 0591　　[邮政编码] 350001

[市　　花] 茉莉　　[市　　树] 榕树

[风景名胜] 海坛、鼓山、青云山、十八重溪、灵洞摩崖石刻、戚公祠、林则徐故居、林祥谦烈士园、长乐海滩、马尾港罗星塔等。

[特产美食] 脱胎漆器、寿山石雕、牛角梳、纸伞软木画、茉莉花茶、福橘、橄榄、佛跳墙、鸡汤海蚌、淡糟香螺片、荔枝肉、醉糟鸡等。

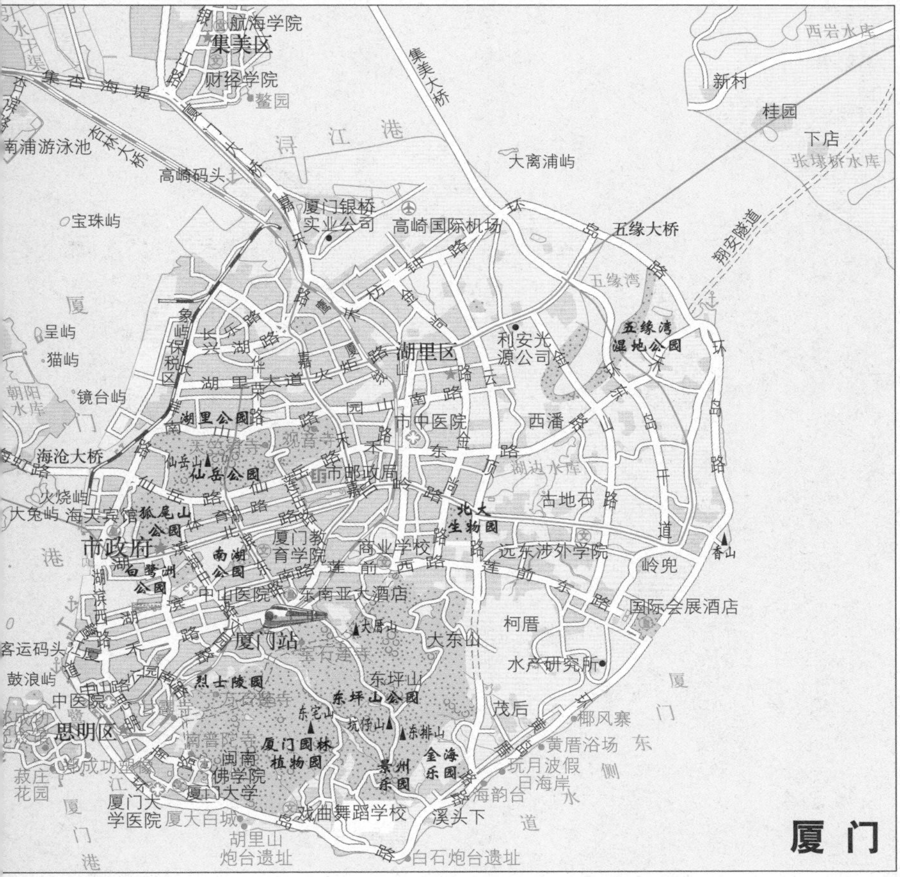

厦门 是著称全国的经济特区城市，我国沿海重点开放的港口和旅游城市。早年称鹭岛，又称嘉禾屿，明初始筑厦门城，1933年设厦门市，是著名侨乡和台胞祖籍地。厦门原为海岛，1955年建鹰厦铁路海堤，近年又建新桥，与大陆连为一体。厦门素有“海上花园”之称，城在海上，海在城中。厦门港是天然良港，历史上就是我国东南沿海对外贸易的重要口岸。

[电话区号] 0592
[邮政编码] 361003
[市　　花] 三角梅
[市　　树] 凤凰树
[特产美食] 厦门珠绣、漆线雕、文昌鱼、肉松、馅饼、姜母鸭等。
[风景名胜] 鼓浪屿—万石山名胜区、日光岩、郑成功纪念馆、南普陀寺、集美学村等。

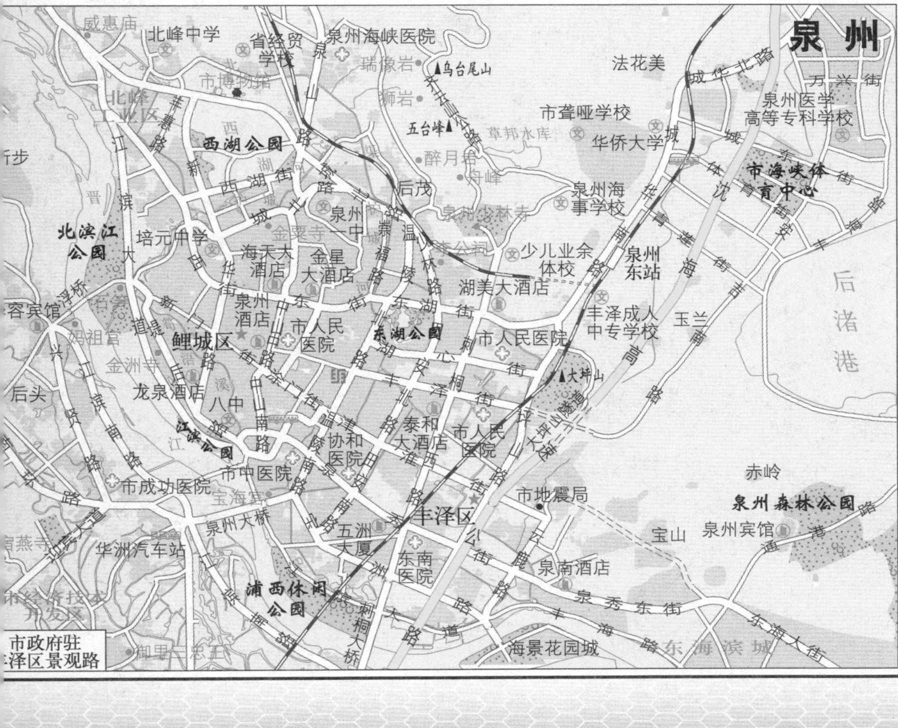

泉州 闽东南沿海经济、文化中心和国家历史文化名城。唐时设州，即为我国四大外贸港口之一，宋元两代进入全盛时期，是古代“海上丝绸之路”的起点，被誉为“东方第一大港”，1951年设市，是著名的侨乡和台胞祖籍地。

[电话区号] 0595
[邮政编码] 362000
[市　　花] 刺桐花
[市　　树] 刺桐
[风景名胜] 开元寺塔、清净寺、老君岩、崇武古城等。
[特产美食] 安溪茶叶、刺绣、石雕、彩扎等。

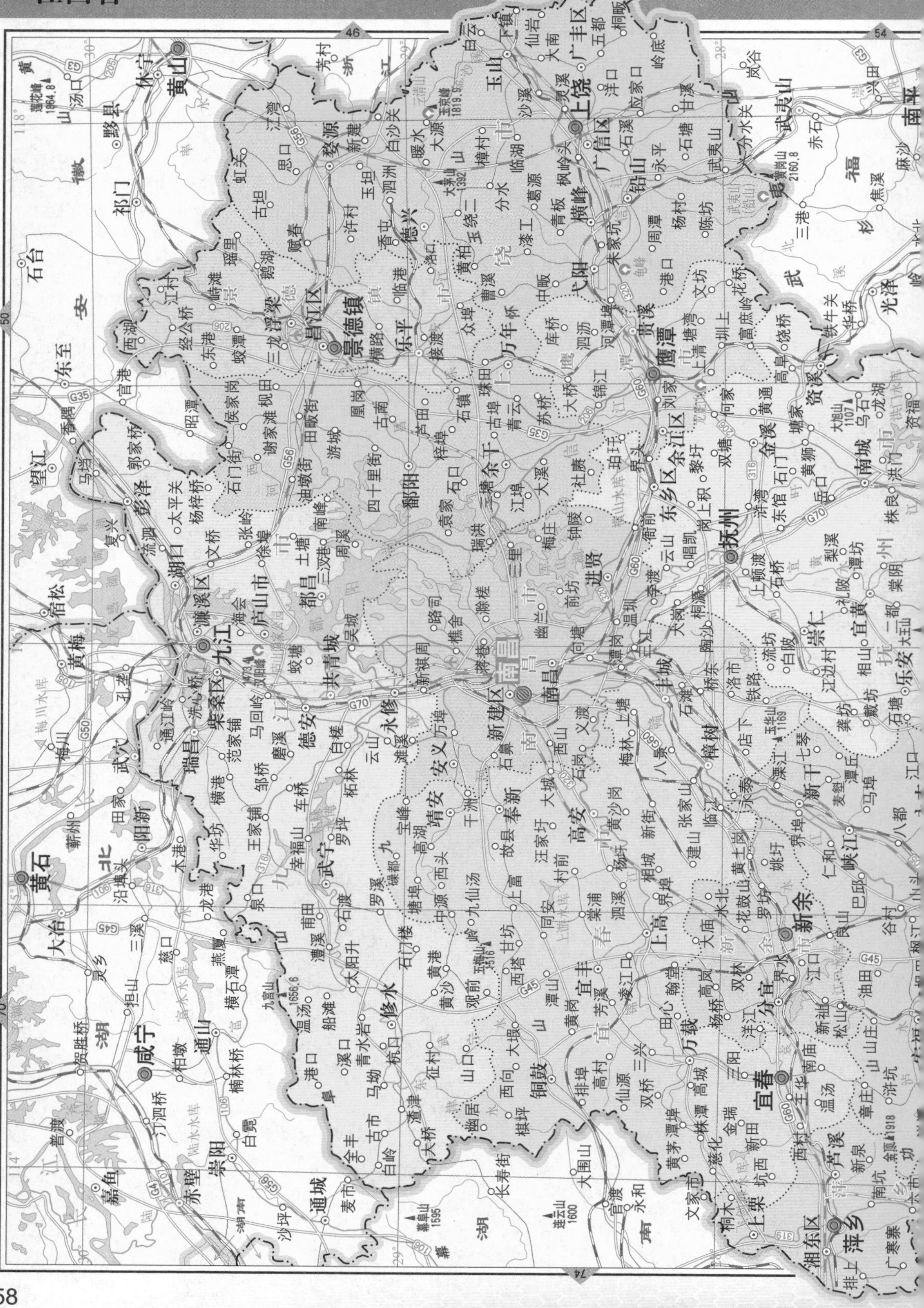
南昌
九江
景德镇
上饶
鹰潭
抚州
新余
宜春
萍乡
庐山市
共青城
瑞昌
德安
永修
修水
武宁
靖安
奉新
安义
高安
樟树
丰城
进贤
余干
鄱阳
都昌
湖口
彭泽
乐平
万年
弋阳
横峰
铅山
广丰区
广信区
玉山
德兴
婺源
浮梁
昌江区
余江区
贵溪
东乡区
临川区
金溪
崇仁
宜黄
南城
资溪
乐安
新干
峡江
分宜
上高
宜丰
万载
铜鼓
芦溪
上栗
湘东区
黄山
黄石
咸宁
通城
崇阳
通山
阳新
大冶
武穴
黄梅
宿松
望江
东至
石台
祁门
黟县
休宁
浮梁
南平
光泽
武夷山

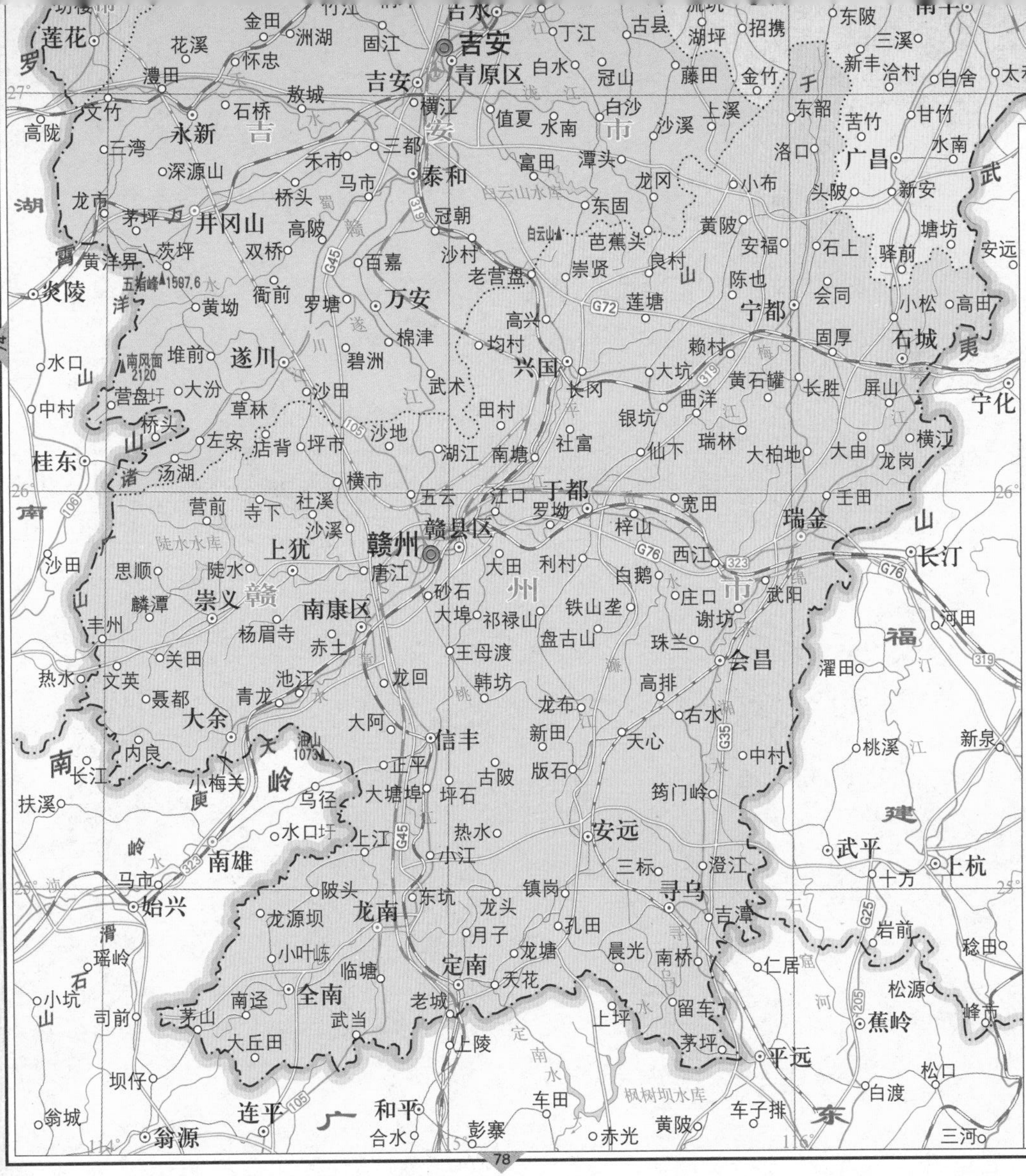

比例尺 1:2 130 000　0　21.3　42.6　63.9千米

[概　　况] 江西省简称“赣”，省会南昌。位于长江中下游南岸。春秋战国时属楚，秦置九江郡，元置江西行省，清为江西省。现辖11地级市、12县级市、61县及27市辖区。全省面积约17万平方千米，人口4519万。

[地理特征] 地貌以山地、丘陵为主，地形呈向北开口的盆地形势。东、西、南三面有武夷山、罗霄山、大庾岭等山岭环绕。赣闽界峰黄岗山海拔2160.8米，是本省最高峰。中南部为红岩丘陵，北部为鄱阳湖平原。鄱阳湖是我国最大的淡水湖。

[特色经济] 江西是我国重要的商品粮和农副产品生产基地之一，鄱阳湖有天然鱼库之称。工业门类齐全，有色金属和陶瓷业发达。江西的汽车制造、飞机制造、烟花和鞭炮制造业等也在全国占有重要地位。

[名胜古迹] 庐山、三清山和龙虎山（包含龟峰）均被列入《世界遗产名录》。南昌滕王阁与湖北黄鹤楼、湖南岳阳楼并称江南三大名楼。还有井冈山、仙女湖、梅岭–滕王阁、龟峰等国家级风景名胜区。其他著名景点还有中国最美丽的乡村婺源、瑶里古镇、瓷都胜地景德镇等。

[名优特产] 景德镇瓷器举世闻名。庐山云雾茶、武宁红茶在国内外享有盛誉。其他特产还有南丰蜜橘、井冈山竹笋、鄱阳湖银鱼、长江鲟鱼等。

中国革命的摇篮　江西是中国革命的摇篮，这里有中国第一个农村革命根据地井冈山、中央革命根据地瑞金、英雄城市南昌，以及我国工人运动发源地之一的安源。八一南昌起义、秋收起义、井冈山斗争、安源工人运动、中央红军长征、新四军组建等一系列载入史册的重大事件都发生在江西。

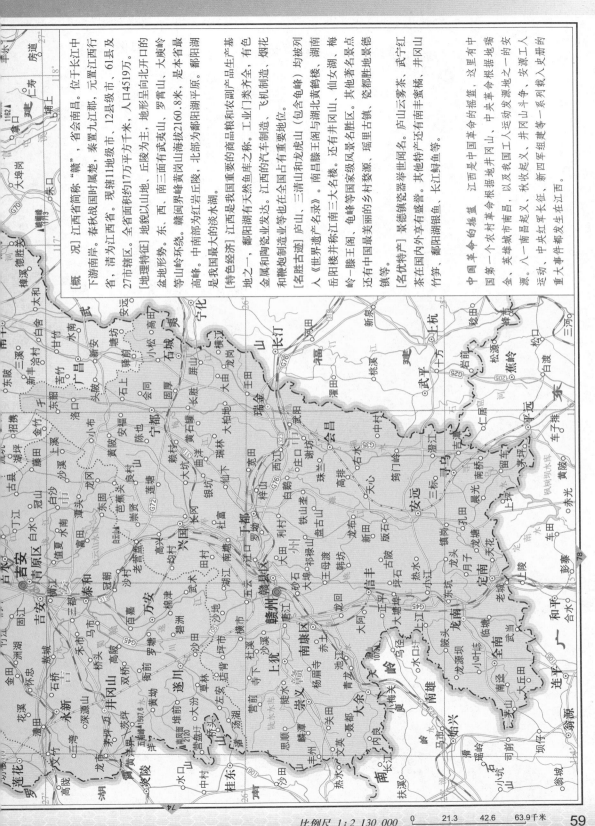

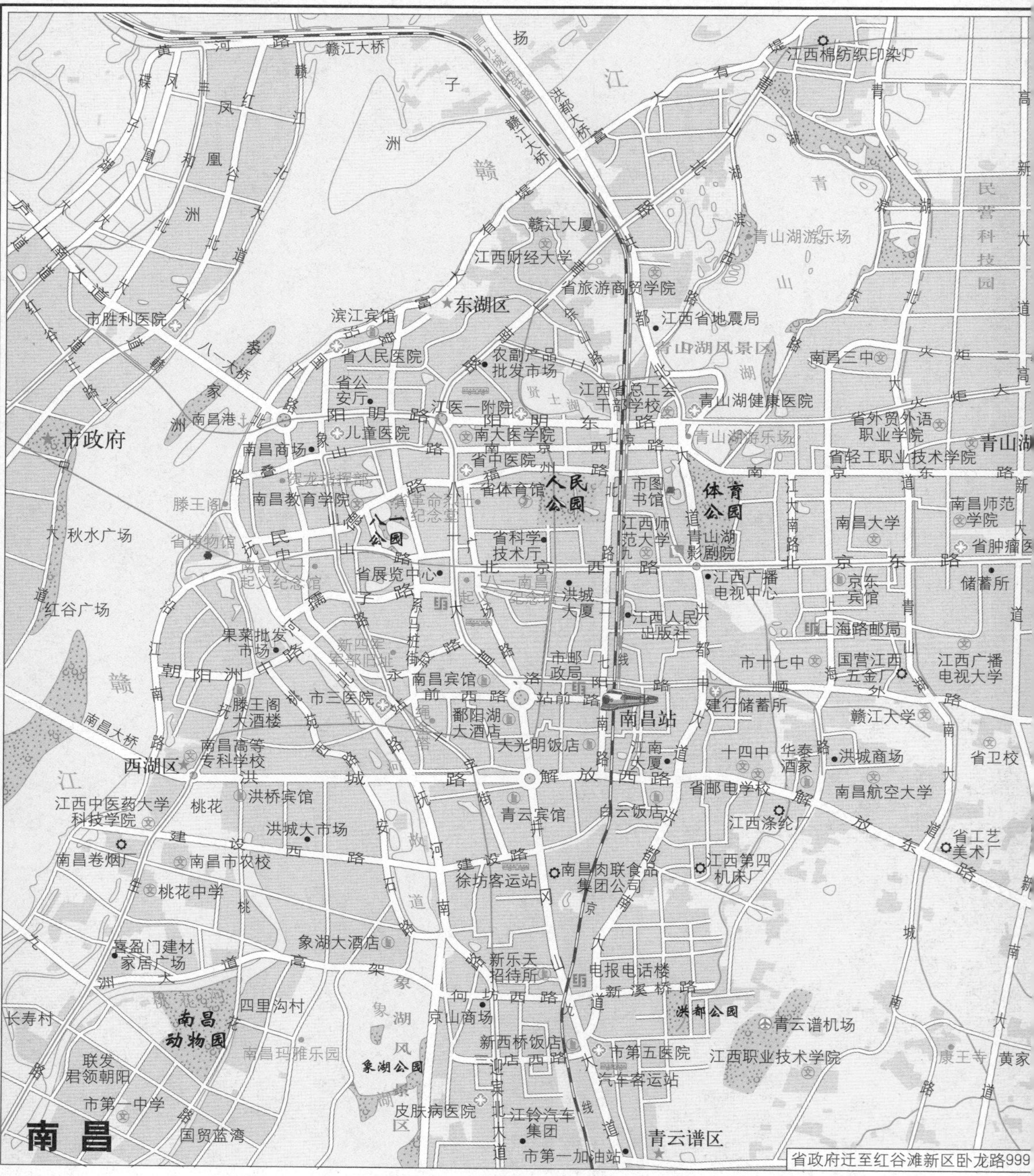

南昌 江西省省会，是全省政治、经济、文教中心，也是我国重要的制造业基地，国家历史文化名城。南昌至今已有2000多年历史，城池多次变迁兴废，西汉置豫章郡，隋唐称“洪州”，明代定名“南昌”，寓“昌大南疆”之意，1935年设市。南昌水陆交通发达，自古有“襟三江而带五湖”之称。南昌自古为南北交通要地，是京九线上唯一的省会城市和我国铁路交通重要枢纽。作为“八一南昌起义”爆发的英雄城市，南昌被称为“军旗升起的地方”。

[电话区号] 0791 [邮政编码] 330008

[市　　花] 月季、金边瑞香 [市　　树] 樟树

[风景名胜] 滕王阁、八大山人纪念馆、百花洲、绳金塔、子亭、梅岭、“八一南昌起义”纪念馆、方志敏烈士墓等

[特产美食] 瓷版画、文港毛笔、炒米粉、瓦罐汤、藜蒿炒肉、石头街麻花、金线吊葫芦、油炸小品、吊楼烧饼、状糕、如意糕、风味烤卤、伊府面、家乡锅巴等。

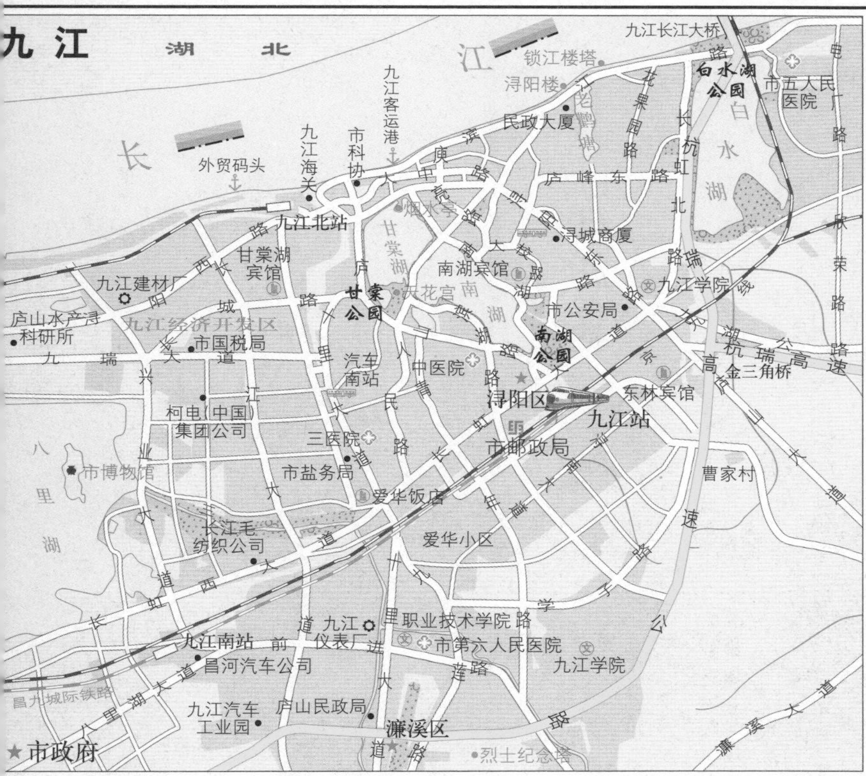

九江　是长江中游重要港口和赣北水陆交通中心，也是江西唯一通江入海的对外口岸，被称为“江西的北大门”。1949年设市。为古代中国著名的“四大米市”、“三大茶市”之一。是全国商品粮、优质棉、油菜子生产基地。京九铁路与长江黄金水道在这里构成了中国南北、东西交流的轴心，享有“三江之江、七省通衢”之誉。

[电话区号] 0792
[邮政编码] 332000
[市　　花] 荷花
[市　　树] 樟树
[风景名胜] 鄱阳湖、浔阳楼、琵琶亭、吴城候鸟保护区、白鹿洞书院、陶渊明故居、龙宫洞等。
[特产美食] 庐山云雾茶、鄱阳湖银鱼、茶饼、桂花糕、酥糖、中华绒螯蟹等。

景德镇　国家历史文化名城，江西省重要的现代化工业基地。古为中国四大名镇之一，以源于汉代的制瓷业而出名，有“瓷都”之称。1950年设市。

[电话区号] 0798　[邮政编码] 333000　[市　　花] 茶花　[市　　树] 樟树
[风景名胜] 湖田古窑址、盘龙岗古陶瓷历史博览区、三间庙明清古建筑群。
[特产美食] 瓷器、瓷雕、瓷版画、辣椒粑等。

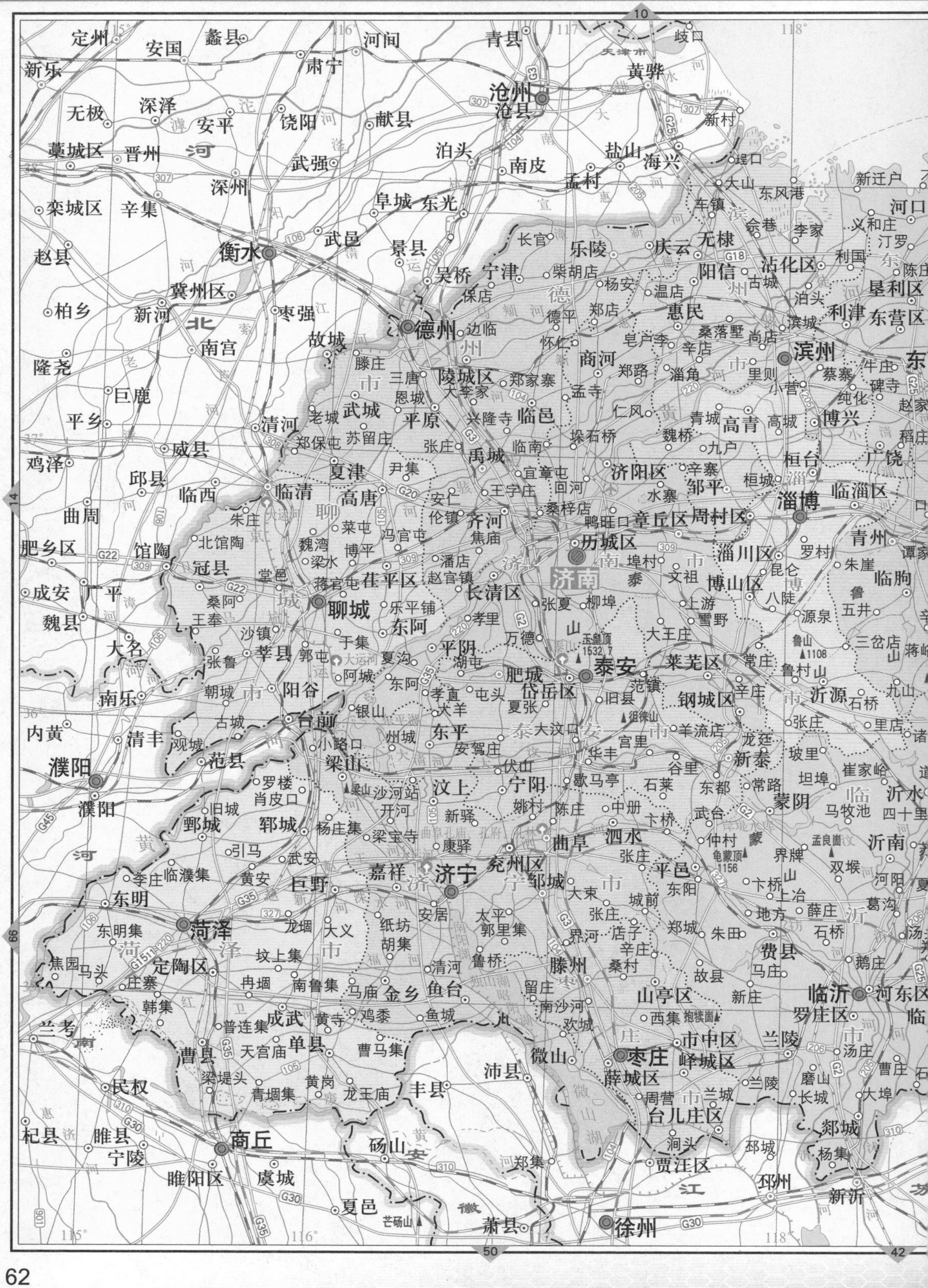
10
定州
蠡县
河间
青县
岐口
天津市
安国
肃宁
黄骅
新乐
沧州
沧县
新村
无极
深泽
安平
饶阳
献县
藁城区
晋州
泊头
盐山
海兴
南皮
孟村
堤口
武强
深州
大山
新迁户
栾城区
辛集
阜城
东光
车镇
东风港
河口
义和庄
赵县
衡水
武邑
景县
长官
乐陵
庆云
无棣
佘巷
李家
汀罗
吴桥
宁津
柴胡店
杨安
温店
阳信
沾化区
利国
陈庄
冀州区
保店
德
古城
垦利区
柏乡
新河
枣强
德州
边临
德平
郑店
惠民
泊头
滨城
利津
东营区
隆尧
南宫
故城
怀仁
皂户李
桑落墅
尚店
滨州
巨鹿
滕庄
三唐
陵城区
郑家寨
商河
郑路
辛店
牛庄
大李家
淄角
里则
蔡寨
碑寺
恩城
孟寺
小营
平乡
清河
老城
武城
平原
兴隆寺
临邑
仁风
青城
高青
高城
博兴
纯化
赵家
郑保屯
苏留庄
张庄
禹城
临南
垛石桥
魏桥
九户
稻庄
鸡泽
威县
夏津
尹集
宜章屯
济阳区
辛寨
桓台
广饶
邱县
临清
高唐
王宇庄
回河
水寨
邹平
桓城
淄博
临淄区
曲周
临西
安仁
伦镇
齐河
桑梓店
鸭旺口
章丘区
周村区
朱庄
菜屯
冯官屯
焦庙
历城区
青州
肥乡区
馆陶
北馆陶
魏湾
博平
潘店
埠村
文祖
淄川区
罗村
朱崖
冠县
梁水
堂邑
蒋官屯
茌平区
赵官镇
济南
昆仑
临朐
成安
广平
桑阿
聊城
乐平铺
长清区
张夏
柳埠
博山区
八陡
鲁
五井
魏县
王奉
东阿
孝里
上游
源泉
沙镇
于集
万德
玉皇顶
1532.7
大王庄
雪野
鲁山
1108
三岔店
蒋峪
大名
张鲁
莘县
郭屯
大运河
夏沟
平阴
湖屯
泰山
泰安
莱芜区
常庄
鲁村
朝城
阿城
东阿
肥城
岱岳区
范镇
钢城区
辛庄
沂源
九山
南乐
阳谷
孝直
屯头
夏张
旧县
石桥
银山
大羊
徂徕山
张庄
里店
内黄
古城
台前
东平
大汶口
羊流店
清丰
观城
小路口
州城
安驾庄
宫里
龙廷
坡里
崔家峪
濮阳
范县
梁山
伏山
华丰
谷里
新泰
坦埠
罗楼
沙河站
汶上
宁阳
歇马亭
石莱
东都
常路
蒙阴
临
沂水
肖皮口
梁山
开河
新驿
姚村
陈庄
中册
马牧池
四十里
旧城
鄄城
郓城
杨庄集
汶上
卞桥
武台
梁宝寺
曲阜
泗水
仲村
引马
康驿
张庄
孟良崮
界牌
沂南
临濮集
武安
嘉祥
济宁
兖州区
平邑
龟蒙顶
1156
双堠
李庄
黄安
巨野
邹城
东阳
卞桥
河阳
东明
大束
城前
上冶
安居
太平
张庄
地方
薛庄
葛沟
东明集
菏泽
龙堌
大义
纸坊
郭里集
界河
店子
郑城
朱田
石桥
胡集
辛庄
费县
焦园
马头
定陶区
坟上集
鲁桥
滕州
桑村
马庄
鹅庄
庄寨
冉堌
南鲁集
清河
留庄
故县
韩集
马庙
金乡
鱼台
南沙河
山亭区
新庄
临沂
河东区
兰考
普连集
成武
黄寺
鸡黍
鱼城
欢城
西集
抱犊崮
市中区
罗庄区
临
曹县
天宫庙
单县
曹马集
微山
枣庄
峄城区
兰陵
汤庄
梁堤头
黄岗
沛县
薛城区
磨山
曹庄
民权
青堌集
龙王庙
丰县
周营
兰城
兰陵
长城
大埠
杞县
睢县
台儿庄区
郯城
宁陵
商丘
砀山
洞头
邳城
杨集
睢阳区
虞城
郑集
贾汪区
邳州
新沂
夏邑
芒砀山
萧县
徐州
115°
116°
117°
118°
37°
36°
14
66
50
42

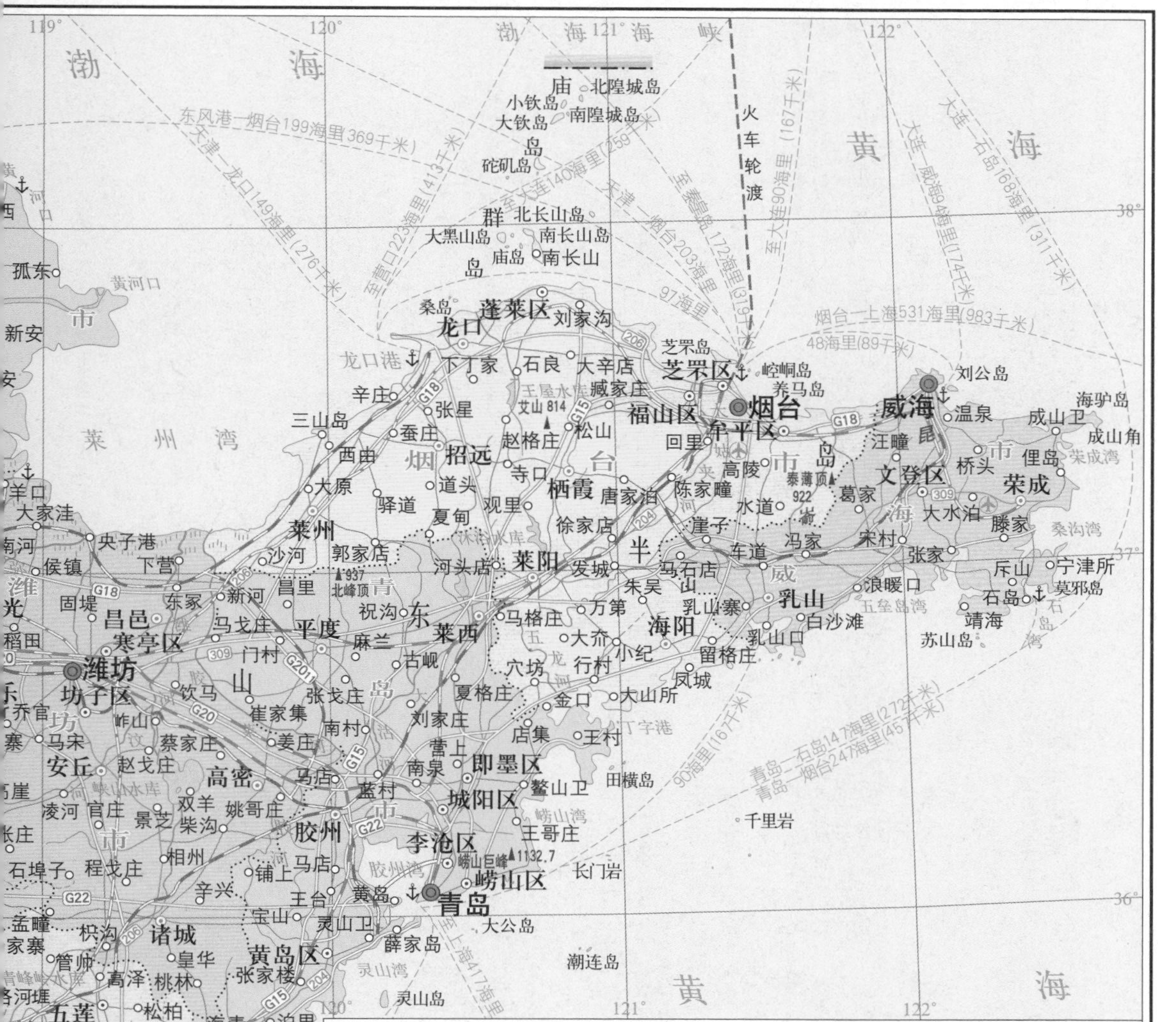

[概　　况] 山东省简称“鲁”，省会济南。春秋战国时为齐、鲁等国地，秦置济北、胶东、临淄等郡，汉属青、兖、徐州，元属中书省，明设山东布政使司，清为山东省。现辖16地级市、26县级市、52县及58市辖区。全省面积约16万平方千米，人口10153万。

[地理特征] 本省以平原和丘陵山地为主。东部为半岛，鲁中为泰山、沂蒙山等山地丘陵，鲁西北为华北平原的一部分。泰山玉皇顶海拔1532.7米，是境内最高峰。河流较多，黄河横穿东西，京杭运河纵贯南北，各河流分属黄河、海河、淮河三大水系。主要湖泊有昭阳湖、微山湖等。

[特色经济] 山东是我国著名的农业大省，粮食产量居全国第二位，蔬菜、果品、肉类、水产品产量均居全国前列，是我国最大的“菜篮子”。煤炭和食品工业发达，是全国重要的能源基地之一。

[名胜古迹] 泰山和曲阜孔庙、孔林、孔府，大运河(南运河德州段、会通河段、中河台儿庄段)已被列入《世界遗产名录》。崂山、胶东半岛海滨、博山、青州为国家级风景名胜区。此外还有千佛山、灵岩寺、梁山水泊遗址、德州苏禄王墓、菏泽牡丹园等旅游名胜。

[名优特产] 特产主要有崂山啤酒花、青岛啤酒、德州扒鸡、龙口粉丝、鲁西黄牛等。东阿阿胶是著名中药材。传统手工艺品有烟台钟表、潍坊风筝、青岛贝雕等。

比例尺 1:2 330 000　0　23.3　46.6　69.9千米

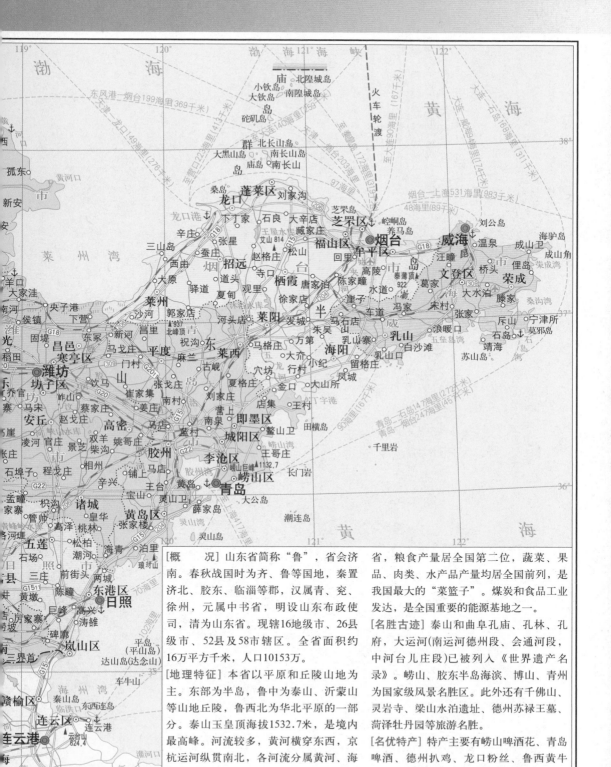

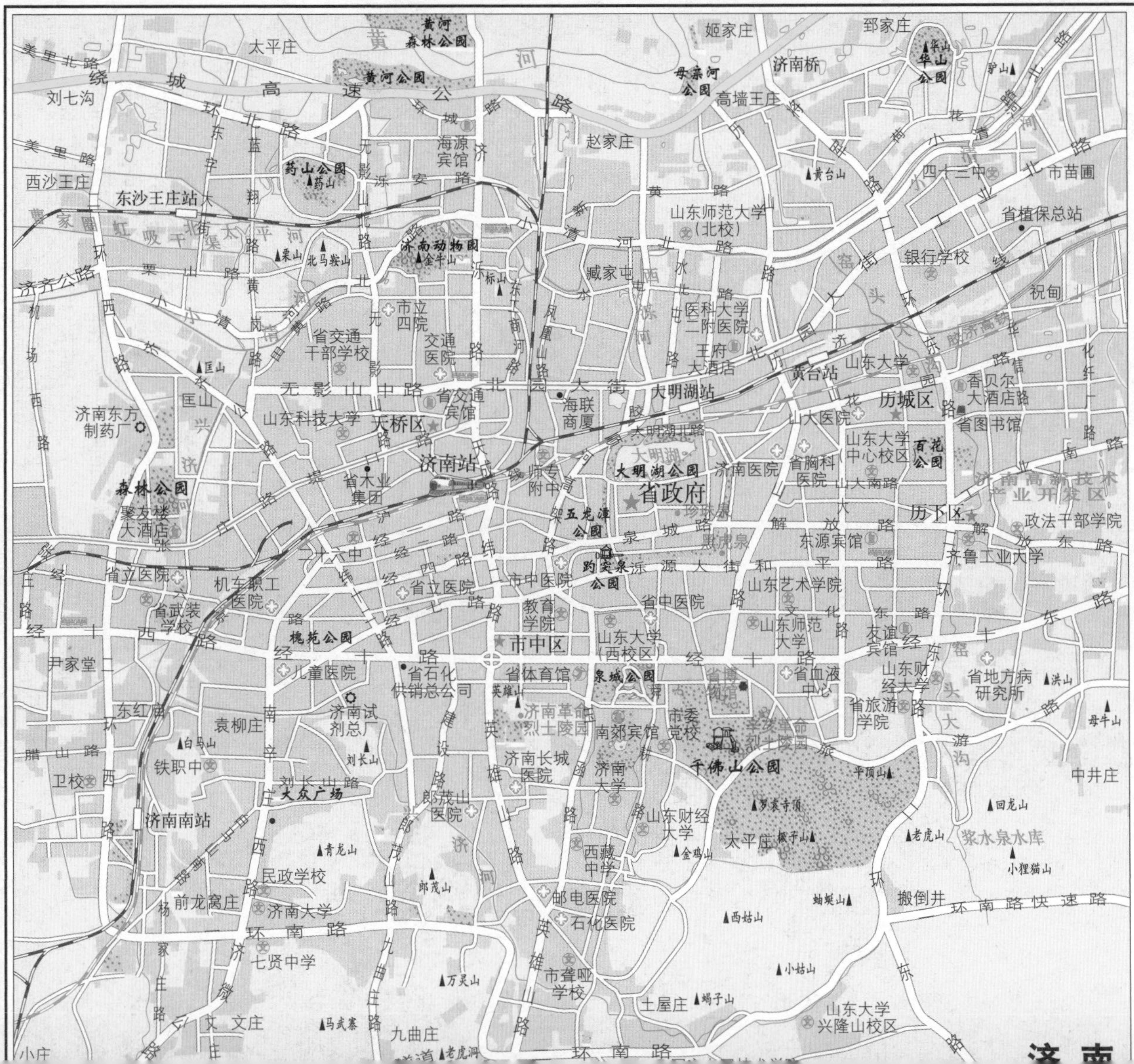

济南　是山东省省会，全省政治、经济、文化中心，也是国家历史文化名城。济南具有2000多年的历史，是龙山文化的发祥地。春秋时称“历下”，战国时齐建历下城，汉初以其在济水之南始称“济南”，晋置济南郡，宋设济南府，明清时起一直为山东省省会，1930年设市。地处鲁中丘陵与鲁北冲积平原交接地带，泉源溪流众多，素称名泉七十有二，有“泉城”之誉。以趵突泉、珍珠泉、黑虎泉、五龙潭四大泉群及章丘的百脉泉最负盛名。泉水汇流而成的大明湖和著名佛教圣地千佛山，构成了济南“一城山色半城湖”的独特风景。济南现已成为工业门类较齐全的新兴工业城市，以机械、化工、冶金、纺织、造纸工业为五大支柱，机床、重型汽车制造工业驰名全国。济南也是中国软件名城、全国重要的交通枢纽和物流中心。

[**电话区号**] 0531

[**邮政编码**] 250001

[**市　　花**] 荷花

[**市　　树**] 柳树

[**风景名胜**] 千佛山、大明湖、趵突泉、珍珠泉、黑虎泉、五龙潭、城子崖黑陶龙山文化遗址、孝堂山汉代郭氏石祠、隋代四门塔、唐代龙虎塔、灵岩寺等。

[**特产美食**] 羽毛画、鲁砚、面塑和绣花、济南高粱饴、糖酥煎饼、章丘大葱、油旋、济南甜沫等。

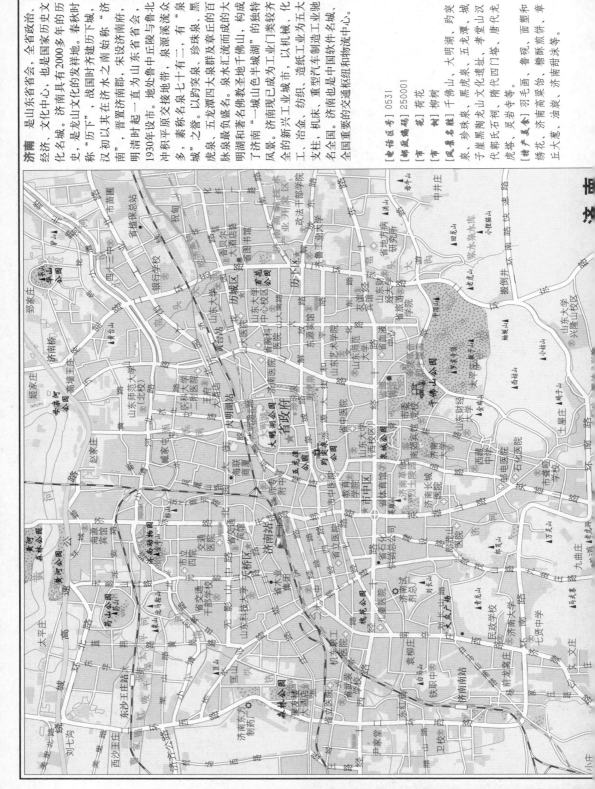

青岛

青岛　为我国重点开放的沿海港口城市，国家历史文化名城。原为荒僻渔村，宋、元以后渐为通商口岸，清光绪年间被德国强占辟为军港和商港，此后又被日、美列强先后占领，1922年中国收回青岛，1929年设市。青岛以港口贸易、轻纺工业、旅游度假和海洋科研等为特色产业，是山东省胶东沿海地区最大的工商业城市，全国闻名的轻纺基地。青岛港是世界著名天然良港、集装箱大港之一。青岛是中国最早开展帆船运动的城市，被誉为中国的“帆船之都”。青岛国际啤酒节是亚洲最大的啤酒盛会。青岛海洋节作为青岛市的重要节庆品牌，是中国唯一以海洋为主题的节日。

［电话区号］0532　　［邮政编码］266001

［市　　花］山茶、月季　　［市　　树］雪松

［风景名胜］崂山、八大关、马山、前海栈桥、小青岛公园、小鱼山公园、汇泉湾海水浴场、太平山、栈桥、鲁迅公园、奥帆中心、海军博物馆、青岛山炮台遗址公园、青岛极地海洋世界等。

［特产美食］青岛啤酒、青岛高粱饴、崂山绿茶、崂山拳头菜、薛家岛老尹家海参、黄岛(原胶南)西施舌、花边绣品、贝雕工艺品、崂山石、胶州湾杂色蛤、肉末海参、原壳鲍鱼、油爆海螺、大虾烧白菜、崂山菇炖鸡等。

烟台

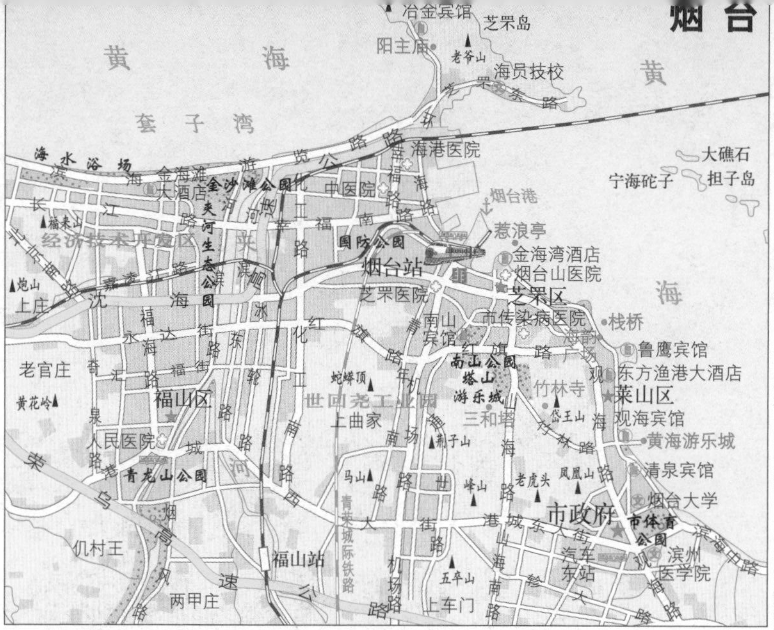

烟台　为山东省重要的海港和渔业基地，国家沿海对外开放城市。古城芝罘，明设狼烟墩台防倭寇，故名烟台。1946年设市。烟台是我国重要的渔业基地，也是我国著名的“苹果之乡”。烟台港是我国沿海主要港口和贯通日韩至欧洲新欧亚大陆桥的重要节点。

［电话区号］0535

［邮政编码］264010

［市　　花］紫薇　　［市　　树］国槐

［风景名胜］毓璜顶、长岛、蓬莱阁、金沙滩、秦始皇东巡遗址等。

［特产美食］莱州玉雕、烟台苹果、葡萄酒、大樱桃等。

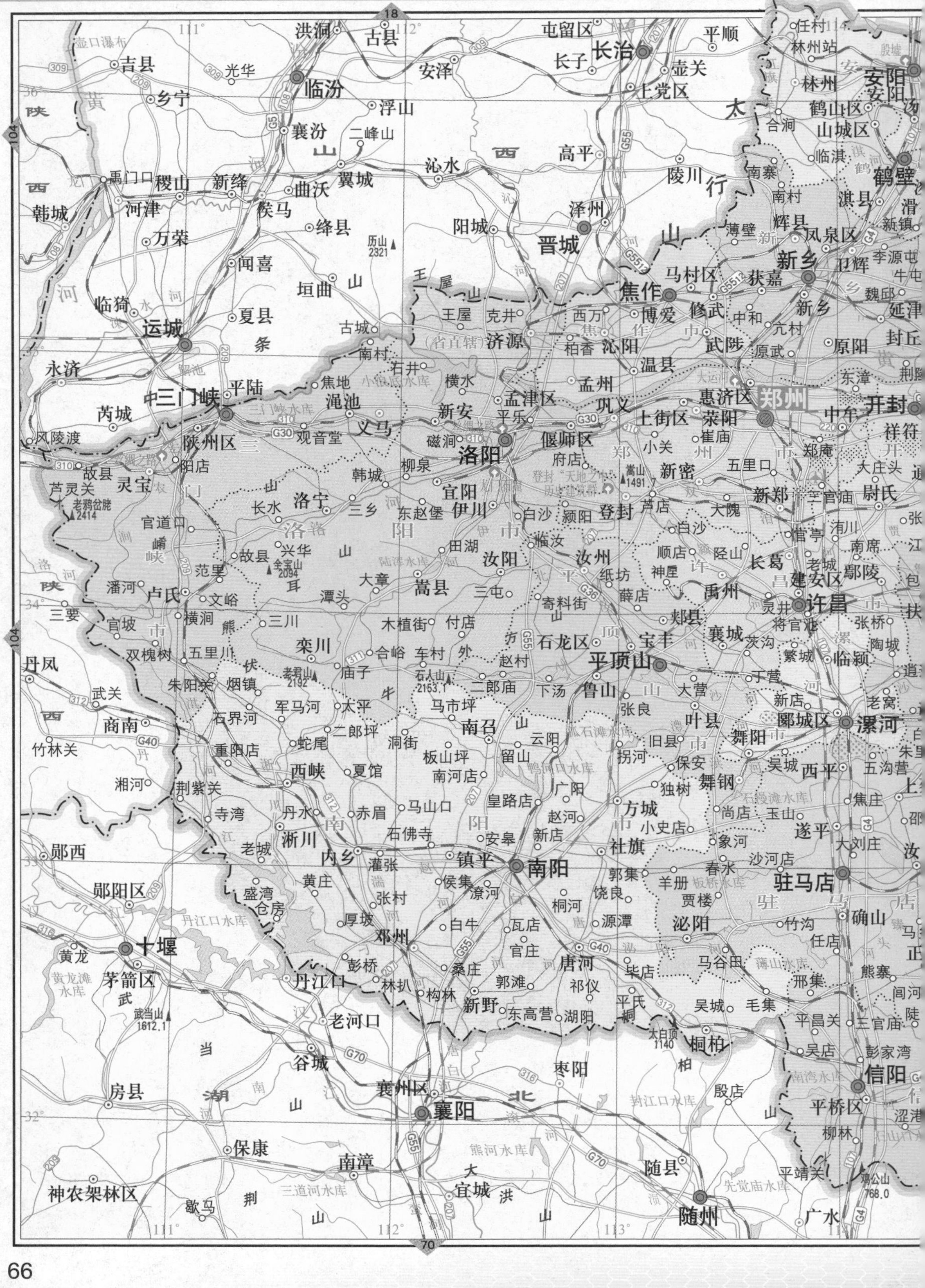

18
洪洞
古县
屯留区
长治
平顺
任村
林州站
殷墟
吉县
光华
临汾
安泽
长子
壶关
林州
安阳
乡宁
浮山
上党区
合涧
鹤山区
襄汾
二峰山
高平
山城区
临淇
禹门口
稷山
新绛
曲沃
翼城
沁水
陵川
南寨
鹤壁
韩城
河津
侯马
泽州
南村
淇县
绛县
阳城
晋城
薄壁
辉县
凤泉区
新镇
万荣
历山 2321
新乡
卫辉
李源屯
闻喜
马村区
获嘉
垣曲
王屋
焦作
博爱
修武
中和
新乡
魏邸
延津
临猗
运城
夏县
古城
克井
西万
亢村
封丘
济源
柏香
沁阳
武陟
原武
原阳
永济
南村
温县
东漳
荆隆
平陆
焦地
横水
孟州
三门峡
渑池
孟津区
巩义
惠济区
郑州
开封
芮城
新安
平乐
上街区
荥阳
中牟
风陵渡
陕州区
观音堂
义马
磁涧
洛阳
偃师区
崔庙
祥符
小关
郑庵
故县
阳店
柳泉
府店
五里口
大庄头
灵宝
韩城
嵩山 1491.7
新密
芦灵关
老鸦岔脑 2414
宜阳
登封
新郑
三官庙
尉氏
洛宁
长水
三乡
东赵堡
伊川
白沙
颍阳
芦店
大隗
官道口
白沙
官亭
洧川
兴华
故县
田湖
临汝
顺店
陉山
长葛
南席
全宝山 2094
汝阳
汝州
纸坊
神垕
老城
鄢陵
潘河
范里
卢氏
文峪
大章
嵩县
潭头
三屯
薛店
禹州
建安区
寄料街
三要
官坡
横涧
三川
木植街
付店
郏县
灵井
许昌
将官池
张桥
双槐树
五里川
栾川
合峪
车村
石龙区
宝丰
襄城
茨沟
陶城
丹凤
老君山 2192
庙子
石人山 2153.1
赵村
平顶山
繁城
临颍
武关
朱阳关
烟镇
军马河
太平
马市坪
二郎庙
下汤
鲁山
大营
丁营
商南
石界河
张良
叶县
新店
老窝
郾城区
漯河
竹林关
重阳店
二郎坪
蛇尾
洞街
南召
云阳
旧县
舞阳
西峡
夏馆
板山坪
留山
拐河
保安
吴城
西平
五沟营
湘河
荆紫关
南河店
广阳
独树
舞钢
寺湾
丹水
赤眉
马山口
皇路店
方城
尚店
玉山
焦庄
浙川
石佛寺
赵河
小史店
遂平
老城
内乡
安皋
新店
社旗
象河
大刘庄
郧西
灌张
镇平
南阳
郭集
沙河店
驻马店
黄庄
侯集
春水
郧阳区
盛湾
淯河
羊册
仓房
张村
桐河
饶良
贾楼
丹江口水库
厚坡
白牛
瓦店
源潭
确山
竹沟
十堰
黄龙
邓州
泌阳
任店
彭桥
官庄
唐河
马谷田
黄龙滩水库
茅箭区
丹江口
桑庄
毕店
熊寨
林扒
郭滩
祁仪
邢集
构林
新野
平氏
吴城
毛集
武当山 1612.1
东高营
湖阳
老河口
平昌关
三官庙
太白顶 1140
桐柏
吴店
谷城
彭家湾
枣阳
信阳
房县
襄州区
襄阳
殷店
平桥区
南湾水库
柳林
保康
熊河水库
随县
南漳
平靖关
神农架林区
宜城
鸡公山 768.0
三道河水库
先觉庙水库
歇马
随州
广水
70

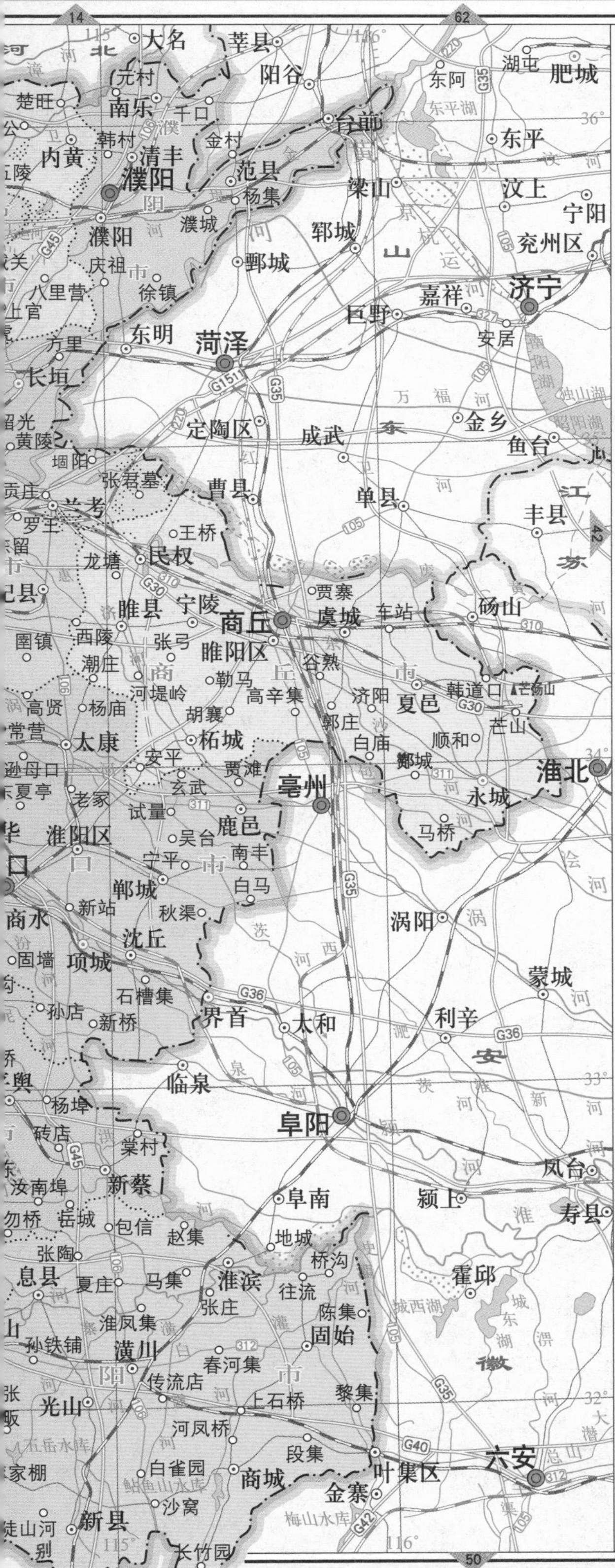

[概　　况] 河南省简称“豫”，省会郑州。地处黄河中下游。自古属豫州，居九州之中，向有“中原”、“中州”之称。春秋战国时为宋、卫、郑与魏、韩、宋等国地。元属河南江北行省，清置河南省。现辖17地级市、21县级市、82县及54市辖区。全省面积约17万平方千米，人口9937万。

[地理特征] 地势西高东低，北、西、南三面群山环抱。北有太行山、西有伏牛山、南有桐柏山和大别山，登封嵩山为五岳名山之一。黄淮平原是华北平原的一部分，南阳盆地是该省最大的山间盆地。灵宝老鸦岔脑海拔2414米，是境内最高峰。境内较大的河流分属黄河、淮河、卫河、汉江四大水系，其中淮河是境内最大水系。

[特色经济] 省农业开发历史悠久，作物种类多样，为粮油、棉花、烤烟的主要产区。河南还是我国主要的原煤、原油产区，有著名的焦作、平顶山、义马煤矿，中原、南阳油田。　工业门类较为齐全，支柱产业包括纺织、轻工、食品、煤炭、石油、电力、冶金、化工、建材、机械等。

[名胜古迹] 河南是中华民族中原文化发祥地，名胜古迹众多。安阳殷墟、龙门石窟以及由周公测景台和登封观星台、嵩岳寺塔、太室阙和中岳庙、少室阙、启母阙、嵩阳书院、会善寺、少林寺建筑群等8处11项优秀历史建筑所组成的登封“天地之中”历史建筑群、大运河(通济渠段、永济渠滑县浚县段)、丝绸之路：长安-天山廊道路网被列入《世界遗产名录》。嵩山、鸡公山、王屋山-云台山、林虑山、郑州黄河、神农山、石人山、青天河为国家级风景名胜区。此外还有关林、白马寺、包公祠、杜甫故里、汤泉池等游览胜地。

[名优特产] 农特产品有信阳毛尖、汴梁西瓜、荥阳柿子、兰考泡桐、许昌烤烟等。地黄、山药、菊花、牛膝是驰名中外的豫北“四大怀药”。信阳毛尖茶是我国十大名茶之一。风味名食有汴京烤鸭、道口烧鸡、黄河鲤鱼等。手工艺品以洛阳唐三彩、禹州钧瓷、开封汴绣、南阳玉雕、洛阳宫灯、信阳羽毛画、济源盘砚最为著名。

少林功夫　素有“天下功夫出少林”美誉的少林功夫是我国著名的武术流派之一，是中国传统武术的重要组成部分。少林武功起源于古代嵩山少林寺，并因而得名。少林武技名显于世，始于唐初少林十三棍僧助秦王李世民，受到唐朝封赏，而被特别认可设立常备僧兵。此后少林功夫不断汲取百家之长，形成了拳术、棍术、枪术、剑术等共100多种套路和软硬功夫。

比例尺 1:2 500 000　0　25　50　75千米

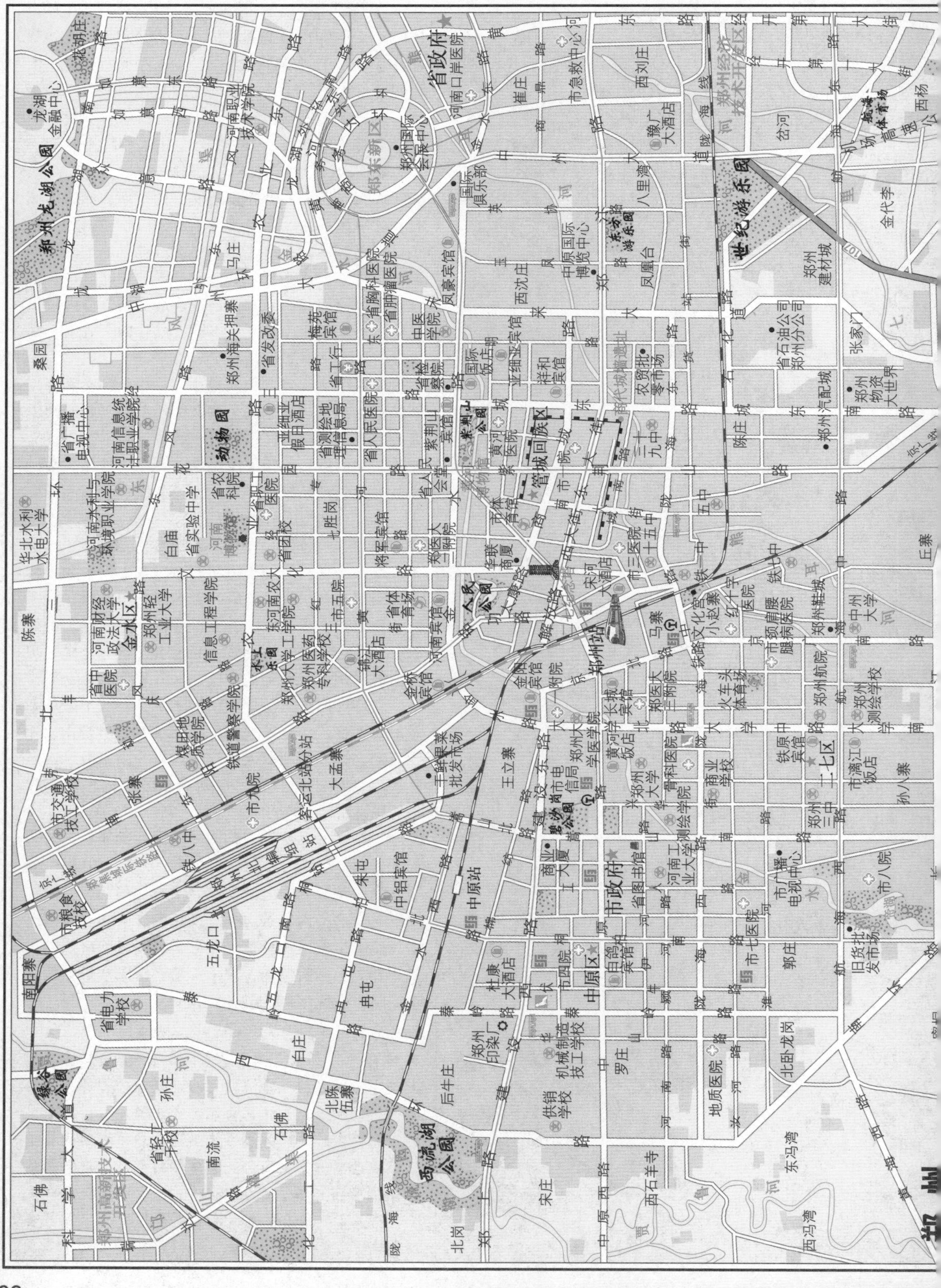
郑州龙湖公园
龙湖金融中心
河南职业技术学院
省政府
河南口岸医院
郑州国际会展中心
郑东新区
市急救中心
西刘庄
崔庄
豫广大酒店
八里湾
郑州经济技术开发区
世纪游乐园
国际俱乐部
中原国际博览中心
东方游乐园
凤凰台
金代李
郑州建材城
省胸科医院
省肿瘤医院
凤豪宾馆
西沈庄
马庄
郑州海关押寨
省发改委
梅苑宾馆
中医学院
国际饭店
亚细亚宾馆
洋和宾馆
商代城墙遗址
农贸批零市场
省石油公司郑州分公司
张家门
郑州物资大世界
郑州汽配城
陈庄
桑园
省广播电视中心
河南信息统计职业学院
动物园
亚细亚假日酒店
省测绘地理信息局
省人民医院
紫荆山宾馆
紫荆山公园
管城回族区
黄河医院
二十九中
河南水利与环境职业学院
省农科院
省实验中学
省职工医院
河南博物院
华北水利水电大学
白庙
省团校
七胜岗
将军宾馆
省人会堂
郑大一附院
亚联商厦
市体育馆
市三医院
宋河大酒店
五中
十五中
丘寨
郑州轻工业大学
河南财经政法大学
金水区
信息工程学院
河南农大
市五院
省体育场
人民公园
河南宾馆
郑州站
马寨
文化宫
小赵寨
红十字医院
郑州鞋城
中州大学
市颈肩腰腿病医院
陈寨
省中医院
水上乐园
郑州大学工学院
郑州医药专科学校
金桥宾馆
锦江大酒店
金阳宾馆
一附院
长城宾馆
郑医大三附院
火车头体育场
郑州航院
郑州测绘学校
铁道警察学院
煤田地质学院
客运北站分站
大孟寨
王立寨
黄河饭店
郑州大学
骨科医院
商业学校
铁原宾馆
二七区
市滨江饭店
孙八寨
市交通技工学校
张寨
市九院
铁八中
郑州北编组站
朱屯
中铝宾馆
中原站
碧沙岗公园
市电信局
商业大厦
市政府
省图书馆
市广播电视中心
市八院
市粮食技校
五龙口
冉屯
南阳寨
省电力学校
杜康大酒店
市西院
中原区
白鸽宾馆
市七医院
郭庄
旧货批发市场
郑州印染厂
机械制造技工学校
罗庄
北卧龙岗
地质医院
供销学校
后牛庄
北陈伍寨
白庄
孙庄
绿谷公园
西流湖公园
石佛
南流
郑州高新技术开发区
宋庄
西石羊寺
东冯湾
西冯湾
北岗

我国八大古都之一。早在3500年前就是商王朝的都邑，先后曾有夏、商、管、郑、韩五代以此为都，1923年京汉铁路工人“二七”大罢工爆发于此，1949年设市。郑州为全国七个公路交通枢纽城市之一，有中国铁路“心脏”之称，京广、陇海两大铁路构成了最为核心的交通优势，拥有亚洲最大的铁路编组站及全国最大的零担货物中转站。郑州是我国重要的纺织、纺织机械、铝工业基地，也是我国目前最大的磨具、磨料生产基地，有“纺织城”、“铝城”之称。现已发展成为以纺织、机械、化工、冶金、轻工、食品为主的综合性工业城市。

[市　　花] 月季　　[市　　树] 法国梧桐

[风景名胜] 嵩山少林寺、嵩山、嵩阳书院、中岳庙、观星台、河南博物馆、黄河博物馆、邙山黄河游览区、“二七”纪念塔、轩辕黄帝故里、裴李岗文化遗址、大河村遗址、商代城墙遗址、古荥冶铁遗址、晋王庙、刘禹锡墓等。

[特产美食] 小相菊花、尖山金银花、新郑灰枣、枣片、鲤鱼焙面、桶子鸡、套四宝、羊肉烩面、少林寺素饼、河南糊辣汤、葛记闷饼、丁家粉蒸肉、铁锅蛋、虎豹肉盒、老君烧鸡、芝麻焦盖烧饼等。

洛阳　是国家历史文化名城和我国八大古都之一。先后有东周、东汉、曹魏、西晋、北魏、隋、唐、后梁和后唐九个朝代在此建都，故有“九朝古都”之称，1949年设市。洛阳牡丹名甲天下，现为我国重要的牡丹培育基地。

[电话区号] 0379　　[邮政编码] 471000　　[市　　花] 牡丹

[风景名胜] 龙门石窟、白马寺、关林、白云山等。

[特产美食] 唐三彩、宫灯、仿青铜制品和杜康酒等。

开封　是国家历史文化名城和我国八大古都之一。1949年设市。市区水域面积占老城区面积的四分之一，素有“一城宋韵半城水”的美誉。

[电话区号] 0371　　[邮政编码] 475001　　[市　　花] 菊花

[风景名胜] 大相国寺、龙亭铁塔、禹王台、包公祠、岳飞庙等。

[特产美食] 汴绣、杞县酱菜、桶子鸡等。

[概　　况] 湖北省简称"鄂"，省会武汉。春秋、战国时为楚国地，汉属荆州，元属湖广行中书省，明属湖广布政使司，清置湖北省。现辖12地级市、1自治州、26县级市、35县、2自治县、1林区及39市辖区。全省面积约19万平方千米，人口5775万。

[地理特征] 本省地势三面环山，中间低平，西、北、东三面有巫山、大巴山、武当山、荆山、大别山等山岭环绕，总体形成一个向南开口的不完整盆地。鄂西山地的神农顶海拔3106.2米，为华中最高峰。鄂东南长江、汉江冲积成的江汉平原多湖泊，故有"千湖之省"之称。其中洪湖是本省最大的湖泊。

[特色经济] 湖北是国家粮、棉、油、猪、禽、水产品等重要生产基地，也是我国重要的工业生产基地之一，机械工业占有重要地位，武汉钢铁、十堰东风汽车等闻名全国。

[名胜古迹] 武当山古建筑群、明显陵、中国土司遗址(唐崖土司城遗址)及神农架被联合国列入《世界遗

产名录》。神农架林区也已被联合国列入国际生物圈保护区。东湖、大洪山、隆中、九宫山、陆水为国家级风景名胜区。文物古迹还有随州炎帝庙、秭归屈原故里、武汉古琴台、黄鹤楼、黄冈东坡赤壁等。

[名优特产] 湖北特产以武昌鱼和黄梅银鱼最为有名，其他名特产还有赵李桥青砖茶、孝感麻糖、西山东坡饼、来凤桐油、罗田板栗、秭归脐橙等。传统手工艺品有江陵漆器、咸宁竹器、洪湖羽毛扇、荆缎等。

神农架　位于湖北省西部边陲，地处我国地势第二阶梯的东部边缘，由大巴山脉东延的余脉组成中高山地貌。神农架平均海拔1700米，最高峰神农顶海拔3106.2米，为华中第一峰，神农架因此有“华中屋脊”之称。这里的动植物资源都十分丰富，有无数的奇异景观、奇珍异兽、奇花异草，特别是令人不解的“野人之谜”，是生态旅游和探险的胜地。

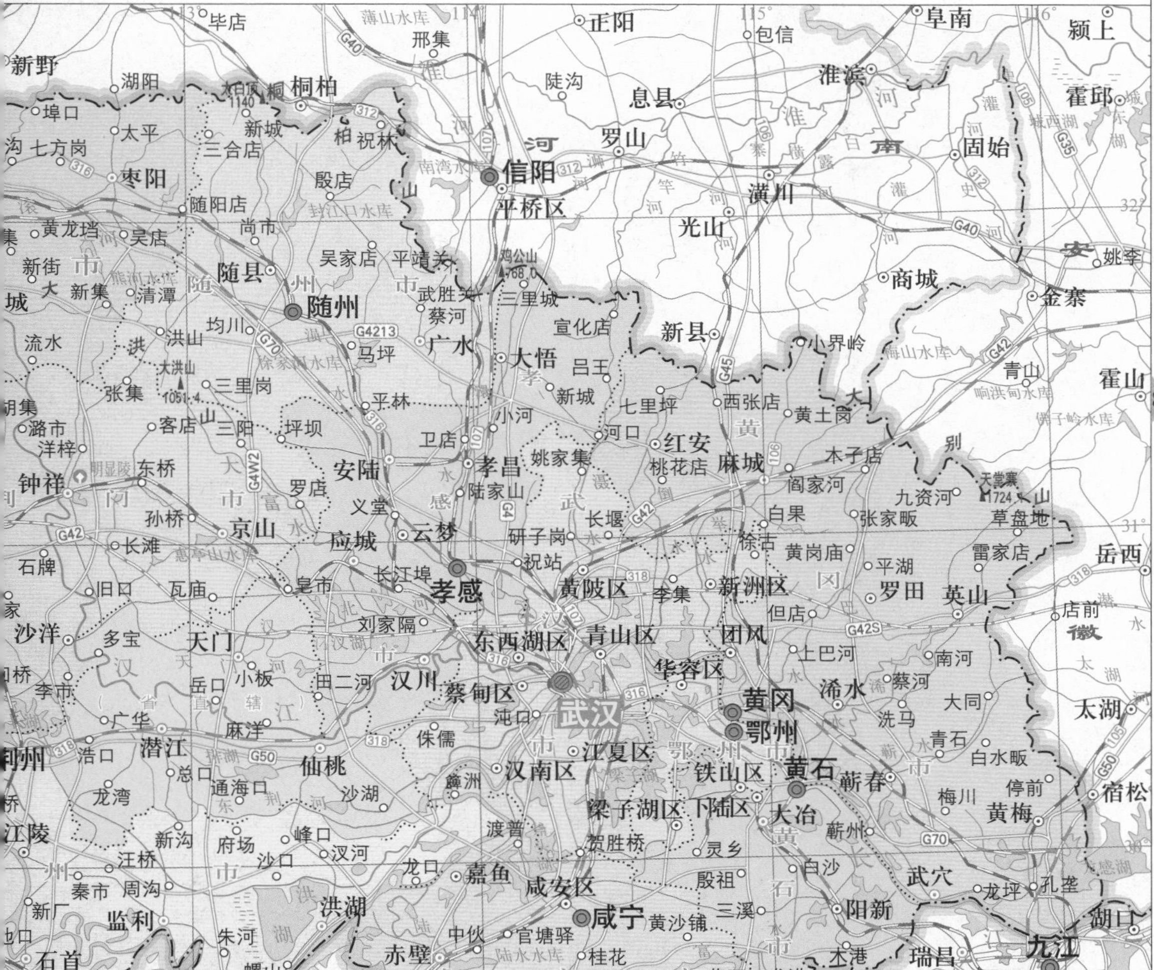

比例尺 1:2 500 000　0　25　50　75千米

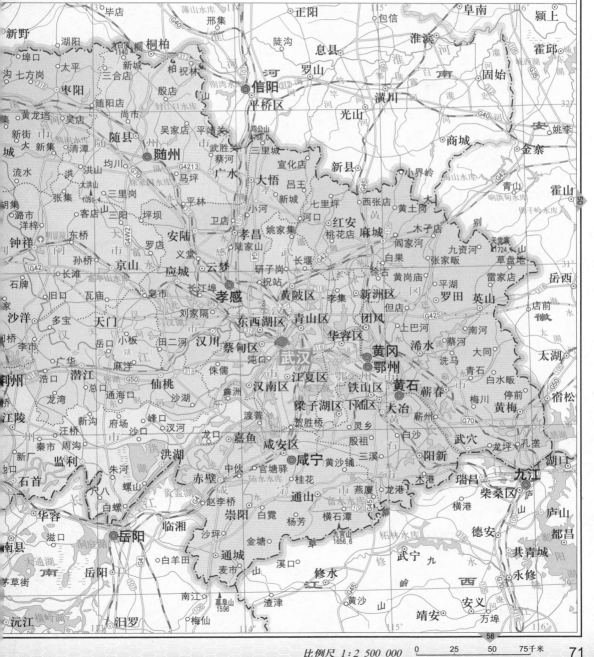

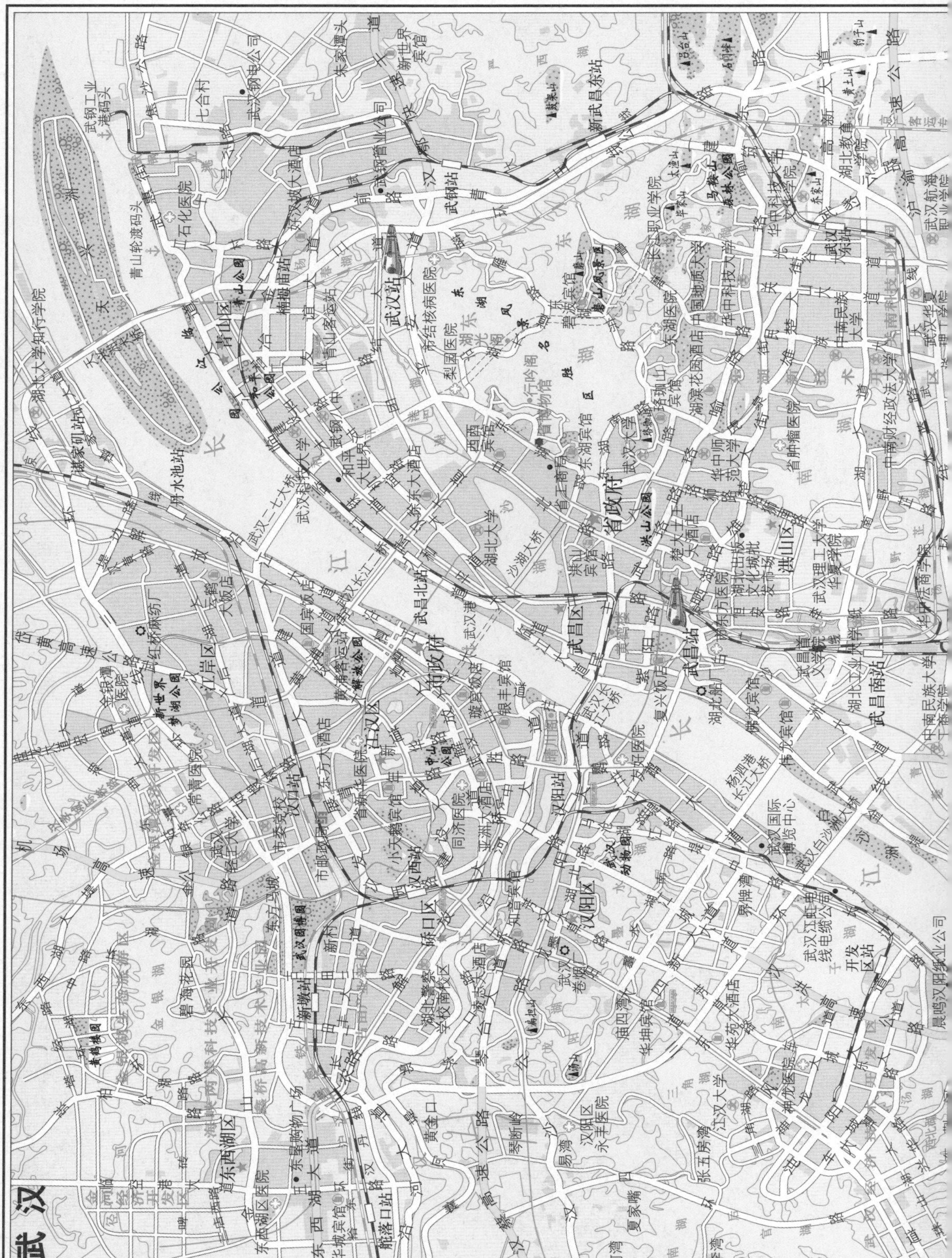
武汉
武汉站
汉口站
武昌站
武昌南站
汉阳站
武钢站
新武昌东站
武昌北站
汉西站
新墩站
舵落口站
武汉东站
青山区
江岸区
江汉区
硚口区
汉阳区
武昌区
洪山区
东西湖区
省政府
市政府
武汉长江大桥
武汉长江二桥
武汉二七长江大桥
杨泗港长江大桥
武汉白沙洲大桥
天兴洲长江大桥
长江
汉江
沙湖
东湖风景名胜区
湖北大学
武汉大学
华中科技大学
中国地质大学
华中师范大学
武汉理工大学
中南民族大学
中南财经政法大学
江汉大学
武汉国际博览中心
武汉钢铁公司
青山轮渡码头
武钢工业港码头
新世界梦湖公园
中山公园
解放公园
汉口站
东方马城
黄鹤楼
磨山风景区
马鞍山森林公园
沙湖大桥
武汉经济技术开发区

由武昌、汉口、汉阳三部分组成，通称武汉三镇。汉口宋代已是我国四大名镇之一，武昌在三国吴时始筑夏口城，为1911年辛亥革命首义地，1949年三镇合并设武汉市。武汉是华中地区最大的工商业城市，汉正街是汉口历史上最早的中心街道，是万商云集、商品争流之地，也造就了古汉正街兼容我国南北传统建筑和欧洲建筑手法的独特建筑风格。武汉有“百湖之城”的美誉，湖泊众多，其中东湖是中国最大的城中湖。武汉是长江中游最大的水陆交通枢纽，素有“九省通衢”之称。

[市　　花] 梅花　　　　[市　　树] 水杉

[风景名胜] 黄鹤楼、归元寺、武汉长江大桥、武昌起义军政府旧址、“二七”罢工旧址、“八七”会议会址、京汉铁路总工会旧址、施洋烈士墓、古琴台、龟山、东湖、盘龙城遗址、洪山宝塔等。

[特产美食] 武昌鱼、鸭脖子、孝感麻糖、豆皮、热干面、面窝、糊汤粉、欢喜坨、糯米鸡、桂花糊米酒、排骨藕汤、瓦罐鸡汤、洪山菜薹炒腊肉等。

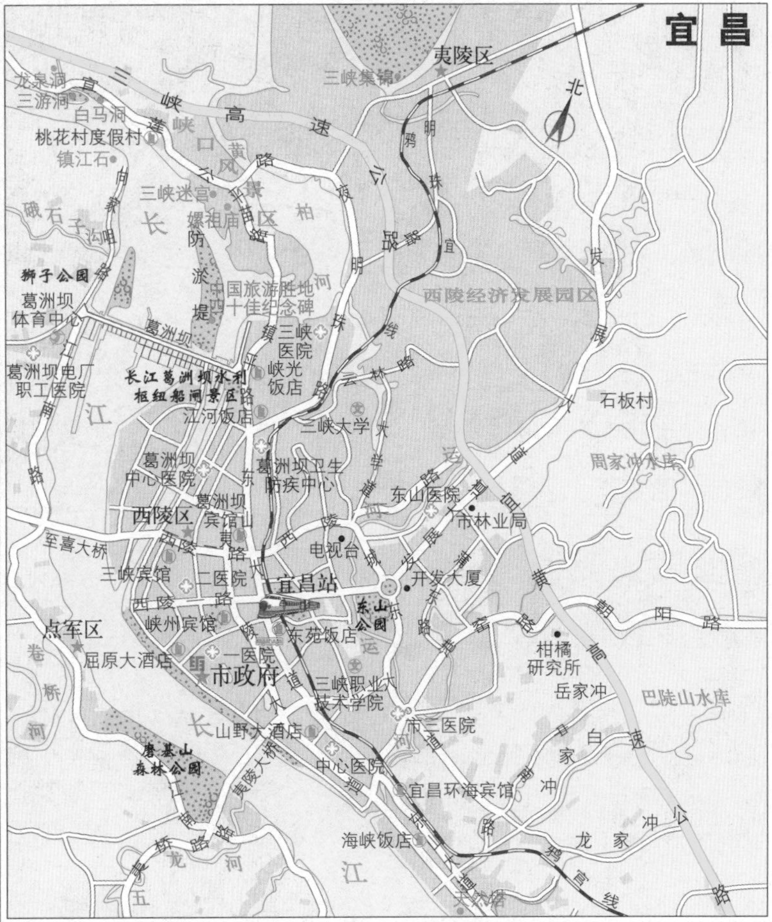

宜昌　是长江三峡东口的重要城市和水陆交通枢纽。因葛洲坝和三峡水利枢纽工程，宜昌成为全国最大的水电能源中心，有“川鄂咽喉”之称。有2400多年的历史，古称夷陵，因“水至此而夷，山至此而陵”得名。清朝改称为“宜昌”，取“宜于昌盛”之意。1949年设市。

[电话区号] 0717

[邮政编码] 443000

[市　　花] 百合、腊梅

[市　　树] 橘树、栾树

[风景名胜] 长江三峡画廊、三国古战场遗址、古巴人发祥地、葛洲坝水利工程等。

[特产美食] 宜红茶、广柑、特曲酒等。

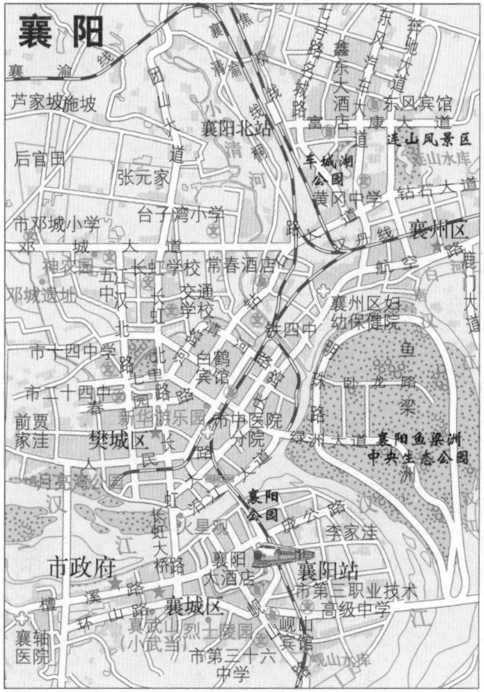

襄阳　是鄂北重要工商业城市和汽车工业名城，国家历史文化名城。1950年设襄樊市，2010年襄樊市更名为襄阳市。

[电话区号] 0710　　　　[邮政编码] 441021

[市　　花] 紫薇　　　　[市　　树] 女贞

[风景名胜] 古隆中、鏖战岗、多宝佛塔、广德寺、米公祠等。

[特产美食] 襄阳大头菜、金刚酥、牛油面等。

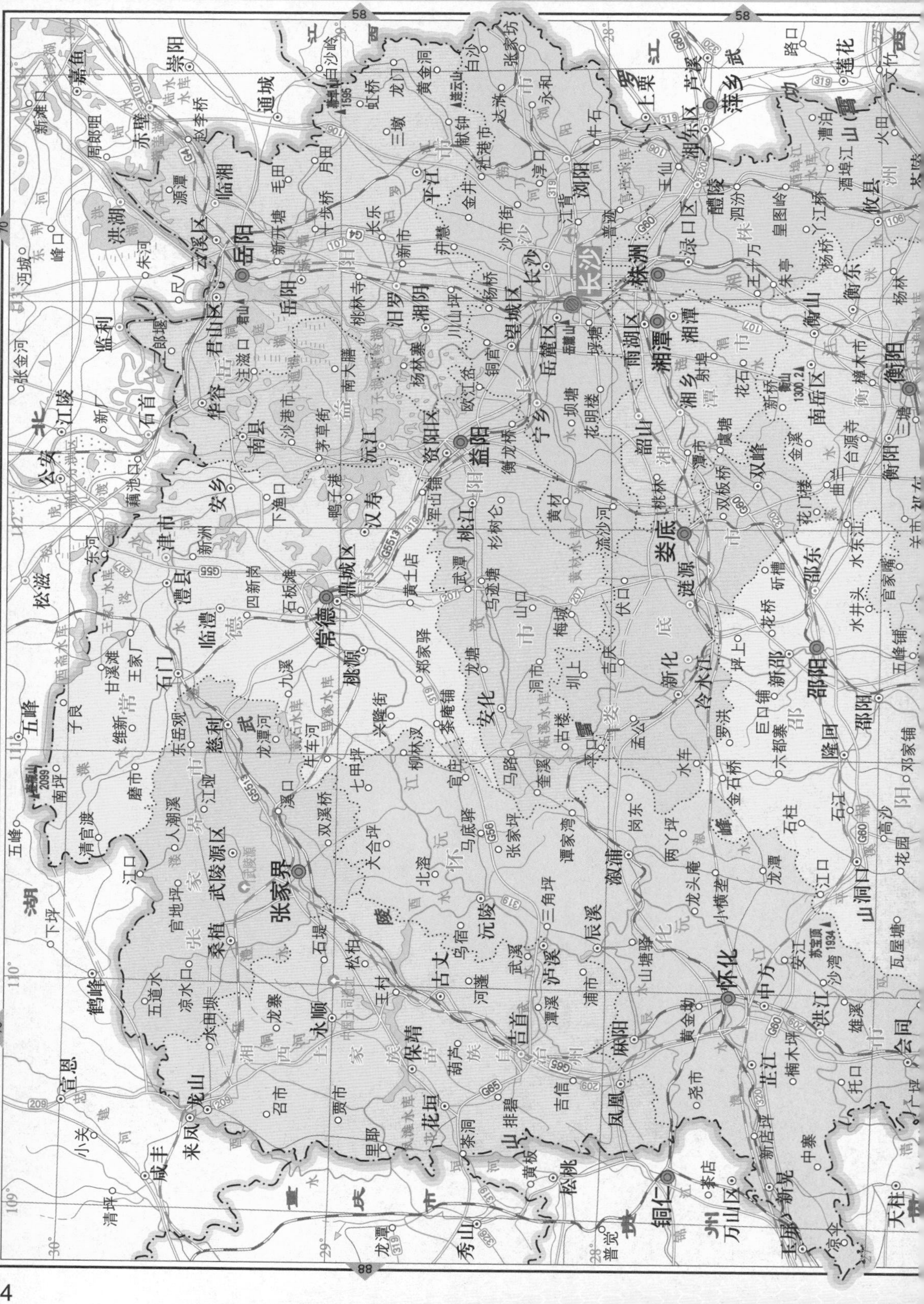
岳阳
长沙
株洲
湘潭
衡阳
益阳
常德
娄底
邵阳
张家界
怀化
萍乡
铜仁

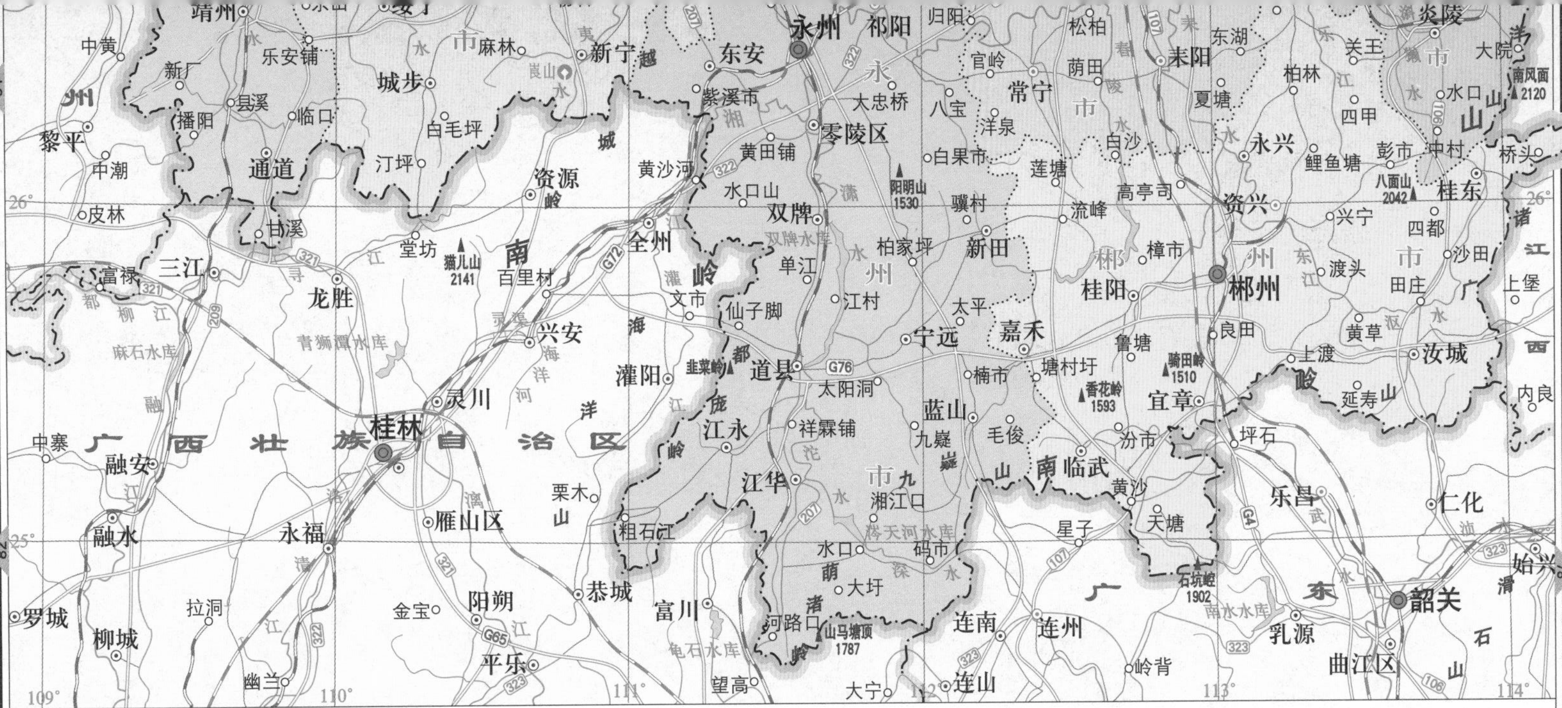

比例尺 1:2 500 000　0　25　50　75千米

[概　　况] 湖南省简称“湘”，省会长沙。位于长江中游南岸。春秋、战国时为楚国地，元属湖广行中书省，明属湖广布政使司，清置湖南省。现辖13地级市、1自治州、19县级市、60县、7自治县及36市辖区。全省面积约21万平方千米，人口6644万。

[地理特征] 地形呈向北敞开的马蹄形盆地形势，东南西三面环山。本省北部为洞庭湖平原，湘中为丘陵，雪峰山以西为湘西山地，湘东湘南尚有边缘山地罗霄山、南岭。石门壶瓶山海拔2099米，是本省最高峰。河流有湘江、资水、沅江、澧水等，其中湘江是省内第一大江。洞庭湖为我国第二大淡水湖。

[特色经济] 湖南是我国商品粮、油菜子生产基地，也是我国主要的粮食、油菜、苎麻、茶叶、柑橘、生猪生产出口基地。湖南号称“有色金属之乡”，是我国重要的有色冶金工业基地之一，冶金工业发达。

[名胜古迹] 湖南山川秀丽，名胜古迹众多。武陵源、崀山及中国土司遗址(老司城遗址)被列入《世界遗产名录》。衡山、岳阳楼洞庭湖、韶山、岳麓山、桃花源、德夯、苏仙岭-万华岩等为国家级风景名胜区。其他名胜还有马王堆汉墓、宁远九嶷山、汨罗屈子祠等。

[名优特产] 农特产有湘莲、湘茶、湘橘、君山银针、湘西辰杉、雪峰蜜橘等。传统工艺品有湘绣、湘西土家锦、醴陵瓷器、浏阳夏布等。浏阳花炮工艺精美，质量优异。

马王堆遗址　位于长沙市东郊浏阳河西岸，为五代十国时期楚王马殷及其家族的墓地，故名马王堆，其形似马鞍也叫马鞍堆，具有明显的楚文化痕迹，墓中先后发掘出西汉女尸、素纱蝉衣及一大批漆器、陶器、兵器、乐器、木俑、丝织品和帛画与帛书等。1972年1号墓出土的帛画，是我国已知画面最大，保存最完整，艺术性最强的汉代彩绘帛画。

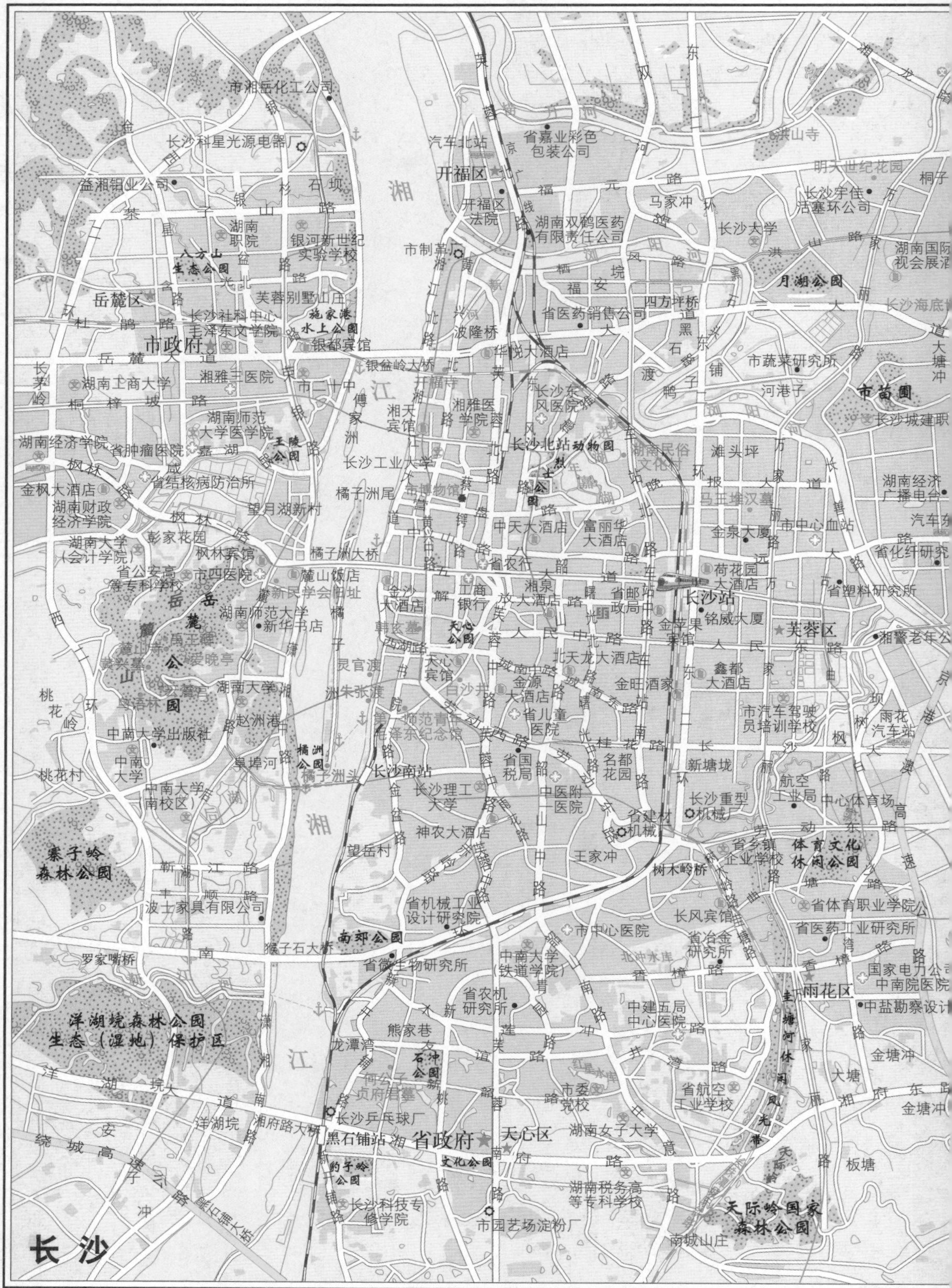
长沙
市政府
岳麓区
开福区
芙蓉区
天心区
雨花区
省政府
长沙站
长沙北站
长沙南站
黑石铺站
汽车北站
湘江
浏阳河
岳麓山
岳麓公园
橘子洲
橘洲公园
八方山生态公园
施家港水上公园
王陵公园
烈士公园
动物园
天心公园
南郊公园
石冲公园
豹子岭公园
文化公园
月湖公园
市苗圃
体育文化休闲公园
寨子岭森林公园
洋湖垸森林公园生态（湿地）保护区
天际岭国家森林公园
银盆岭大桥
橘子洲大桥
猴子石大桥
湘府路大桥
长沙大学
湖南大学
湖南师范大学
中南大学
长沙理工大学
湖南商学院
湖南女子大学
湖南工商大学
长沙工业大学
湖南经济学院
湖南财政经济学院
湖南大学（会计学院）
中南大学（铁道学院）
中南大学（南校区）
长沙科技专修学院
湖南税务高等专科学校
湖南经济广播电台
湖南民俗文化村
马王堆汉墓
省博物馆
新民学会旧址
中天大酒店
华天大酒店
湘泉大酒店
金泉大厦
荷花园大酒店
铭威大厦
长沙重型机械厂
长沙乒乓球厂
长沙绕城高速公路
湘府东路
芙蓉路
五一大道
人民路
韶山路
劳动路
雨花亭
洪山寺
新塘垅
树木岭桥
黄兴墓
蔡锷墓
爱晚亭
麓山寺
禹王碑
白沙井

沙 湖南省省会，省政治、经济、文中心，我国中南地重要的工商业城，国家历史文化名。长沙又名“星”。由于楚是配于星的分野，而轸星又有一颗小星叫长，遂以此命名。秦长沙郡，隋唐改称州，故有“潭城”称。清初湖南建省一直为本省省会，33年设市。

长沙历史上是我四大米市之一，现国家粮食和生猪生基地，洞庭湖平原我国主要水稻产区一。长沙水陆交通利，京广铁路、武高速铁路贯通南，长沙港沿湘江经庭湖入长江可通江海。

长沙是楚文明和楚文化的发源地，屈原和贾谊的影响被称为“屈贾之”。位于岳麓山下千年学府岳麓书院“湖湘文化”的象。

话区号] 0731
政编码] 410005
花] 杜鹃
树] 樟树
景名胜] 古岳麓山、麓书院、爱晚、橘子洲、天心、马王堆汉墓、刘奇故居、谭嗣同故等。
产美食] 湘绣、浏花炮、棕编、、菊石雕、辣椒油、腊、口味虾、长沙臭腐等。

岳阳 是一座以石油化工为主导产业的新兴工业城市，湘东北重要工业、交通中心和旅游城市，国家重要的农副产品生产基地之一，国家历史文化名城，1961年设市。城陵矶外贸码头驰名中外。

[电话区号] 0730
[邮政编码] 414000
[市　　花] 栀子花　[市树] 杜英
[风景名胜] 洞庭湖、岳阳楼、君山岛、南湖等。
[特产美食] 湘莲子、君山茶。

株洲　株洲是湖南重要的工业基地和新兴的工业城市，也是亚洲最大的有色金属冶炼基地、硬质合金研制基地、电动汽车研制基地。株洲也是国家主要商品粮生产基地之一，我国南方最大的铁路交通枢纽。1951年设市。

[电话区号] 0731 [邮政编码]412000
[市　　花] 红檵木　[市树]　樟树
[风景名胜] 炎帝陵、空灵岸、云阳山、桃园洞等。
[特产美食] 炎陵香菇、攸县麻鸭。

[概　　况] 广东省简称“粤”，省会广州。春秋战国时为百越（粤）地，宋设广南东路，明设广东布政使司，清为广东省。现辖21地级市、20县级市、34县、3自治县及65市辖区。全省面积约18万平方千米，人口12601万。

[地理特征] 本省丘陵广布。粤北为南岭，省内有罗浮、西樵、鼎湖、丹霞四大名山。湘粤界峰石坑崆海拔1902米，为广东最高峰。沿海有珠江三角洲和潮汕平原。境内珠江是我国华南最大河流。

[特色经济] 广东是我国沿海经济开发区之一，全国著名的“鱼米之乡”、“果蔬花木之乡”，珠三角地区堪称全国最富庶的地区。工商业发达，尤其是第三产业和新技术产业，家用电器生产居全国首位。

[名胜古迹] 丹霞山、开平碉楼与村落被列入《世界遗产名录》。肇庆星湖、西樵山、丹霞山、白云山、惠州西湖、罗浮山、湛江湖光岩等为国家级风景名胜区。其他名胜古迹还有鼎湖山、孙中山纪念堂等。

[名优特产] 广东名果有东莞香蕉、潮州蜜橘、增城荔枝等。著名海产品有珠江口石斑鱼、潮汕海蟹、湛江龙虾等。手工艺产品有广州粤绣和织金彩瓷、肇庆端砚等。

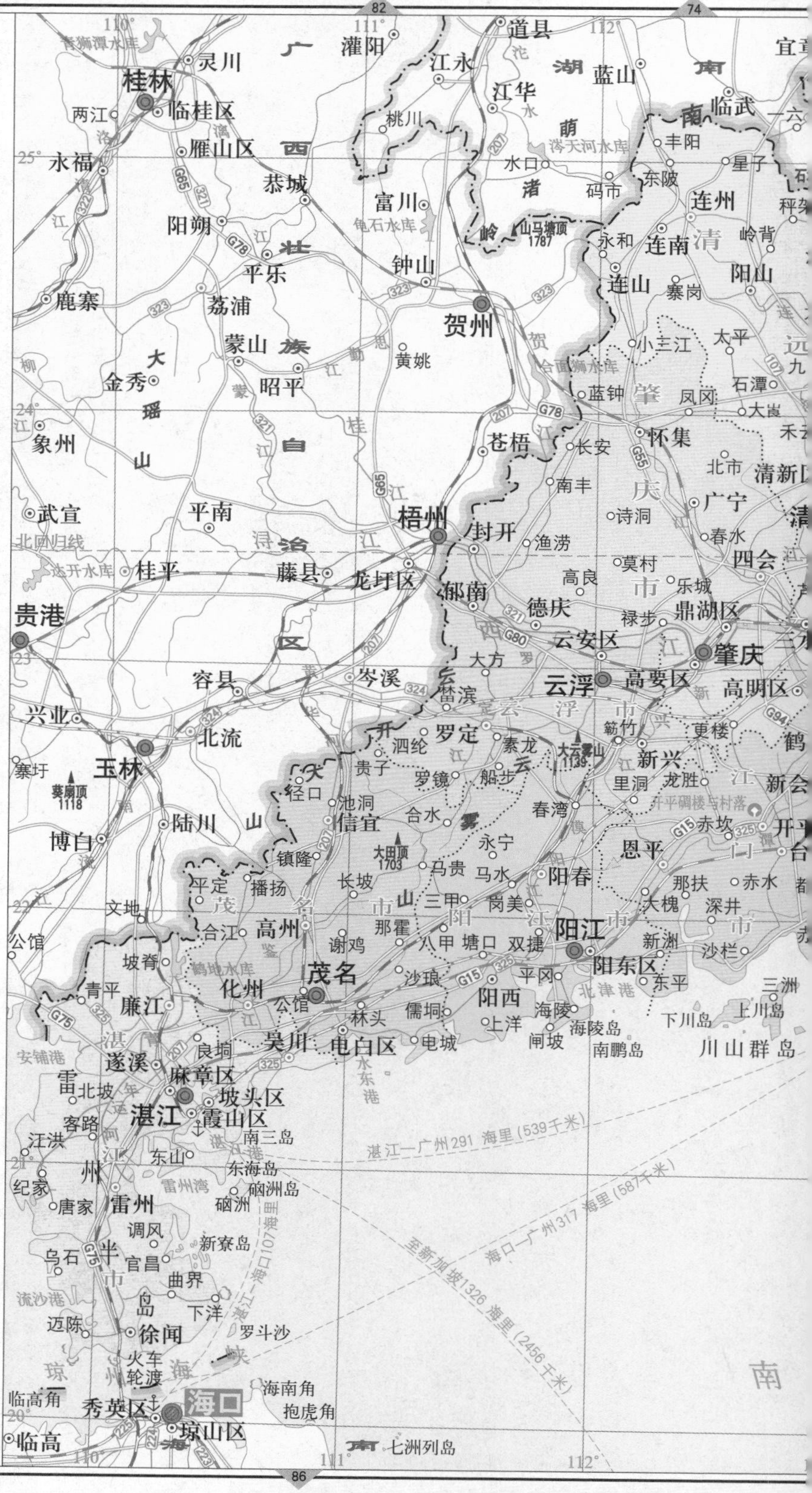

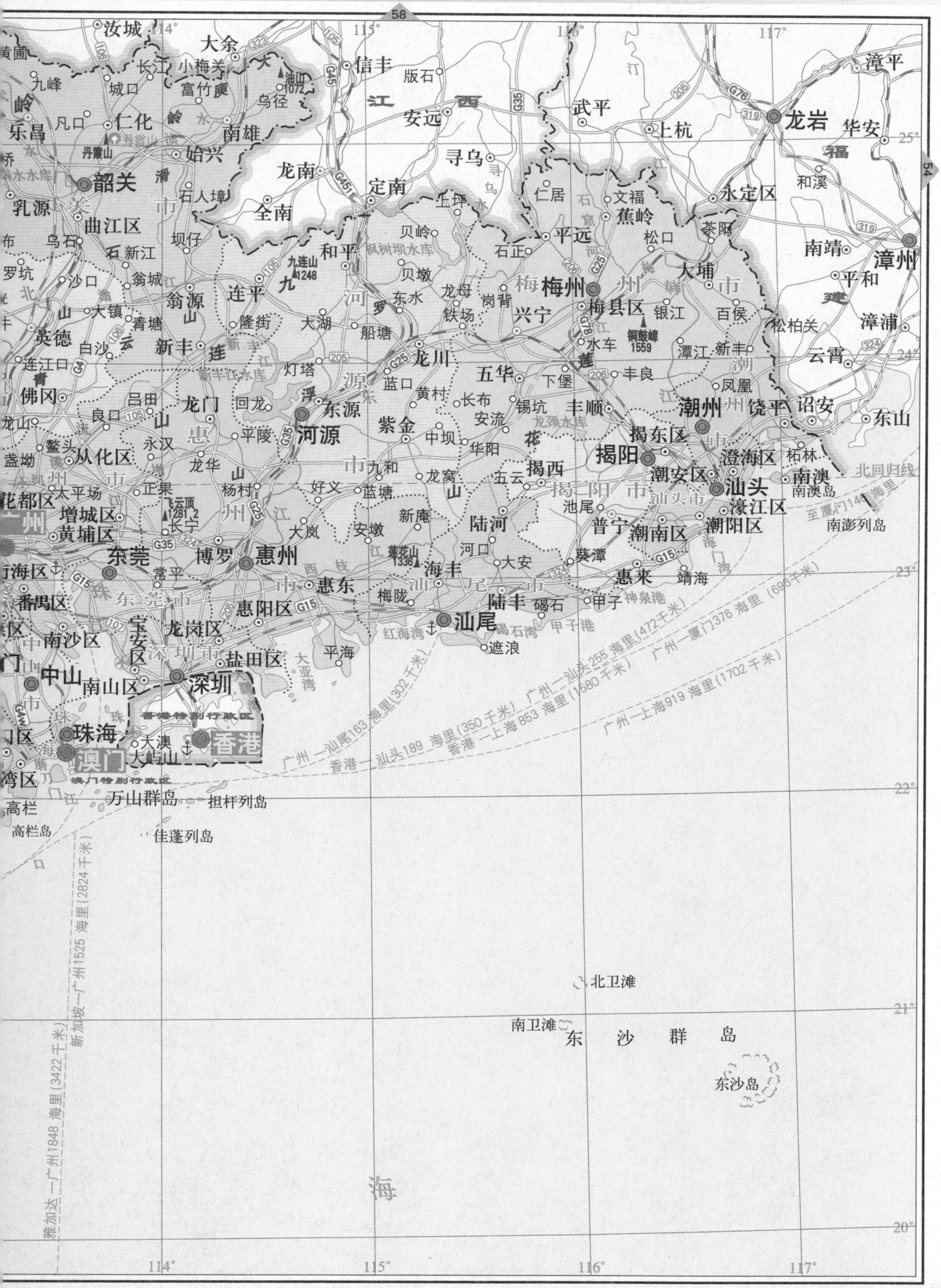

比例尺 1:3 000 000 0 30 60 90千米

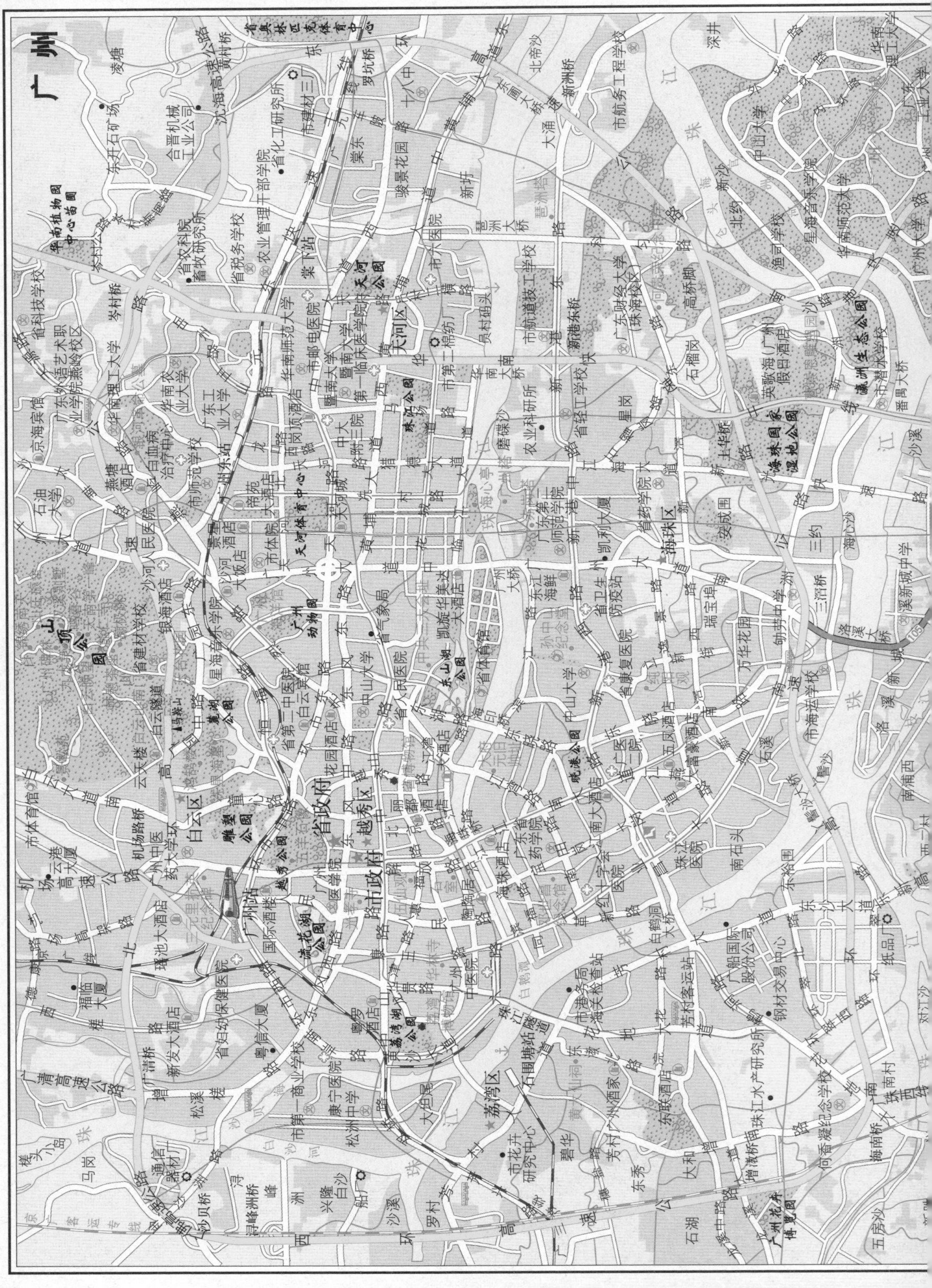
广州
天河区
越秀区
荔湾区
海珠区
白云区
省政府
市政府
广州站
广州东站
天河体育中心
越秀公园
流花湖公园
麓湖公园
白云山
珠江
中山大学
华南理工大学
华南师范大学
暨南大学
广州动物园
二沙岛
海珠国家湿地公园
广州花卉博览园

国南方最大、历史最悠久的对外通商口岸，世界著名的港口城市之一，也是国家历史文化名城，全国著名的华侨之乡。广州是海上丝绸之路的起点，有祖国“南大门”之称。享誉全球的进出口商品交易会（“广交会”）从20世纪50年代至今一直在广州举行。1925年设市。广州是华南最大的水陆交通枢纽，珠江、西江航运发达。广州港是珠江三角洲以及华南地区的主要物资集散地和最大的国际贸易中枢港。

[市　　花] 木棉花　　[市　　树] 木棉树

[风景名胜] 越秀山、广州塔、鲁迅纪念馆、中山纪念堂、华南植物园、白云山、镇海楼、南湖乐园、番禺香江野生动物园、黄花岗烈士陵园、黄埔军校旧址、农民运动讲习所、三元里抗英遗址等。

[特产美食] 粤绣、端砚、木雕、云吞面、肠粉、及第粥、龟苓膏、双皮奶、明炉乳猪、白切鸡、龙虎斗、白灼虾、烤乳猪、香芋扣肉、黄埔炒蛋、炖禾虫、狗肉煲、五彩炒蛇丝等。

深圳　深圳又称“鹏城”，是我国第一个经济特区城市，现已成为全国第四大城市，全球第五大金融中心，是中国口岸最多和唯一拥有海陆空口岸的城市，是中国与世界交往的主要门户之一。1979年设市，1980年设经济特区，是一座典型的移民城市。深圳近年来重点发展电子信息、生物工程、新材料和光机电一体化等高新科技。农业以创汇农业为主，主要为深圳、香港市场提供农副产品及鲜活产品。深圳机场是我国繁忙航空港之一。

[电话区号] 0755

[邮政编码] 518035

[市　　花] 簕杜鹃

[市　　树] 荔枝

[风景名胜] 锦绣中华、中华民俗文化村、世界之窗、欢乐谷、青青世界、中英街、仙湖植物园、野生动物园等。

[特产美食] 大鹏鲍鱼、南山荔枝、福永乌头鱼、松岗腊鸭等。

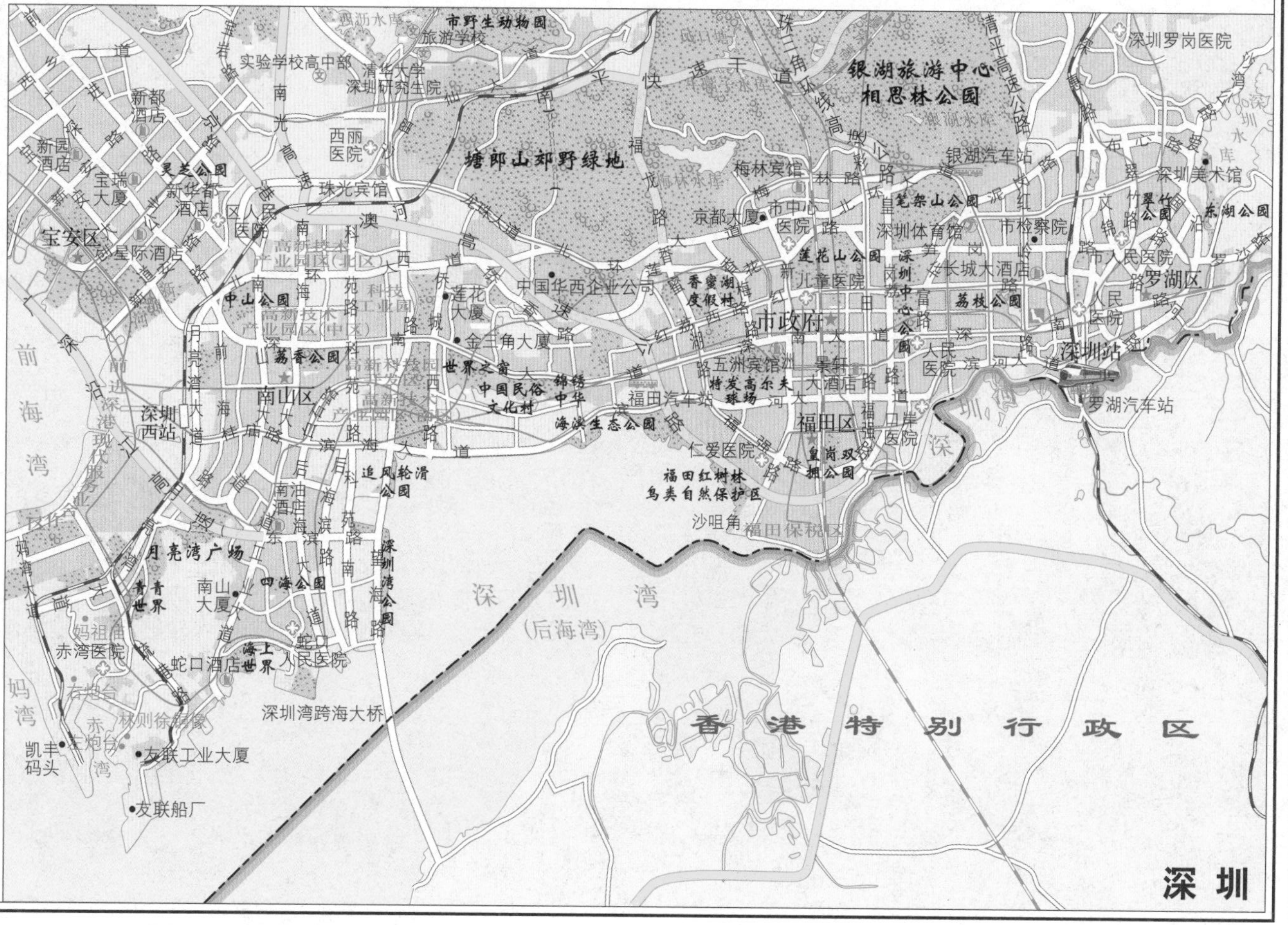

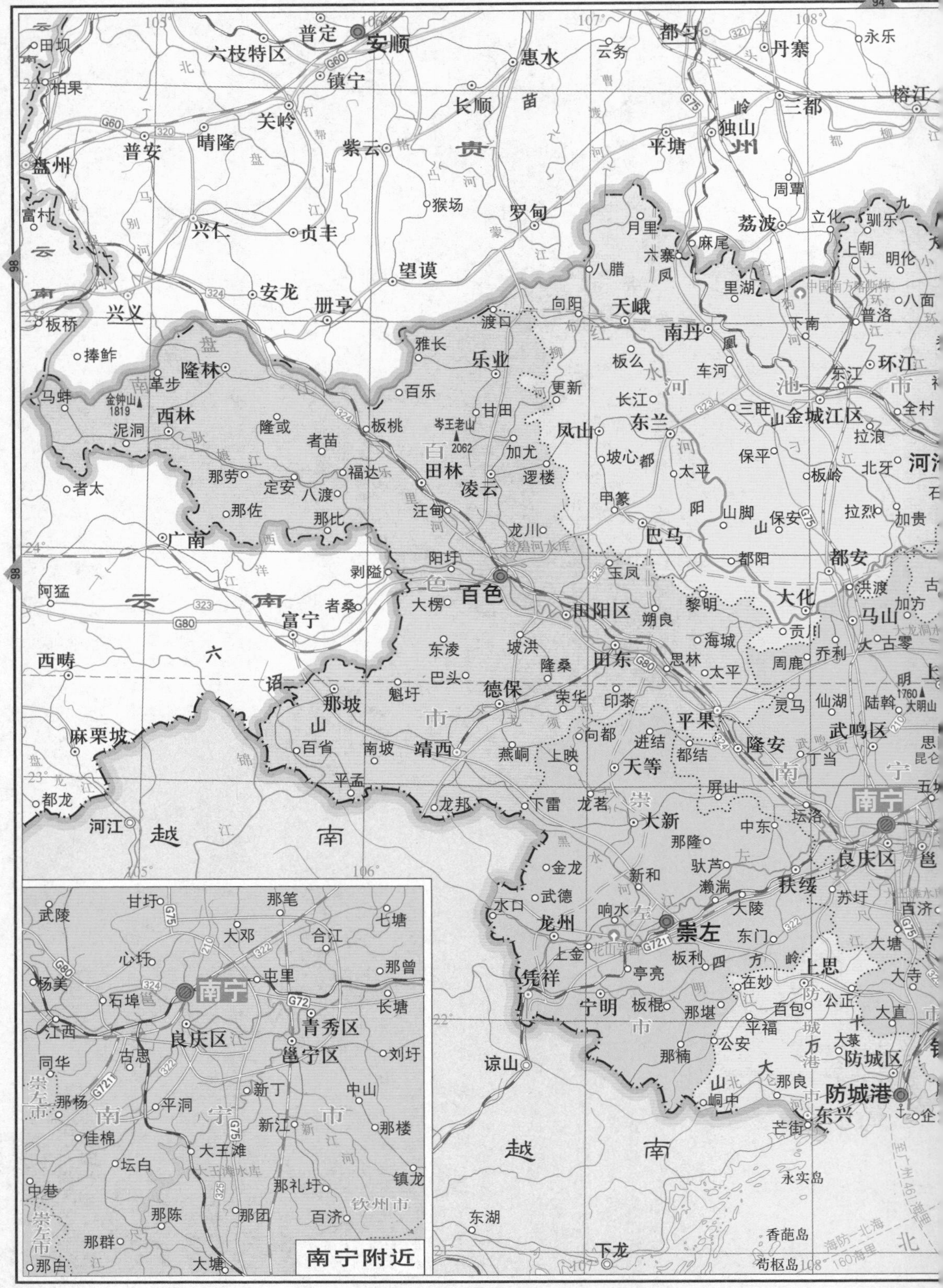
安顺
普定
六枝特区
镇宁
惠水
云务
都匀
丹寨
永乐
田坝
柏果
关岭
长顺
三都
榕江
普安
晴隆
紫云
平塘
独山
周覃
盘州
猴场
罗甸
荔波
立化
驯乐
富村
兴仁
贞丰
月里
六寨
麻尾
上朝
明伦
望谟
八腊
里湖
八面
安龙
册亨
兴义
板桥
向阳
天峨
南丹
普洛
渡口
雅长
乐业
板么
车河
环江
捧鲊
隆林
革步
金钟山 1819
马蚌
西林
泥洞
百乐
更新
长江
东江
三旺
金城江区
全村
岑王老山 2062
甘田
隆或
者苗
板桃
田林
凤山
东兰
拉浪
加尤
坡心
保平
北牙
河池
那劳
定安
福达
凌云
逻楼
太平
板岭
者太
那佐
八渡
甲篆
山脚
保安
拉烈
加贵
汪甸
那比
龙川
巴马
广南
澄碧河水库
都阳
都安
阳圩
玉凤
剥隘
阿猛
百色
洪渡
加方
者桑
大楞
富宁
田阳区
朔良
黎明
大化
马山
贡川
古零
海城
东凌
坡洪
乔利
西畴
巴头
隆桑
田东
思林
太平
周鹿
魁圩
荣华
印茶
德保
那坡
灵马
仙湖
陆斡
1760
大明山
向都
平果
百省
南坡
靖西
燕峒
上映
进结
都结
隆安
武鸣区
丁当
麻栗坡
平孟
天等
屏山
都龙
龙邦
下雷
龙茗
坛洛
河江
越南
大新
中东
南宁
那隆
金龙
新和
驮芦
良庆区
武德
瀨湍
扶绥
苏圩
水口
响水
大陵
百济
龙州
崇左
东门
大塘
上金
板利
凭祥
亭亮
在妙
上思
大寺
宁明
板棍
那堪
百包
公正
平福
大直
凉山
公安
大菉
那楠
防城区
那良
峒中
防城港
东兴
芒街
永实岛
东湖
香蕉岛
下龙
苟枢岛
海防—北海 160海里
武陵
甘圩
那笔
七塘
大邓
合江
心圩
那曾
杨美
中里
石埠
长塘
青秀区
江西
良庆区
古思
邕宁区
刘圩
同华
新丁
那杨
平洞
中山
新江
那楼
佳棉
大王滩
坛白
大王滩水库
镇龙
中巷
那礼圩
那陈
那团
百济
钦州市
那群
大塘
那白
南宁附近

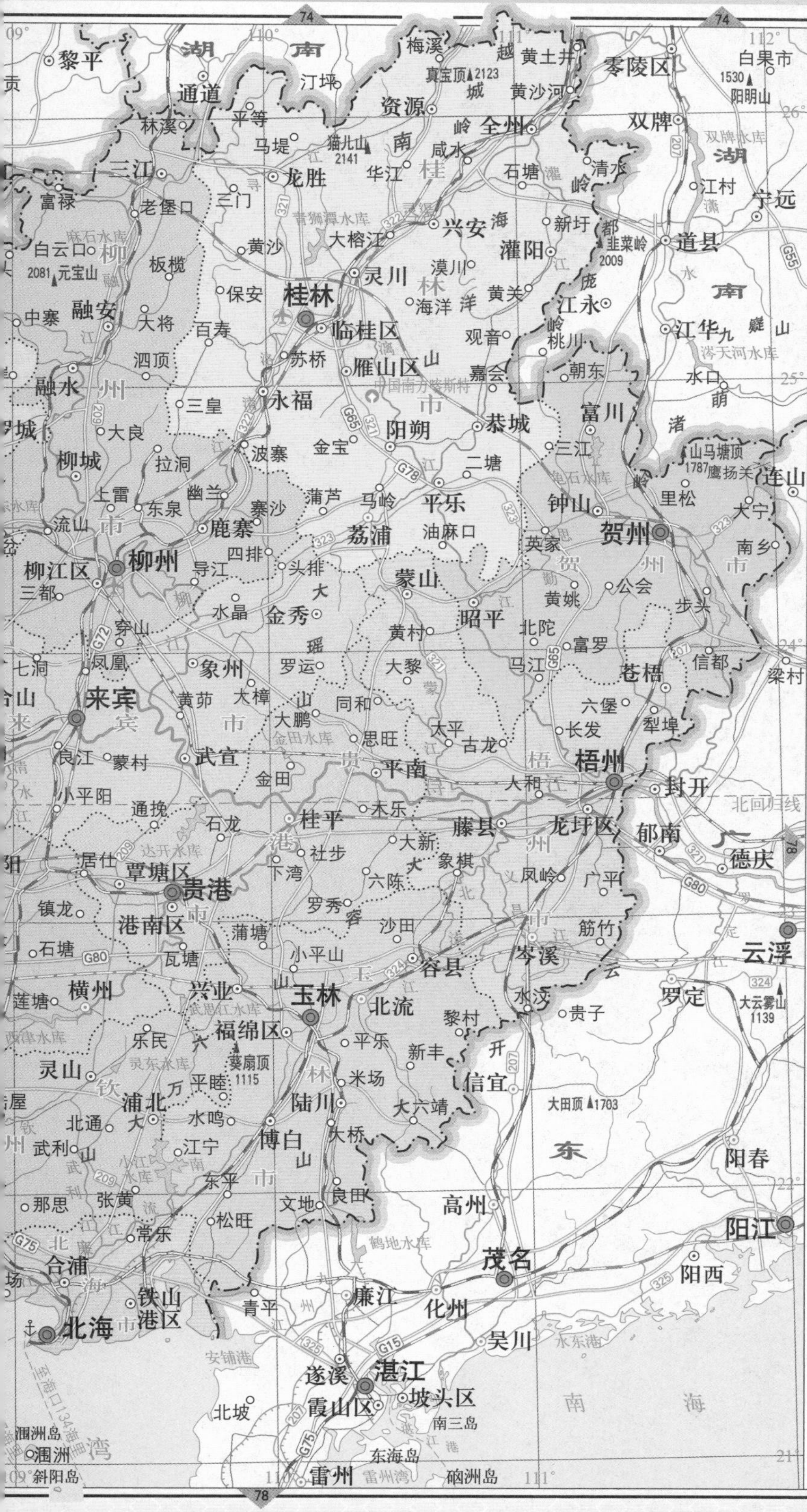

[概　　况] 广西壮族自治区简称“桂”，首府南宁。春秋战国时为百越（粤）地，宋为广南西路，清置广西省，1958年成立广西僮族自治区，1965年改为广西壮族自治区。现辖14地级市、10县级市、48县、12自治县及41市辖区。自治区面积约24万平方千米，人口5013万。

[地理特征] 广西丘陵广布，周边山势高峻。主要山脉有海洋山、越城岭、云开大山、六万大山、凤凰山、大瑶山等。桂林猫儿山海拔2141米，为本省最高峰。河流有西江、柳江、桂江等。沿海有涠洲岛、斜阳岛等岛屿。

[特色经济] 广西是我国主要制糖工业基地之一，制糖业是最重要的优势产业。广西也是我国稻米的主要产区。

[名胜古迹] 中国南方喀斯特(桂林喀斯特、环江喀斯特)及花山岩画被列入《世界遗产名录》。名胜区有山水甲天下的桂林漓江、桂平西山、宁明花山等国家级风景名胜区，北部湾、灵渠、龙胜花坪、真武阁、柳侯祠、邓小平百色起义旧址等游览胜地。

[名优特产] 广西特产果品有荔浦芋、沙田柚、菠萝蜜等。名茶有苦丁茶、桂花茶、茉莉花茶等。田七、八角、罗汉果等是著名中药材。传统手工艺品有合浦珍珠、壮锦和绣球、瑶绣、阳朔画扇等。

比例尺 1:2 850 000　0　28.5　57.0　85.5千米

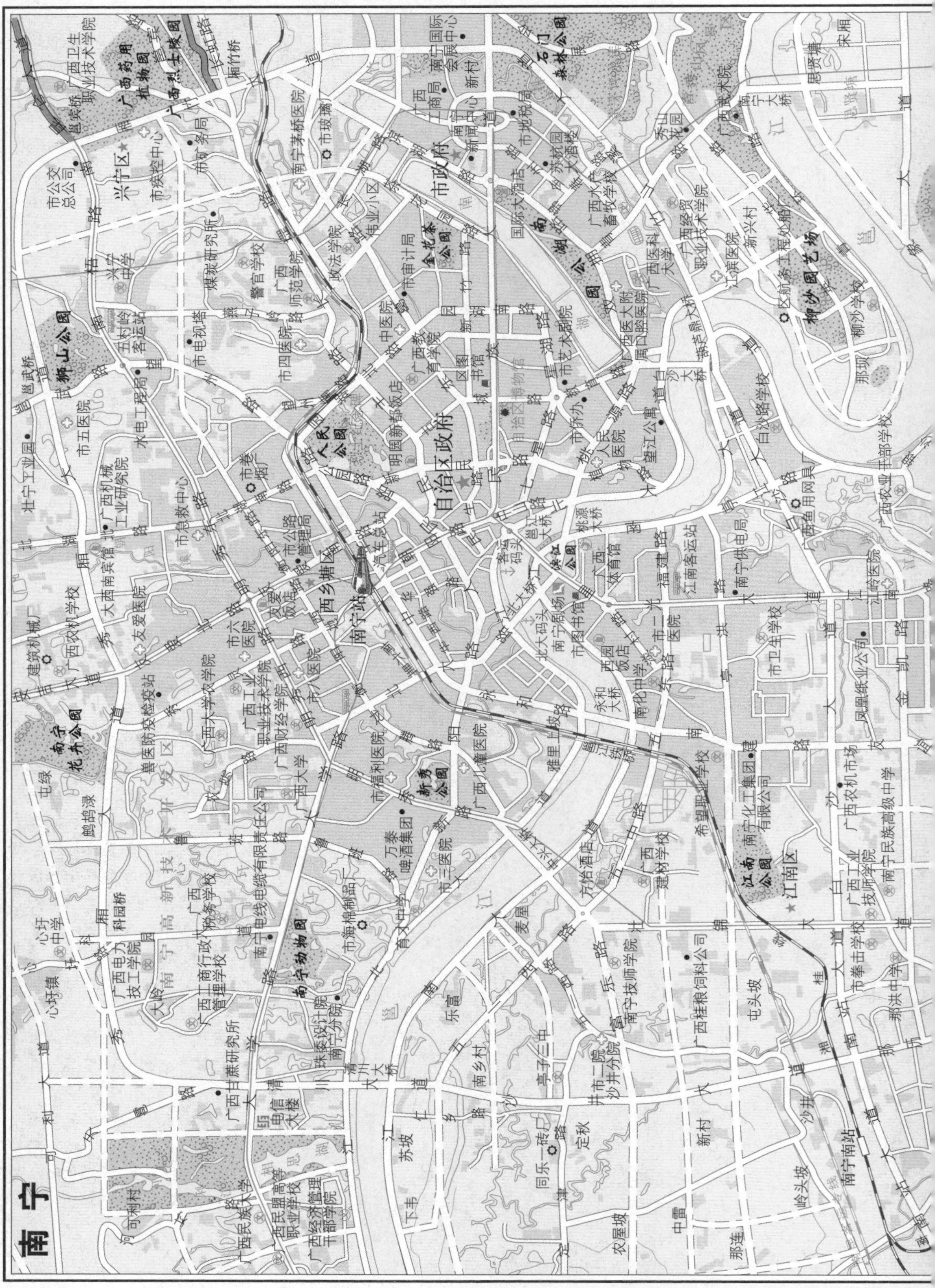
南宁
自治区政府
市政府
南宁站
南宁南站
西乡塘区
兴宁区
江南区
人民公园
南湖公园
狮山公园
南宁花卉公园
南宁动物园
新秀公园
江南公园
金花茶公园
石门森林公园
柳沙园艺场
广西药用植物园
广西烈士陵园

丰富、四季常青、诗情画意，而享有“中国绿城”的美称。古属百越领地，元置南宁路，1946年设市，1958年起成为广西壮族自治区首府。南宁轻纺、制糖、食品等轻工业发达，是我国热带水果生产基地之一，也是主要产粮区和经济作物生产基地。南宁是一个以壮族人民为主的多民族聚居的城市，壮族自古有好歌的习俗，歌圩是壮族人民举行的节日性聚会型唱歌活动，内容有祭祀仪式、青年男女们进行交往所需要的倚歌择配对唱、抛绣球、抢花炮和施公戏等。

[市　　花] 朱槿　　[市　　树] 扁桃树

[风景名胜] 南湖公园、伊岭岩、青秀山、扬美古镇、德天瀑布、宁明花山崖壁画、广西药用植物园、大明山风景区等。

[特产美食] 罗汉果、荔枝蜜、壮锦、绣球、老友面、八仙粉、卷筒粉、王府牛杂、柠檬鸭等。

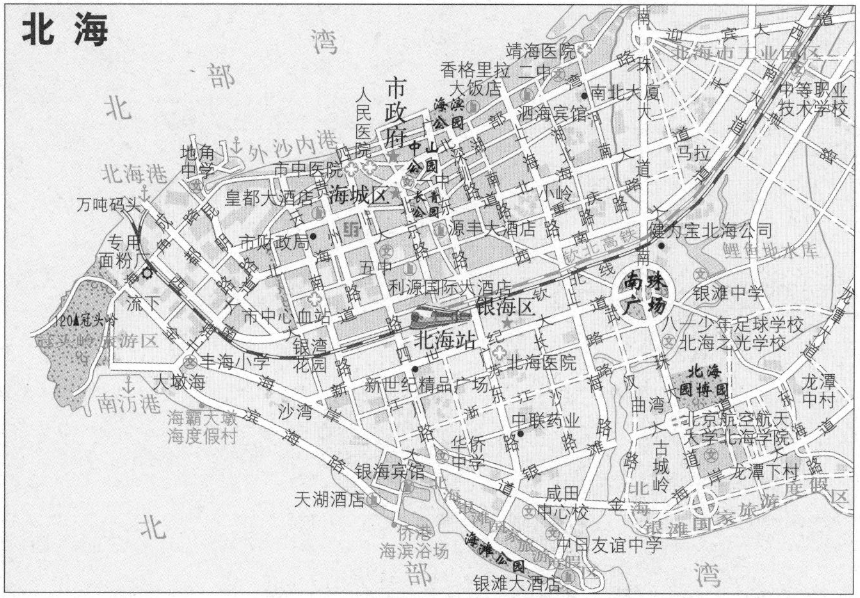

北海　是我国西南著名对外开放海港和渔港，也是一座具有亚热带滨海风光的魅力城市。1950年设市。经济以渔业和对外贸易为主。濒临北部湾，是我国沿海四大渔场之一。北海有众多海滩，北海银滩被称为中国第一滩。

[电话区号] 0779　　[邮政编码] 536000

[市　　花] 三角梅　　[市树] 小叶榕树

[风景名胜] 北海、涠洲岛、冠头岭、草花岭、山口红树林等。

[特产美食] 海参、沙虫、鱿鱼等。

桂林　是桂北政治、文化中心和交通枢纽，也是著名的旅游城市和国家历史文化名城，享有“桂林山水甲天下”之美誉。1940年设市。秦始皇统一中国后，开凿灵渠，沟通湘江和漓江。桂林从此便成为南通海域，北达中原的重镇。桂林以典型的喀斯特地貌闻名天下。

[电话区号] 0773　　[邮政编码] 541100

[市　　花] 桂花　　[市　　树] 桂树

[风景名胜] 漓江、叠彩山、七星岩桂海碑林、象鼻山、阳朔、灵渠等。

[特产美食] 桂林豆腐乳、三花酒、罗汉果等。

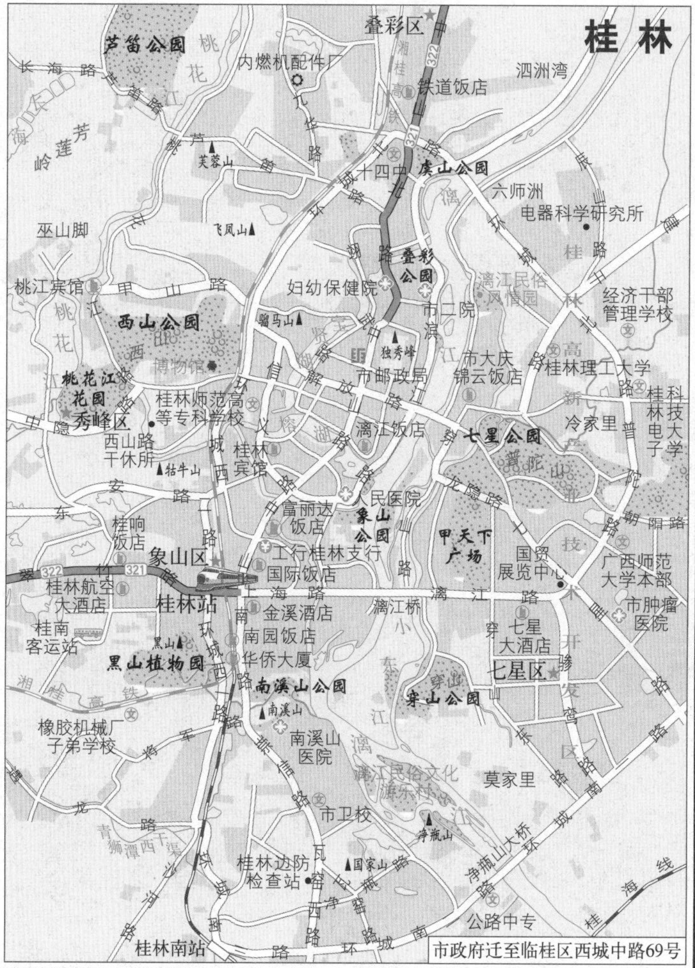

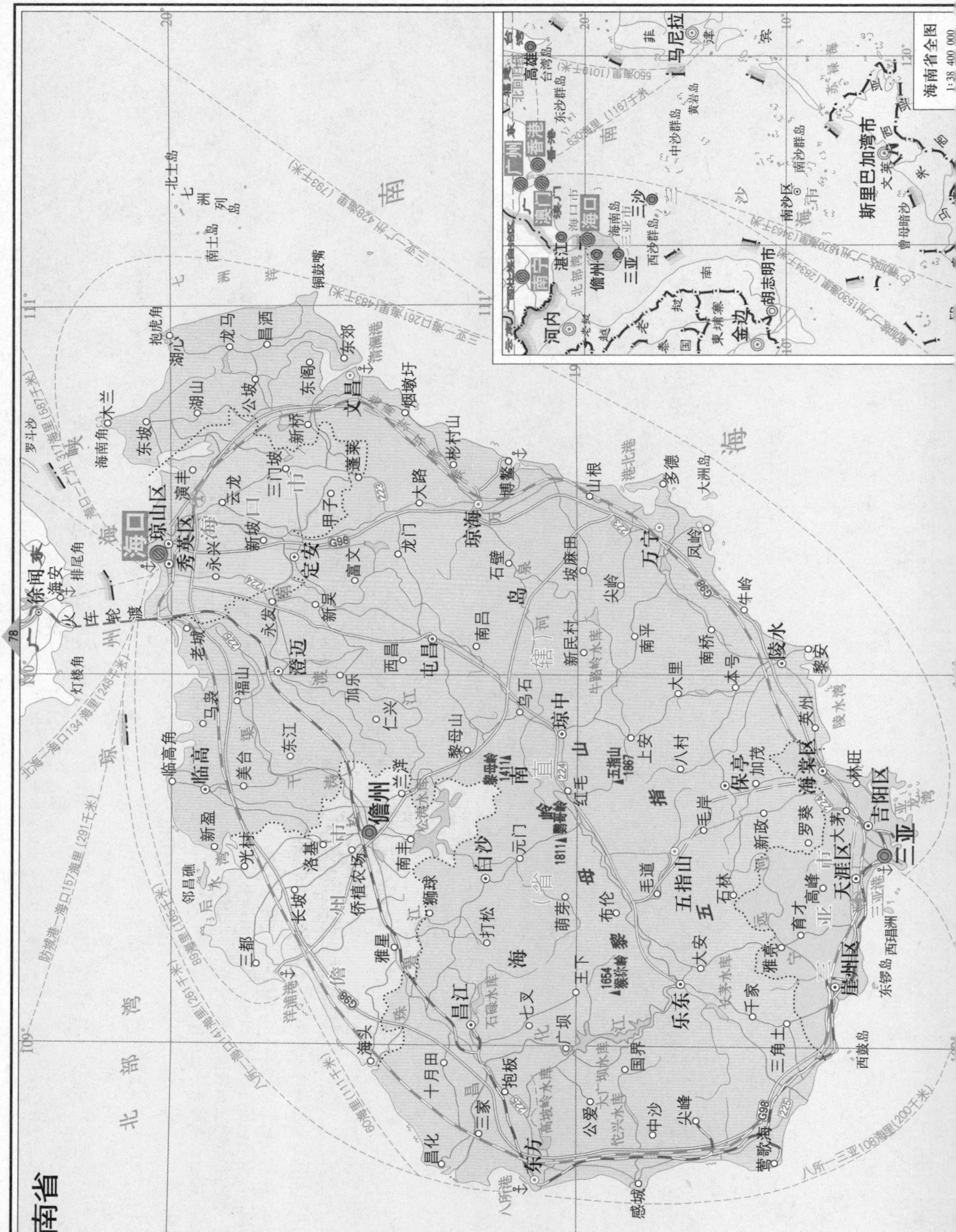

比例尺 1:1 700 000 0 17 34 51千米

区，属广东省，1988年建海南省。现辖4地级市、5县级市、4县、6自治县、10市辖区。全省陆域面积约3.4万平方千米，人口1008万。

[地理特征] 海南岛是我国第二大岛，中间高，四周低。山地、丘陵、台地、阶地、平原呈环形层状分布，梯形结构明显。中部五指山海拔1867米，是本省最高峰。河流有南渡江、万泉河等。

是工业经济的主要支柱。

[名胜古迹] 三亚热带海滨是国家级风景名胜区。还有海口五公祠、儋州东坡书院、亚龙湾、东寨港红树林风景区等。

[名优特产] 海南盛产椰子、芒果、咖啡等热带作物。五指山红茶、绿茶、苦丁茶等则是茶中佳品。传统手工艺品有椰雕、根雕、珊瑚盆景、黎族鼻箫等。

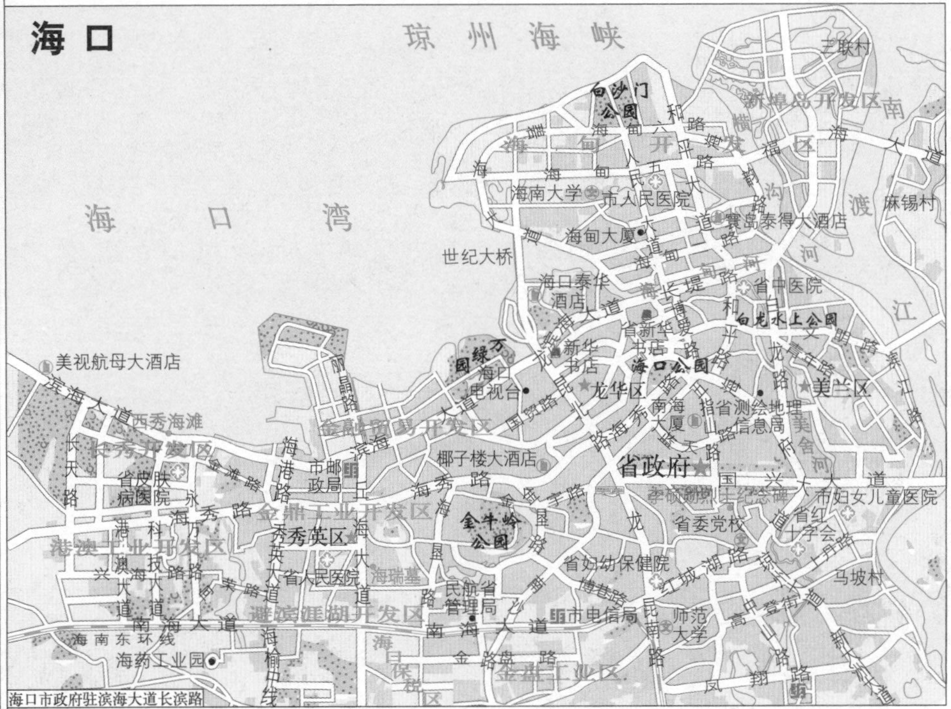

海口 又称椰城，是全国最大的经济特区海南省的省会，是海南省政治、经济、文化和商贸中心，处于华南经济开发带的前沿位置，毗邻港澳台、东南亚、是连接大陆和东南亚的枢纽，1949年设市。海口的对外开放十分活跃，与世界50个国家和地区建立了良好的贸易与经济合作关系。海口被世界卫生组织和国家卫生部确定为全国唯一的世界健康城市试点，并荣获“中国优秀旅游城市”称号。

[电话区号] 0898　**[邮政编码]** 570000　**[市　花]** 三角梅　**[市　树]** 椰树
[风景名胜] 五公祠、苏公祠、海瑞墓、热带海洋世界、滨海公园、石山火山口、万绿园等。
[特产美食] 贝雕、椰雕、椰子、咖啡等。

三亚 是我国著名的热带风光旅游城市，有“东方夏威夷”之称。古称崖州，因其远离帝京、孤悬海外，故有“天涯海角”之称，1984年设市。三亚是海南南部对外商贸中心，旅游业和高新技术产业是发展重点。

[电话区号] 0898　**[邮政编码]** 572000
[市　花] 三角梅　**[市　树]** 酸豆树
[风景名胜] 天涯海角、鹿回头、南田温泉、大东海浴场、亚龙湾海滨、崖州古城、椰子洲岛、蜈支洲岛等。
[特产美食] 天然水晶、椰雕、珍珠、椰子食品（椰子糖果、椰丝、椰子糕、椰子酱等）、咖啡豆、蝴蝶标本、蝴蝶画、苦丁茶、鹿龟酒等。

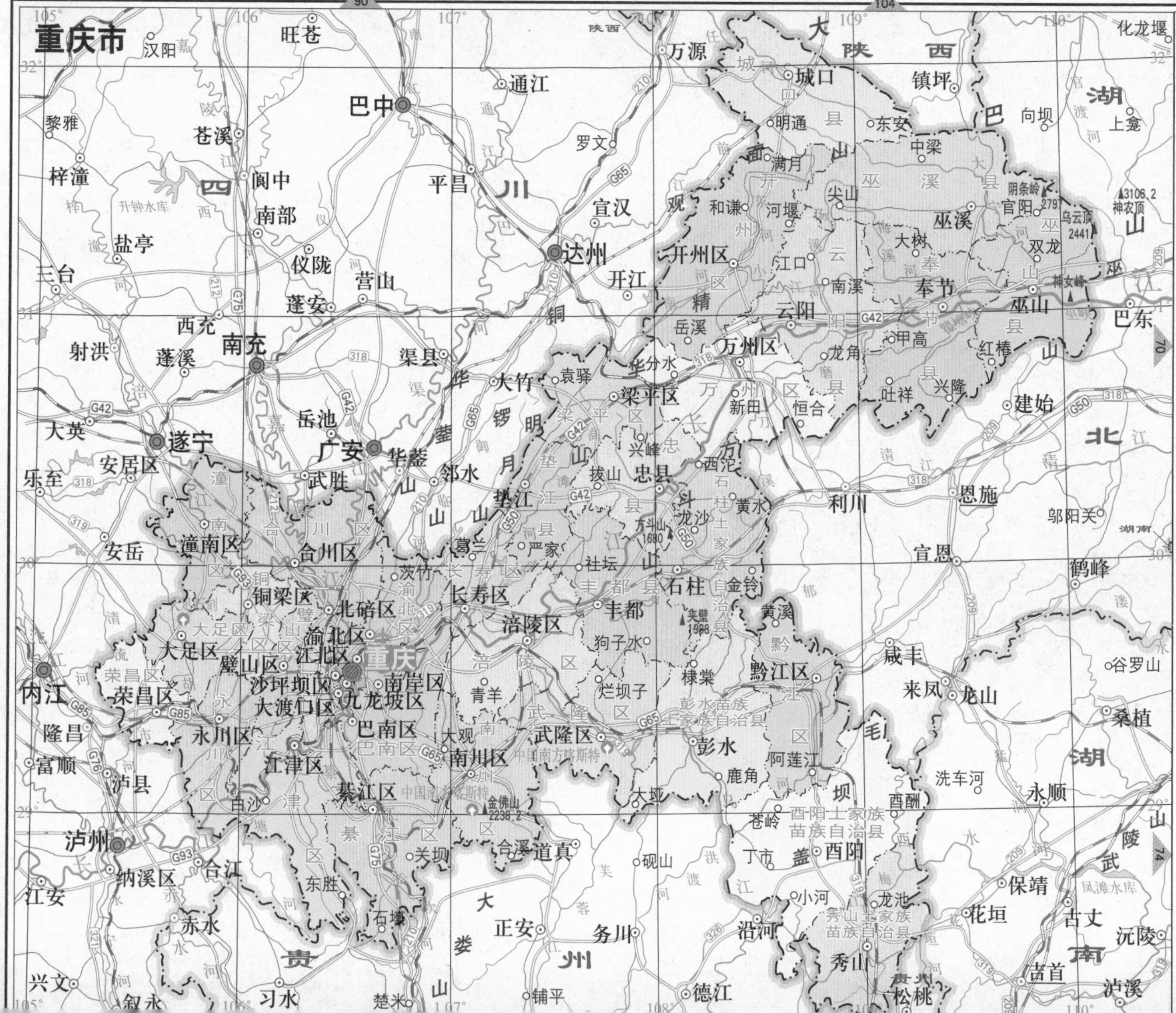

[概　况] 重庆市简称“渝”。1929年重庆正式设市，抗日战争时期为中华民国陪都，1949年改称直辖市，1954年改为四川省辖市，1997年3月重庆正式设为中央直辖市。现辖26市辖区、8县及4自治县。全市面积约8.2万平方千米，人口3205万。

[地理特征] 本市北、东、南三面分别有大巴山、巫山和大娄山。境内有方斗山、精华山等从东北向西南延伸。阴条岭海拔2797米，为本市最高峰。长江干流斜贯境内，有嘉陵江、乌江等重要支流。

[特色经济] 重庆是西南地区最大的经济中心、综合性工业基地，重庆还是我国重要的粮食产区和商品猪生产基地。

[名胜古迹] 大足石刻和中国南方喀斯特(武隆、金佛山)被列入《世界遗产名录》。

[名优特产] 重庆火锅、涪陵榨菜等。

比例尺 1:2 900 000　0　29　58　87千米

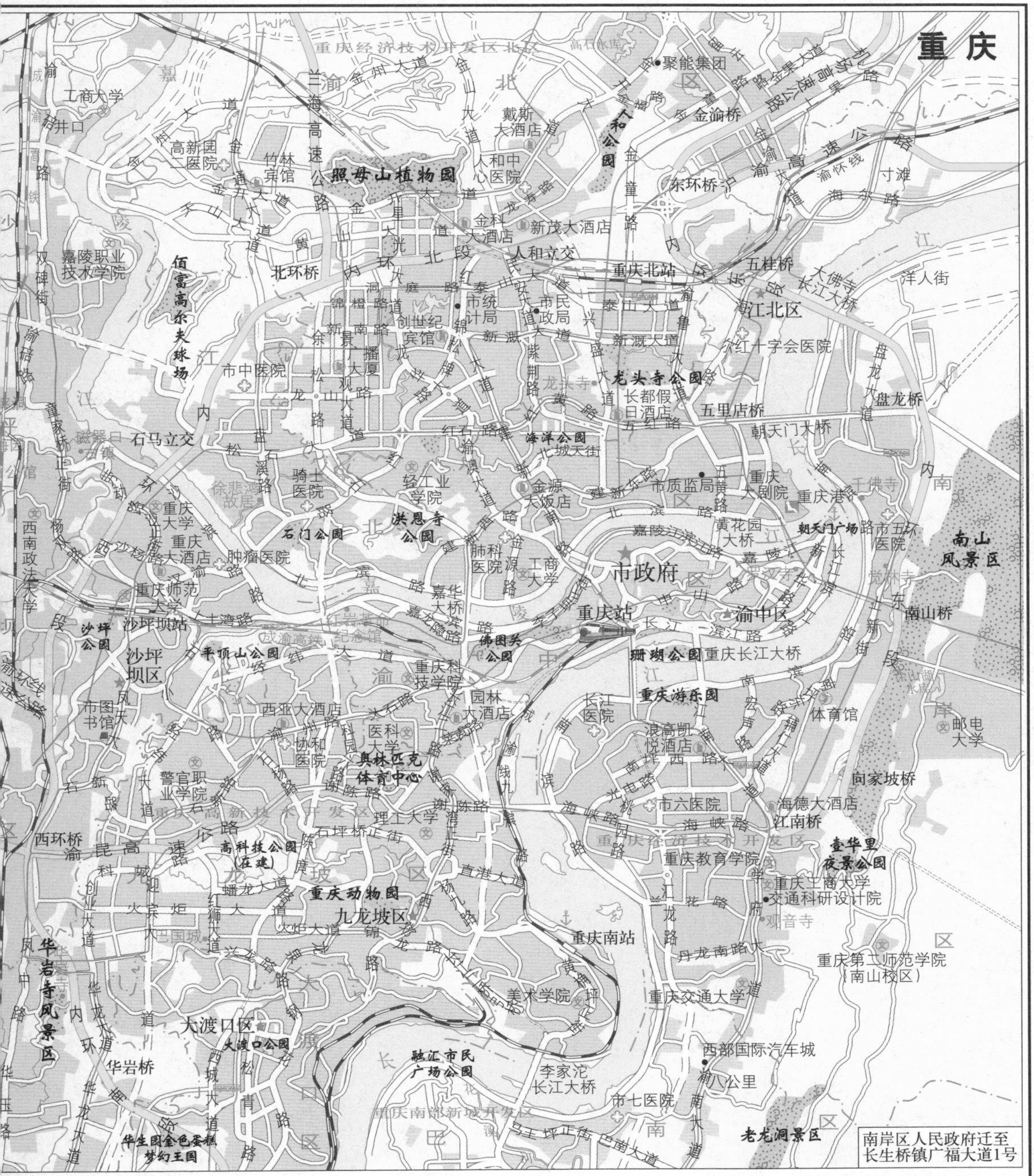

庆 市辖区包括渝中、大渡口、江北、沙坪坝、九龙坡、南岸等中心区，连同近、远郊区共23个区。渝中区是重庆的行政化中心，重庆最大的商贸、金融、科技信息中心和水陆客运交通枢纽。区内的朝天门港是长江上游最大的客运港。南岸区以建材工业为主的老工业基地和规划建设中的以金融、经贸、电子信息、生物工程等为主的经济技术开发区。沙坪坝区是庆重要的工业基地、物资集散地和商贸聚集区。大渡口区是重庆市主城都市发达经济圈的重要组成部分，也是以冶金、建工业为主的新兴工业基地。

话区号】023　　[邮政编码]400010　　[市　　花]山茶花　　[市　　树]黄桷树

景名胜】曾家岩、红岩村、白公馆、渣滓洞纪念馆等。

产美食】重庆火锅、老四川灯影牛肉。

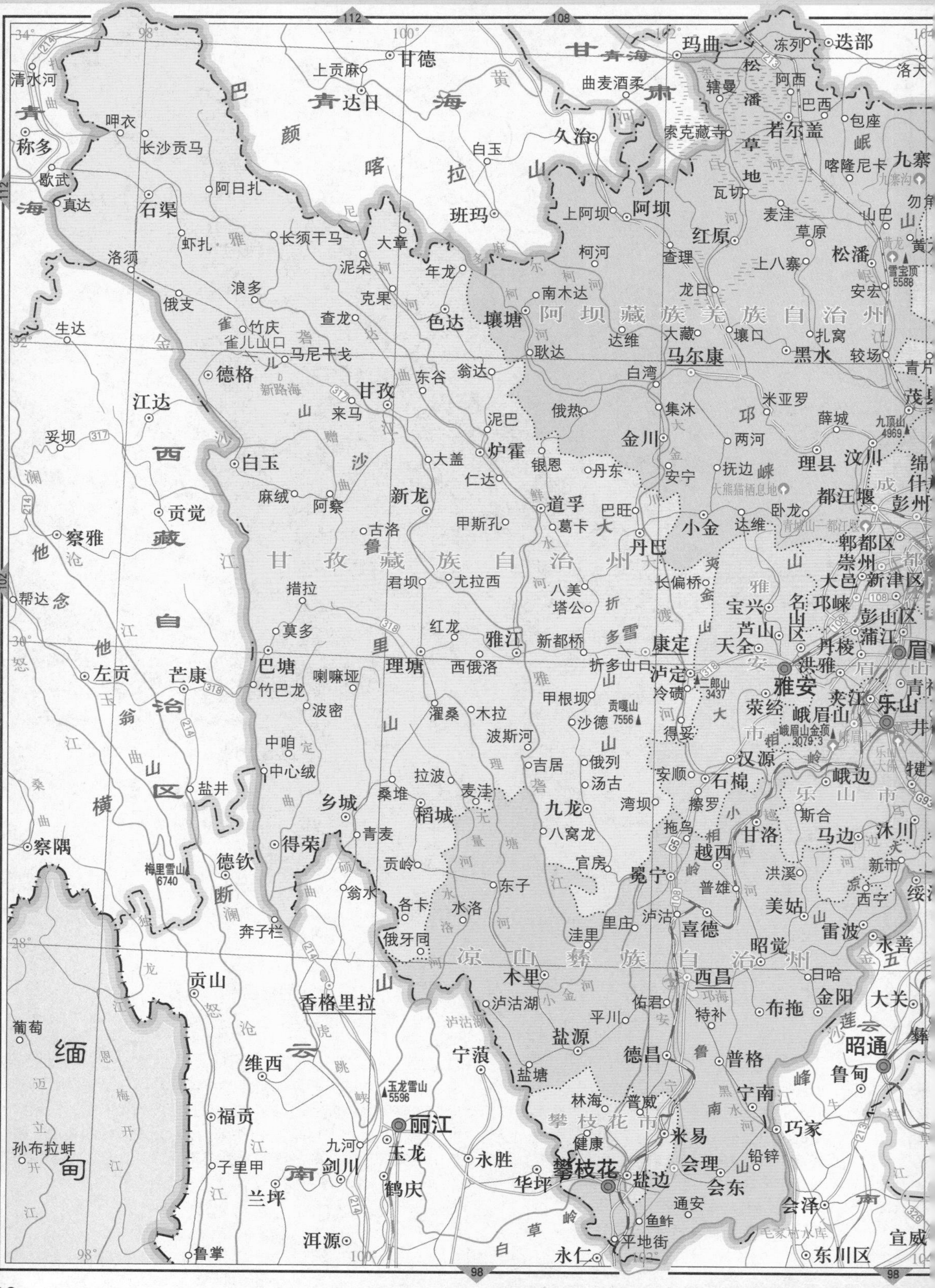

甘德
上贡麻
青达日
玛曲
迭部
洛大
曲麦酒柔
辖曼
阿西
巴西
包座
久治
索克藏寺
若尔盖
九寨
呷衣
长沙贡马
白玉
喀隆尼卡
称多
歇武
真达
石渠
阿日扎
上阿坝
阿坝
瓦切
麦洼
山巴
班玛
红原
草原
松潘
虾扎
长须干马
大章
查理
上八寨
雪宝顶
5588
洛须
泥朵
年龙
柯河
龙日
安宏
浪多
克果
南木达
俄支
查龙
色达
壤塘
阿坝藏族羌族自治州
生达
竹庆
达维
大藏
壤口
扎窝
雀儿山口
马尼干戈
耿达
马尔康
黑水
较场
德格
东谷
翁达
白湾
新路海
甘孜
米亚罗
江达
来马
泥巴
俄热
集沐
薛城
九顶山
4969
妥坝
金川
两河
白玉
炉霍
大盖
银恩
丹东
理县
汶川
仁达
抚边
安宁
大熊猫栖息地
麻绒
阿察
新龙
道孚
巴旺
都江堰
彭州
贡觉
卧龙
古洛
甲斯孔
葛卡
小金
达维
察雅
丹巴
郫都区
甘孜藏族自治州
崇州
君坝
尤拉西
长偏桥
大邑
新津区
帮达
措拉
八美
塔公
邛崃
宝兴
名山区
彭山区
莫多
红龙
雅江
新都桥
芦山
蒲江
左贡
芒康
巴塘
理塘
康定
天全
丹棱
眉
西俄洛
喇嘛垭
折多山口
泸定
洪雅
雅安
竹巴龙
冷碛
二郎山
3437
夹江
乐山
波密
濯桑
木拉
甲根坝
荥经
贡嘎山
7556
沙德
峨眉山
波斯河
得妥
峨眉山金顶
3079.3
中咱
汉源
吉居
俄列
中心绒
安顺
石棉
拉波
峨边
汤古
桑堆
麦洼
乐山市
盐井
乡城
稻城
九龙
湾坝
擦罗
斯合
马边
沐川
拖乌
察隅
青麦
八窝龙
甘洛
得荣
越西
梅里雪山
6740
德钦
贡岭
官房
冕宁
洪溪
新市
东子
普雄
翁水
美姑
西宁
各卡
水洛
泸沽
喜德
雷波
奔子栏
俄牙同
洼里
里庄
昭觉
永善
凉山彝族自治州
木里
西昌
日哈
贡山
香格里拉
泸沽湖
佑君
特补
布拖
金阳
大关
平川
葡萄
盐源
普格
昭通
缅甸
维西
宁蒗
德昌
盐塘
鲁甸
玉龙雪山
5596
林海
普威
宁南
福贡
丽江
攀枝花市
米易
巧家
孙布拉蚌
九河
健康
玉龙
永胜
会理
铅锌
子里甲
剑川
攀枝花
盐边
华坪
会东
兰坪
鹤庆
通安
会泽
鱼鲊
毛家村水库
洱源
平地街
鲁掌
永仁
东川区
宣威

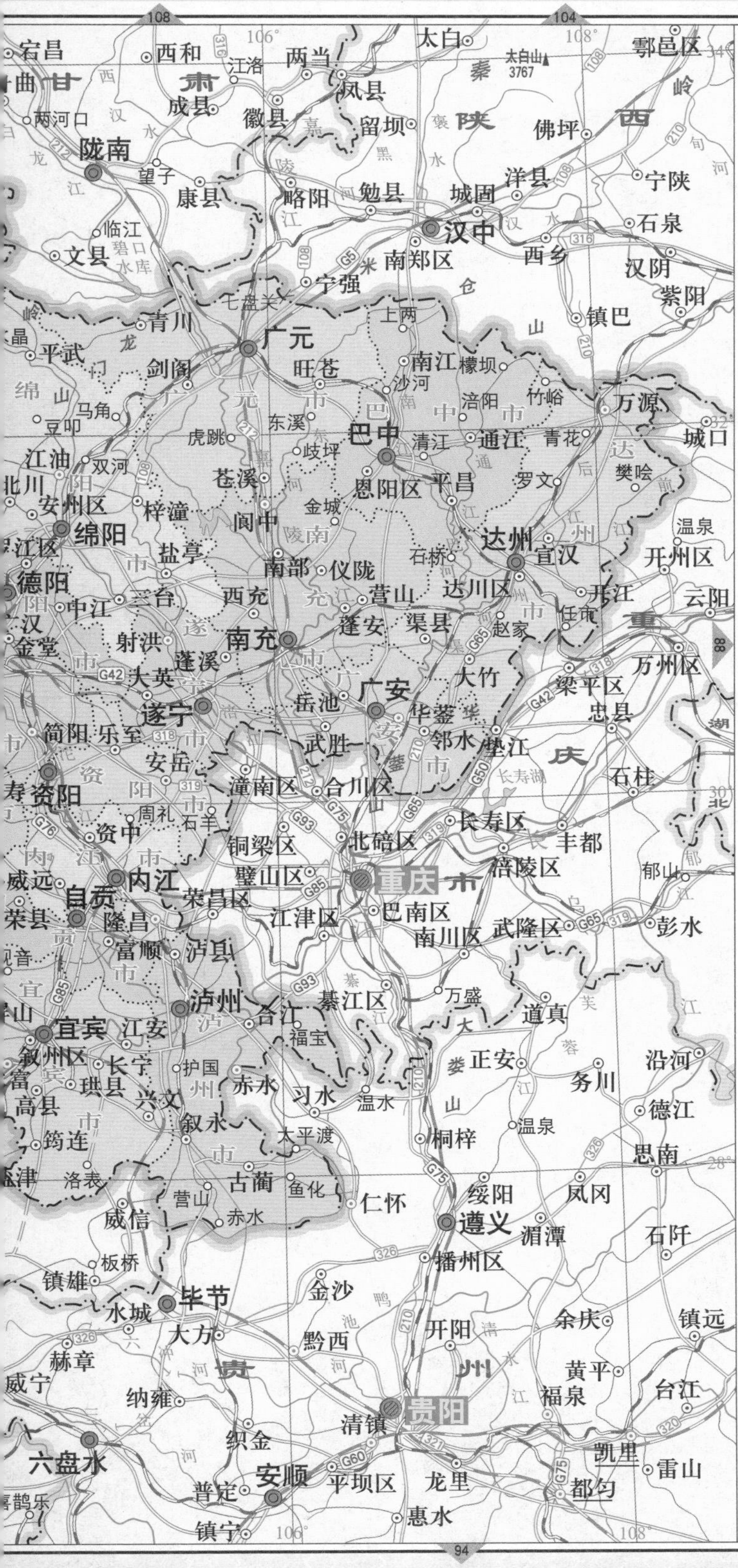

[概　况] 四川省简称“川”或“蜀”，省会成都市，位于中国西南部。春秋、战国时为巴、蜀等国地，汉属益州，明设四川布政使司，清为四川省。现辖18地级市、3自治州、19县级市、105县、4自治县、55市辖区。全省面积约49万平方千米，人口8367万。

[地理特征] 地势西高东低。东部为四川盆地，内有成都平原。川西北高原主要有岷山、大雪山、邛崃山、沙鲁里山、雀儿山等山地，其中大雪山主峰贡嘎山海拔7556米，是全省最高峰。四川河流主要有雅砻江、岷江、嘉陵江等。湖泊众多，以邛海和泸沽湖较为著名。

[特色经济] 四川省物产丰富，水利、农业发达，是我国的农业大省，也是我国西部门类最齐全、优势产品最多的综合性工业基地。攀枝花钢铁、自贡盐化、西昌航天卫星发射基地、都江堰水利工程、二滩水电站等在全国闻名。

[名胜古迹] 四川省名胜古迹众多，九寨沟、峨眉山—乐山大佛、黄龙、青城山-都江堰、大熊猫栖息地均被列入《世界遗产名录》。剑门蜀道、西岭雪山、贡嘎山、蜀南竹海、四姑娘山 、石海洞乡、白龙湖、天台山、龙门山等为国家级风景名胜区。其他景点还有杜甫草堂、武侯祠等。

[名优特产] 四川名酒有五粮液、泸州老窖、剑南春等。风味小吃有夫妻肺片、赖汤元、担担面、灯影牛肉等。著名传统工艺品有蜀锦、蜀绣、竹编灯、隆昌夏布、自贡剪纸、成都漆器、南充竹帘画等。

都江堰　位于成都市都江堰市灌口镇，是我国古代四大水利工程之一，被誉为“世界水利文化的鼻祖”，为世界文化遗产。都江堰是由秦国蜀郡太守李冰及其子率众于公元前256年左右修建的，是全世界迄今为止，年代最久、唯一留存、以无坝引水为特征的宏大水利工程，2000多年来一直发挥着防洪灌溉的作用。

比例尺 1:4 280 000　0　42.8　85.6　128.4千米

成都　四川省省会，全省政治、经济、文教中心，国家历史文化名城。成都古为蜀国地，秦并巴、蜀为蜀郡并建城，汉因织锦业发达专设锦官管理，故有“锦官城”之称，五代蜀时遍种芙蓉，故别称“芙蓉城”。1930年设市。成都素有“天府之都”、“蜀中江南”和“蜀中苏杭”的美称，是中国西南地区商贸、金融、科技、交通、通信枢纽之一，也是中国重要的高新技术产业基地、现代制造业基地、现代服务业基地、现代农业基地，现已建成为新兴的工业城市。成都也是全国四大电子工业基地和三大无缝钢管生产中心之一，量具刃具的生产全国著名。

[电话区号] 028

[邮政编码] 610015

[市　　花] 木芙蓉

[市　　树] 银杏

[风景名胜] 杜甫草堂、武侯祠、青羊宫、望江楼、文殊院、都江堰、二王庙、青城山等。

[特产美食] 蜀锦、蜀绣、竹编、漆器、双流兔头、夫妻肺片、龙抄

宜宾 是长江上游重要港口，为国家历史文化名城，有“万里长江第一城”之称。古称僰道，北宋始称宜宾，1951年设市。宜宾具有3000多年的酿酒历史，举世闻名的名酒“五粮液”即产于这里，发达的酿酒工业使宜宾成为名副其实的“中国酒都”。宜宾还是省内柑橘重要产地和优质烤烟基地，也是我国外贸樟油最大的生产基地。宜宾是长江上游开发最早、历史最悠久的城市之一，是南丝绸之路的起点，万里长城黄金水道也从这里起航。宜宾形成了具有古老民族文化特色的酒文化、竹文化、茶文化及独特的川南民俗风情。

[电话区号] 0831　　[邮政编码] 644000
[市　　花] 黄桷兰　　[市　　树] 油樟树
[风景名胜] 蜀南竹海、石海洞乡、三江口、真武山道教庙群、珙县僰人悬棺、博望山、西部大峡谷、忘忧谷、赵一曼纪念馆、夕佳山古民居、李庄古镇等。
[特产美食] 竹工艺品、宜宾夏橙、屏山椪柑、全竹宴、芽菜、宜宾燃面、李庄白肉、鸭儿粑、柏溪潮糕、南溪豆腐干、宜宾糟蛋等。

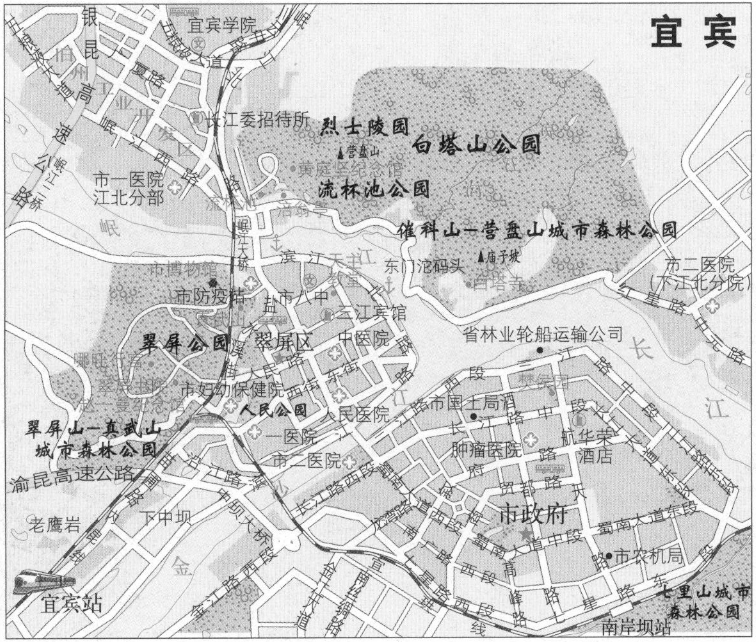

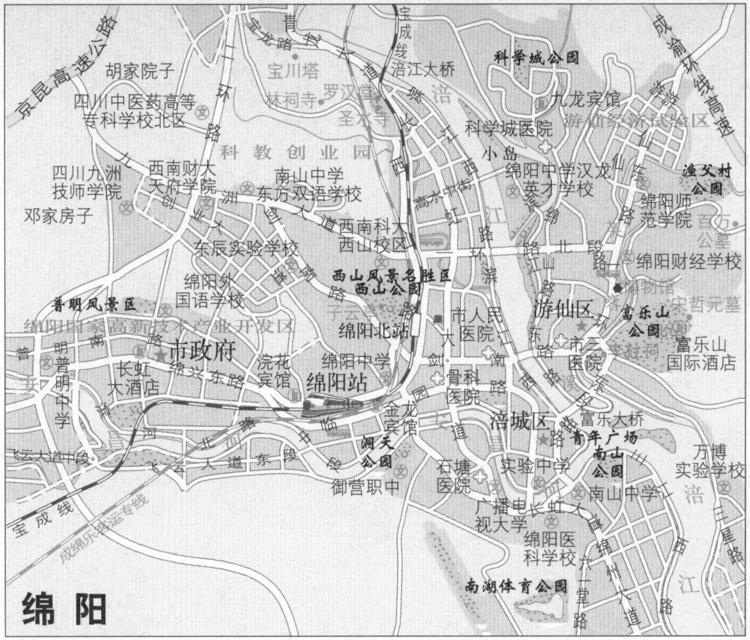

绵阳 是四川省第二大城市，素有“富乐之乡”、“蜀道明珠”的美誉。自公元前201年汉高祖设置涪县以来，已有2200多年的历史，因占据蜀中屏障，为历代州、郡治所和兵家必争之地，1976年设市。绵阳是四川省新兴的电子工业城市，我国重要的国防科研和电子工业生产基地，是国务院唯一批准建设的科技城，素有“西部硅谷”的美誉。工业以电子为先导，现已形成以电子、冶金、机械、建材、化工、纺织、食品等为支柱产业的工业体系，家用电器、通讯设备、电子元件、特种钢材在国内居重要地位。绵阳也是川北重要的交通枢纽。这里不仅诞生了中国历史上最伟大的诗人李白，同时，还是中华民族建立第一个国家夏王朝的缔造者、治水英雄大禹诞生之地。

[电话区号] 0816　　[邮政编码] 621000
[市　　花] 月季　　[市　　树] 香樟
[风景名胜] 平阳府君阙、蒋琬墓、子云亭、李杜祠、富乐山、翠云廊古蜀道、李白故里等。
[特产美食] 梓潼酥饼、菜豆花、罐罐汤、冷粘粘、菜豆花、余妈妈锅盔、肥肠米粉、木雕漆器、扎染等。

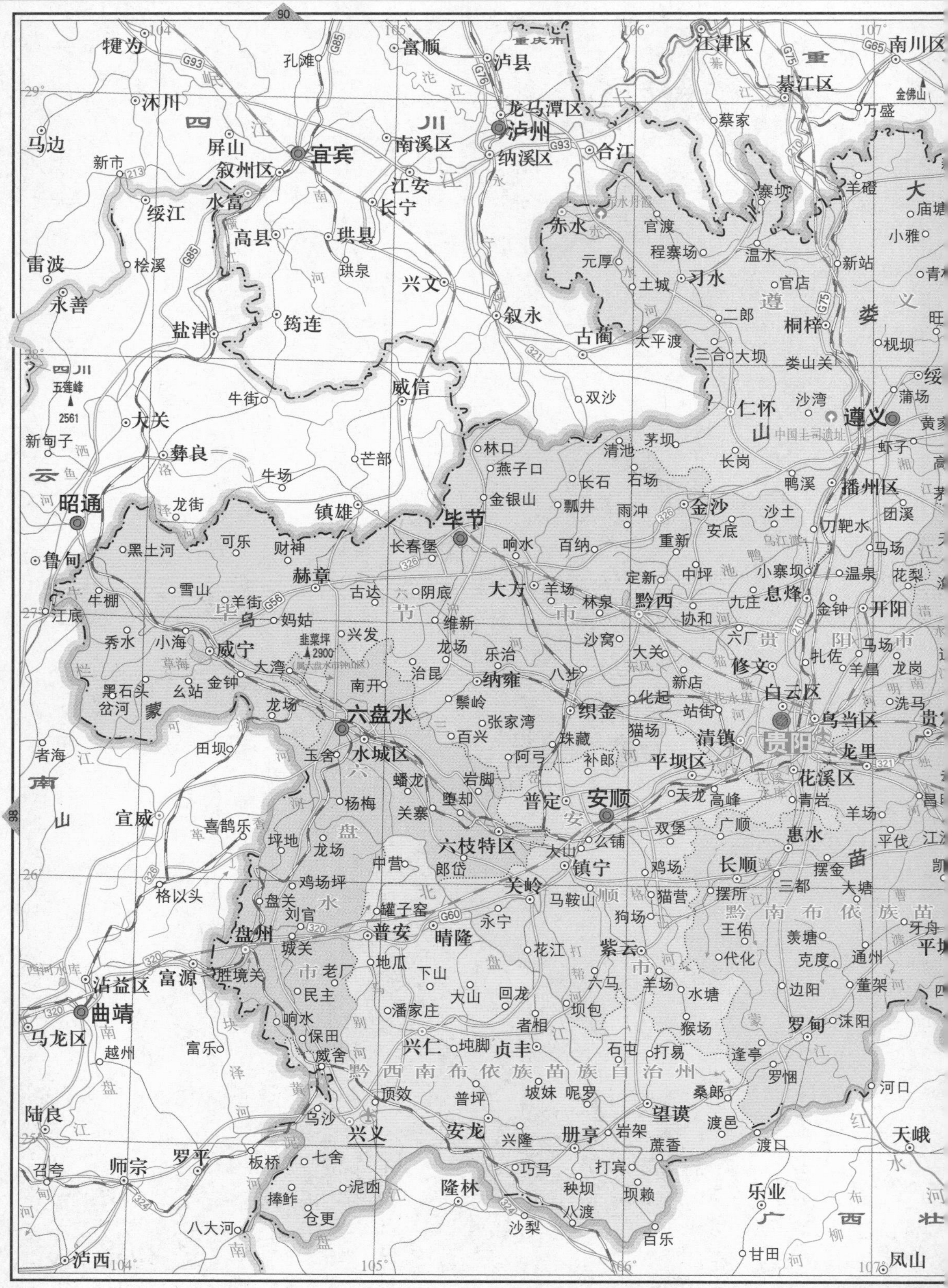

90
104°
105°
106°
107°
29°
28°
27°
26°
25°
98
犍为
孔滩
富顺
重庆市
泸县
江津区
重
南川区
綦江区
金佛山
万盛
沐川
四
川
龙马潭区
泸州
蔡家
马边
屏山
宜宾
南溪区
合江
新市
叙州区
纳溪区
江安
水富
长宁
羊磴
大
庙塘
绥江
赤水
官渡
赤水丹霞
寨坝
小雅
高县
珙县
程寨场
温水
雷波
桧溪
珙泉
元厚
新站
兴文
土城
习水
官店
青杠
永善
遵
义
筠连
叙永
二郎
桐梓
娄
旺
盐津
古蔺
太平渡
三合
大坝
枧坝
四川
五莲峰
2561
娄山关
绥
牛街
威信
双沙
仁怀
沙湾
蒲场
大关
遵义
黄家
新甸子
林口
茅坝
中国土司遗址
彝良
芒部
清池
长岗
虾子
燕子口
牛场
长石
石场
鸭溪
播州区
昭通
龙街
镇雄
金银山
瓢井
雨冲
金沙
沙土
团溪
毕节
安底
刀靶水
鲁甸
黑土河
可乐
财神
长春堡
响水
百纳
重新
马场
赫章
定新
中坪
小寨坝
温泉
花梨
雪山
古达
阴底
大方
羊场
黔西
息烽
牛棚
羊街
林泉
九庄
金钟
开阳
江底
妈姑
维新
协和
秀水
小海
韭菜坪
2900
兴发
沙窝
六广
马场
威宁
龙场
乐治
大关
修文
扎佐
羊昌
龙岗
黑石头
大湾
治昆
纳雍
八步
新店
岔河
幺站
金钟
南开
化起
白云区
洗马
龙场
鬃岭
织金
站街
六盘水
张家湾
猫场
清镇
乌当区
者海
田坝
百兴
珠藏
贵阳
龙里
玉舍
水城区
阿弓
补郎
平坝区
蟠龙
岩脚
花溪区
南
天龙
高峰
杨梅
普定
安顺
青岩
山
宣威
喜鹊乐
关寨
陇脚
羊场
坪地
双堡
广顺
惠水
平伐
龙场
六枝特区
大山
幺铺
中营
郎岱
镇宁
鸡场
长顺
摆金
鸡场坪
三都
关岭
马鞍山
猫营
摆所
大塘
格以头
盘关
罐子窑
刘官
狗场
黔南布依族苗族自治州
永宁
盘州
普安
晴隆
王佑
羡塘
牙舟
城关
紫云
花江
克度
通州
平塘
西河水库
地瓜
代化
富源
老厂
六马
胜境关
下山
羊场
水塘
边阳
董架
沾益区
民主
大山
回龙
坝包
罗甸
曲靖
潘家庄
猴场
沫阳
响水
者相
马龙区
保田
兴仁
屯脚
贞丰
石屯
打易
逢亭
越州
富乐
威舍
黔西南布依族苗族自治州
罗悃
河口
顶效
普坪
坡妹
呢罗
桑郎
陆良
乌沙
望谟
渡邑
兴义
安龙
兴隆
册亨
岩架
天峨
渡口
七舍
蔗香
召夸
师宗
罗平
板桥
巧马
打宾
泥凼
隆林
秧坝
坝赖
乐业
捧鲊
广
西
壮
仓更
八渡
八大河
沙梨
百乐
泸西
甘田
凤山

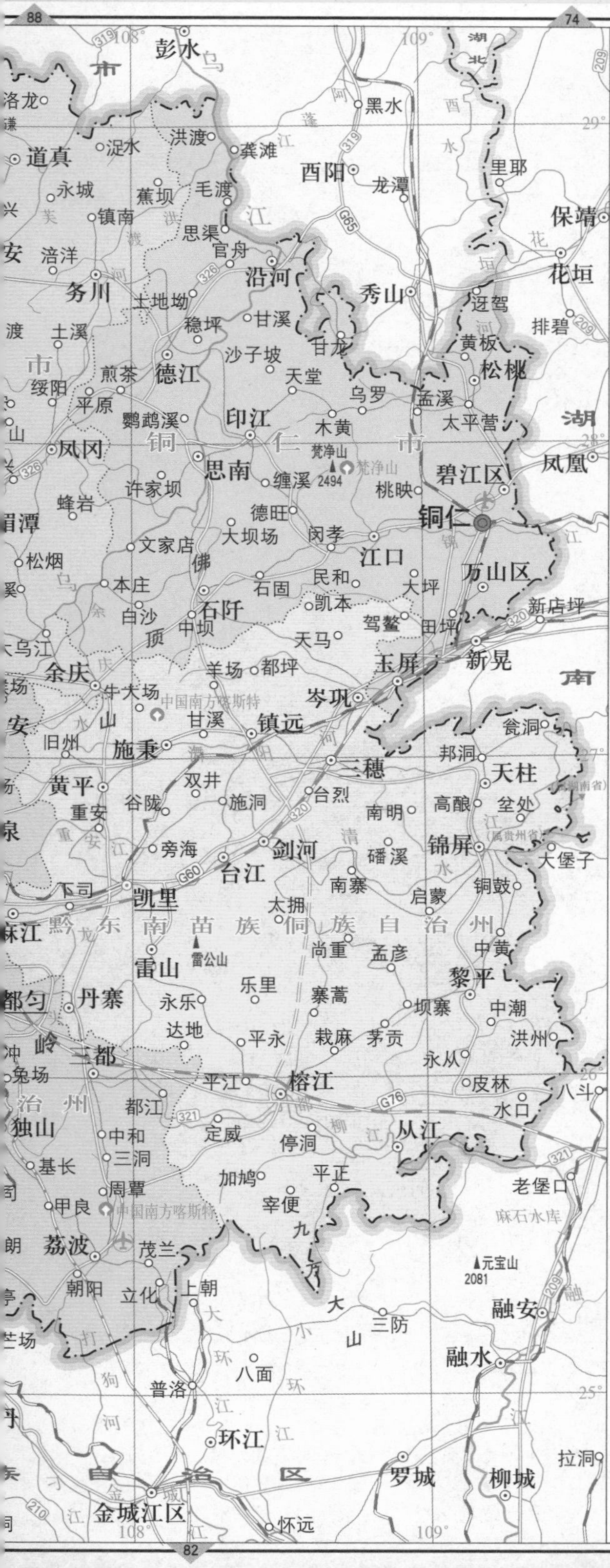

[概　　况] 贵州省简称“黔”或“贵”，省会贵阳。地处我国西南地区，云贵高原东部。战国时为楚国黔中及且兰、夜郎地，唐置黔中道，宋属夔州路，明置贵州布政使司，清为贵州省。现辖6地级市、3自治州、10县级市、50县、11自治县、1特区及16市辖区。全省面积约18万平方千米，人口3856万。

[地理特征] 地势由西向东渐低，南北两边急剧降入广西和四川盆地。地形切割破碎，有“地无三尺平”之说。贵州地面崎岖，绝大部分为山地和丘陵，是世界喀斯特地貌发育最典型的地区之一。西北部大娄山、乌蒙山高峻，中部苗岭秀丽，山间有贵阳、安顺、凯里、都匀等盆地。韭菜坪海拔2900米，是本省最高峰。主要河流有乌江、赤水河、清水江、南盘江、都柳江等，其中乌江为省内最大河流。湖泊不多，西部草海面积最大。

[特色经济] 贵州是西南地区能源、机械、原材料生产和国防工业（航空航天和电子）基地。能源工业是本省支柱产业之一，六盘水煤矿和乌江渡水电站很有名。轻工业以酿酒、卷烟工业为两大优势产业。该省还是我国重要烤烟和柞蚕产区，贵州烤烟与云烟齐名。

[名胜古迹] 贵州山川秀丽，赤水丹霞和中国南方喀斯特(荔波、施秉喀斯特)、中国土司遗址(海龙屯遗址)及梵净山被列入《世界遗产名录》。黄果树、龙宫、织金洞、红枫湖、马岭河峡谷、赤水、斗篷山-剑江、九洞天、九龙洞、黎平侗乡等为国家级风景名胜区。梵净山为国家级自然保护区，已被联合国列入国际生物圈保护区。此外还有雷公山、赤水桫椤、草海内陆湿地、习水中亚热带森林等国家级自然保护区。

[名优特产] 贵州茅台，酒味香醇独特，是我国“国酒”，其他名酒还有董酒、杜仲酒、习水大曲等。都匀毛尖、贵定云雾茶、遵义毛峰、安顺竹叶青等茶叶驰名中外。风味名食有威宁火腿、绥阳空心面、独山泡菜、铜仁绿豆粉等。传统手工艺品还有玉屏箫笛、毕节大方漆器、黔西南苗绣、织金砚等。

侗族大歌　侗族大歌被誉为“清泉般闪光的音乐，掠过古梦边缘的旋律”，起源于春秋战国时期，至今已有2500多年的历史，是在中国侗族地区一种多声部、无指挥、无伴奏、自然和声的民间合唱形式。2009年，贵州侗族大歌被列入联合国《人类非物质文化遗产代表作名录》。

贵阳 贵州省省会，全省政治、经济、文教中心，综合性工业城市和西南地区的交通枢纽，素有“森林之城，避暑之都”的美称。因位于贵山之南而得名，又因古代贵阳生产竹子，“竹”与“筑”谐音，故简称“筑”，1930年设市。贵阳是全国最大的铝业生产基地。贵阳龙洞堡机场是西南地区重要的航空枢纽。

［电话区号］0851 ［邮政编码］550001

［市　　花］兰花、紫薇 ［市　　树］竹、樟树

［风景名胜］黔灵山、花溪、红枫湖、地下溶洞天河潭、弘福寺、文昌阁、甲秀楼、青岩古城、观山湖公园等。

［特产美食］黄杨木雕、乌当草席、贵阳大曲、丝娃娃、酸汤鱼、肠旺面、恋爱豆腐果、糕粑稀饭等。

遵义 是黔北政治、经济、文化中心和交通枢纽。遵义是国务院首批公布的国家历史文化名城。古称播州，明置遵义军民府，清置遵义府。1935年1月遵义会议的召开，挽救了中国革命，遵义因此成为闻名中外的历史名城。1950年设市。因其历史和地域的原因，形成了以长征文化和酒文化为主线的独特地方文化，遵义是中国著名的酒乡，特产茅台、董酒，被誉为“中国酒文化名城”。遵义市的粮、油、烟、畜、茶、竹、中药材，均为重要和特色资源。素有“黔北粮仓”之称的遵义市，粮食产量大致占全省总量的四分之一。茶叶产量约占全省的40%，蚕桑和肉类分别占30%。烟叶质量优良，是全国四大优质烟区之一。楠竹为全国七大主产区之一。名贵中药材天麻、杜仲、厚朴、五倍子等驰名全国。

[电话区号] 0851

[邮政编码] 563000

[市　　花] 映山红

[市　　树] 桂花

[风景名胜] 遵义会议会址、娄山关、四渡赤水渡口、凤凰山烈士陵园、赤水桫椤国家级自然保护区、赤水十丈洞瀑布、茅台国家文化城等。

[特产美食] 茅台、折耳根、朝天椒、方竹笋、洋芋粑粑等。

安顺 为黔滇交通要道和物资集散地，素有“中国瀑乡”、“屯堡文化之乡”、“蜡染之乡”的美誉。古属夜郎国地，唐为普宁州通往中原驿站，元属习安州，明清时为安顺府，1958年设市。汽车、轴承、机械、酿酒、医药、食品等产业占重要地位。安顺是民用航空产业国家高新技术产业基地。

[电话区号] 0851

[邮政编码] 561000

[市　　花] 香樟

[市　　树] 桂花

[风景名胜] 黄果树、龙宫、格凸河、安顺文庙、天台山伍龙寺、六朝星象壁画墓等。

[特产美食] 布依地毯、安顺“三刀”、蜡染艺术品、丝娃娃等。

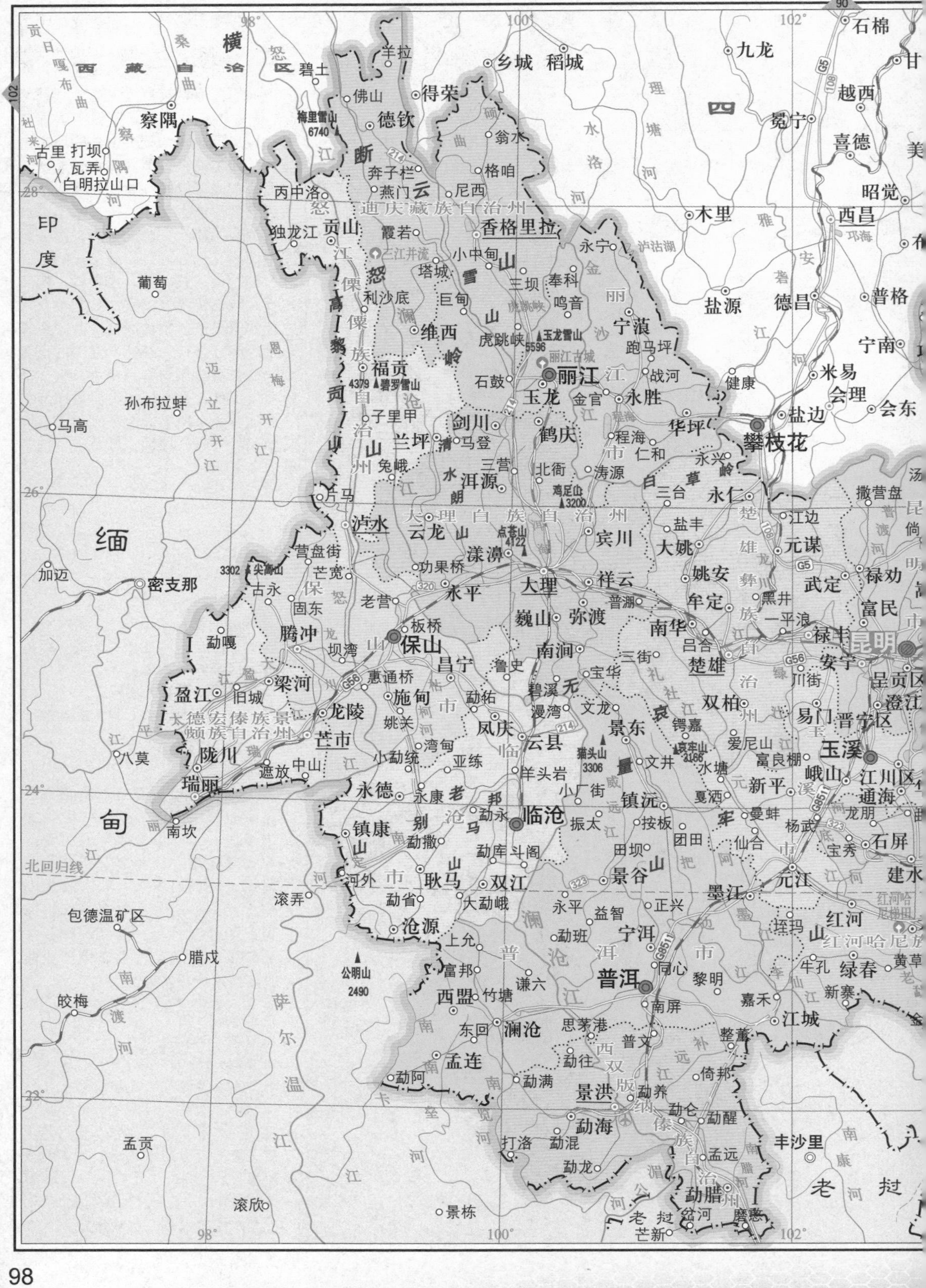
西藏自治区
横断山
察隅
印度
缅甸
迪庆藏族自治州
香格里拉
丽江
攀枝花
大理白族自治州
大理
保山
德宏傣族景颇族自治州
芒市
临沧
普洱
西双版纳傣族自治州
景洪
楚雄彝族自治州
楚雄
昆明
玉溪
老挝
怒江傈僳族自治州
泸水
西昌
北回归线

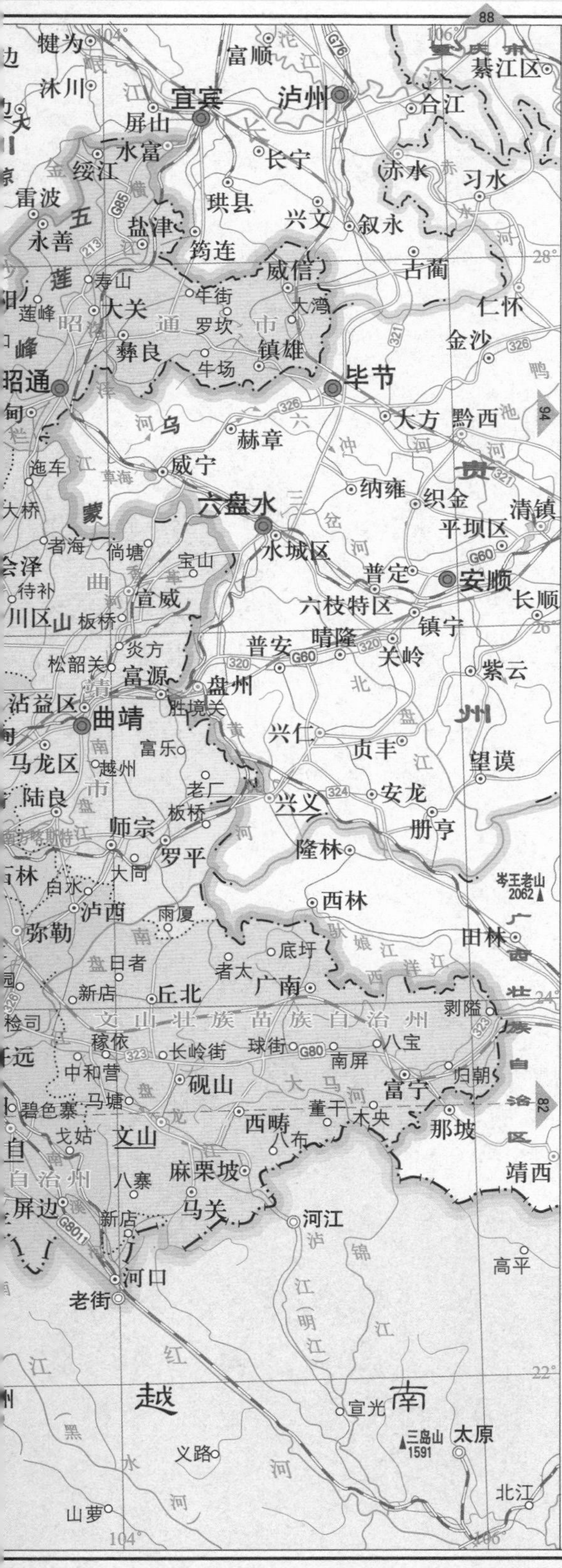

[概　　况] 云南省简称"滇"或"云"，省会昆明。地处我国西南边疆、云贵高原西南部。战国楚时为滇国地，元置云南行中书省，明设云南布政使司，清为云南省。现辖8地级市、8自治州、17县级市、65县、29自治县及17市辖区。全省面积约39万多平方千米，人口4721万。

[地理特征] 本省绝大部分为山地高原，地势西北高，东南低。滇西有高黎贡山、怒山、云岭等南北纵列，还有雪山、邦马山、老别山等，滇东北有五莲峰、乌蒙山等，其间有金沙江、澜沧江、元江和怒江等呈扫帚状排列，最后分别注入太平洋和印度洋。梅里雪山海拔6740米，是本省最高峰。湖泊众多，主要有滇池、抚仙湖、洱海、程海等，其中滇池是全省最大湖泊。

[特色经济] 云南有"有色金属之乡"之称，东川铜、个旧锡、兰坪铅闻名全国。轻工业以卷烟、制茶、制糖最著名。烟草业为云南经济社会的第一支柱产业，云南烤烟产量全国第一。滇南是我国橡胶、咖啡等热带作物重要基地之一；樟脑、紫胶产量均居全国前列。有"药物宝库"的美称，盛产三七、天麻、当归、虫草、云茯苓等名贵中药材。花卉种植业发展迅速，茶花、杜鹃、报春、百合、玉兰、兰花、龙胆、绿绒蒿是云南八大名花。

[名胜古迹] 云南是我国少数民族最多的省份，名山胜水众多，民族风情多样。其中丽江古城、三江并流保护区、红河哈尼梯田、中国南方喀斯特以及澄江化石地已被列入《世界遗产名录》。昆明滇池、石林、大理、瑞丽江—大盈江、九乡、腾冲地热火山、玉龙雪山、九乡、普者黑、西双版纳等为国家级风景名胜区。昆明、大理、丽水、建水、巍山、会泽等为国家历史文化名城。

[名优特产] 云南烤烟质地优良，称为"云烟"，著名的有红塔山、阿诗玛、石林、红山茶等。普洱茶、滇红茶以其清香味浓驰名中外。云南有山茶、杜鹃、报春三大名花，还盛产三七、云归、白药、天麻、虫草等名贵药材。风味名食有宣威火腿、路南腐乳、过桥米线、澄江藕粉等。传统手工艺品主要有大理石雕、斑铜制品、版纳地毯和傣锦等。

香格里拉　藏语意为"心中的日月"，位于迪庆藏族自治州香格里拉县青藏高原南缘，横断山脉腹地，处于滇、川、藏三省区交汇处，"三江并流"之腹地。这里的独特景观汇集了雪山、峡谷、草原、高山湖泊、原始森林和民族风情，成为多功能的旅游风景名胜区，有"高山花园"、"动植物王国"的美称。云南香格里拉是一片人间少有的完美保留自然生态和民族传统文化的净土，是世人寻觅已久的世外桃源。

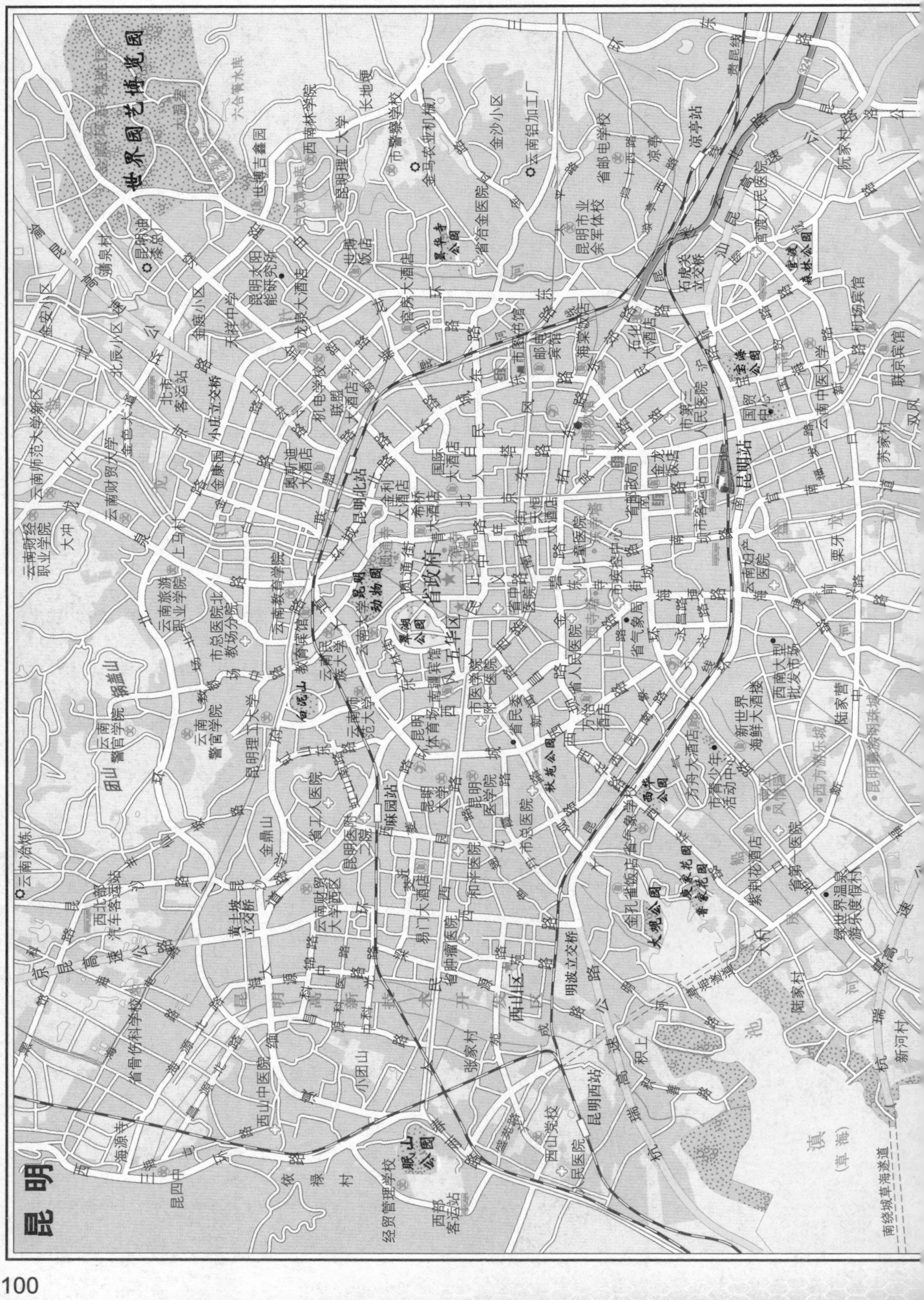
昆明
世界园艺博览园
六合箐水库
世博吉鑫园
西南林学院
昆明理工大学
市警察学校
金马农业机械
金沙小区
云南铝加工厂
省邮电学校
凉亭站
凉亭
昆明市业余军体校
省冶金医院
昙华寺公园
昆明太阳能研究所
北京饭店
龙泉大酒店
官房大酒店
昆明油漆总厂
金安小区
北辰小区
金江小区
天祥中学
北市客运站
小屯立交桥
云南师范大学新区
云南财贸大学
金色大道
金康园
奥斯迪大酒店
机电学校
联盟大酒店
昆明北站
金利大酒店
国际大酒店
邮电宾馆
市图书馆
石化大酒店
市第二人民医院
金龙饭店
昆明站
国贸中心
云南中医学院
市博物馆
省邮政局
市汽车客运站
云南妇产医院
云南财经职业学院
大冲
上马村
云南旅游职业学院
市总医院北教场分院
云南教育学院
省政府
昆明动物园
圆通寺
翠湖公园
五华区
云南大学
云南民族大学
云南师范大学
省中医医院
省气象局
市第一人民医院
云南警官学院
团山
昆明体育场
省民委
西南大型批发市场
新世界海鲜大酒店
市青少年活动中心
方舟大酒店
昆明医学院
昆明大学
市总医院
省工人医院
金鼎山
黄土坡立交桥
西北部汽车客运站
云南冶炼厂
和平医院
金孔雀饭店
大观公园
昆明西站
西山区
明波立交桥
张家村
小团山
西山中医院
海源寺
昆四中
经贸管理学校
西部客运站
西山党校
滇池
(草海)
南绕城草海隧道
新河村
陆家村
绿世界温泉度假村
大村
西方游乐城
陆家营

昆明 是云南省省会，全省政治、经济、文化中心和交通枢纽，我国面向东南亚的重要口岸，国家历史文化名城。战国时为滇王国都，唐为昆州治所，元置昆明县，1954年设市。昆明是新兴工业城市，工业门类齐全，是全国精密机床、光学仪器、磷化工、天然香料加工、卷烟、有色金属冶炼工业基地之一。昆明四季如春，花开不断，故有“春城”、“花城”之称，是中外闻名的旅游城市，也是东南亚地区重要的花卉出口生产基地之一。长水机场是我国大型国际航空港之一。尚义街花市是昆明最大的花卉市场，金马碧鸡坊是主要的酒吧、娱乐、文化街。昆明是一个多民族汇集的城市，世居26个民族，礼仪、饮食、服饰、建筑、婚嫁等具有鲜明的民族特色。彝族的“火把节”、白族的“三月街”，傣族的“泼水节”等民族节日久负盛名。

[邮政编码] 650500

[市　　花] 云南山茶　　[市　　树] 玉兰树

[风景名胜] 滇池、西山龙门三清阁、翠湖、筇竹寺、大叠水瀑布、云南民族村、九乡、大观楼、金马碧鸡坊、黑龙潭、金刚塔金殿、石林、世界园艺博览园、东川红土地等。

[特产美食] 斑铜工艺品、牙雕、蜡染、云烟、云子、云腿、滇红茶、白药、过桥米线、云南臭豆腐、青头菌、牛肝菌、松茸、大救驾、菠萝饭、金条稀豆粉、米布、官渡粑粑等。

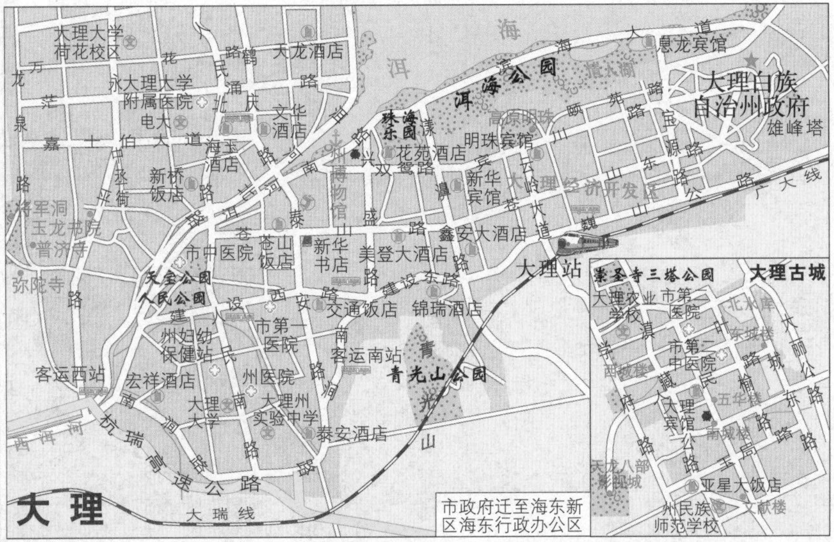

大理 是大理白族自治州首府，全州政治、经济、文化中心，我国通向南亚和西亚的重要驿站，国家历史文化名城。1960年设市。大理为云南滇西轻纺、食品工业名城，也是滇西各地州的陆路交通枢纽和重要物资集散地。

[电话区号] 0872　　[邮政编码] 671000

[市　　花] 杜鹃　　[市　　树] 大青树

[风景名胜] 洱海、崇圣寺三塔、南诏德化碑、太和城遗址、鸡足山、点苍山、蝴蝶泉等。

[特产美食] 大理石雕、木雕家具、沱茶、扎染、烤饵块、鸡丝凉米线等。

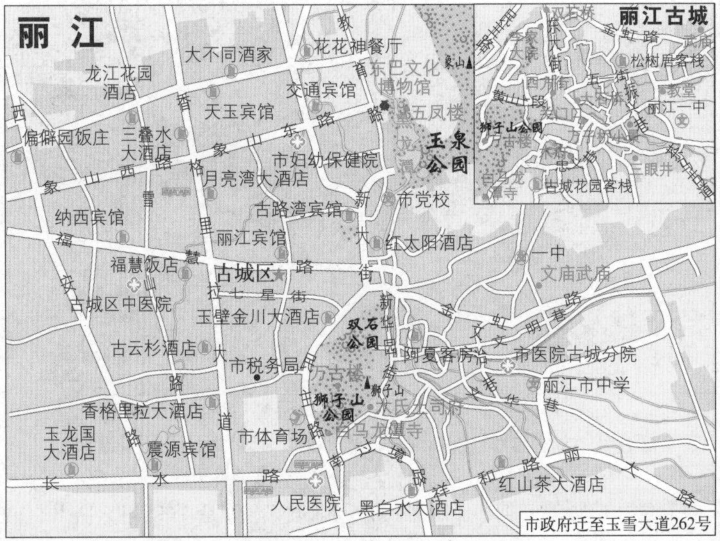

丽江 国家历史文化名城，是著名的旅游城市和多民族聚居地。2002年底设市。丽江古城始建于宋末元初，有800多年的历史，是中国历史文化名城中唯一没有城墙的古城，已被列入《世界遗产名录》。

[电话区号] 0888

[邮政编码] 674100

[风景名胜] 玉龙雪山、泸沽湖、金沙江、虎跳峡、永宁喇嘛寺等。

[特产美食] 火腿粑粑、纳西火锅、鸡豆凉粉、东巴烤鱼等。

[概　　况] 西藏自治区简称“藏”，首府拉萨。1951年西藏和平解放，1965年成立西藏自治区。现辖6地级市、1地区、66县及8市辖区。面积约123万平方千米，人口365万。

[地理特征] 藏南边缘为喜马拉雅山、冈底斯山，中尼边境的珠穆朗玛峰海拔8848.86米，为世界最高峰。藏北边缘是昆仑山、可可西里山、唐古拉山。主要河流有雅鲁藏布江、怒江、澜沧江和金沙江。

[特色经济] 经济以农牧业为主体。民族手工业是工业的重要组成部分。青藏铁路及墨脱公路的建成通车，对加快西藏的经济和社会发展具有重要的意义。

[名胜古迹] 布达拉宫为世界文化遗产。雅砻江、唐古拉山–怒江源等为国家级风景名胜区。

[名优特产] 风味名食有酥油茶、青稞糌粑、青稞酒等。传统手工艺品有藏毯、藏装、普兰木碗等。

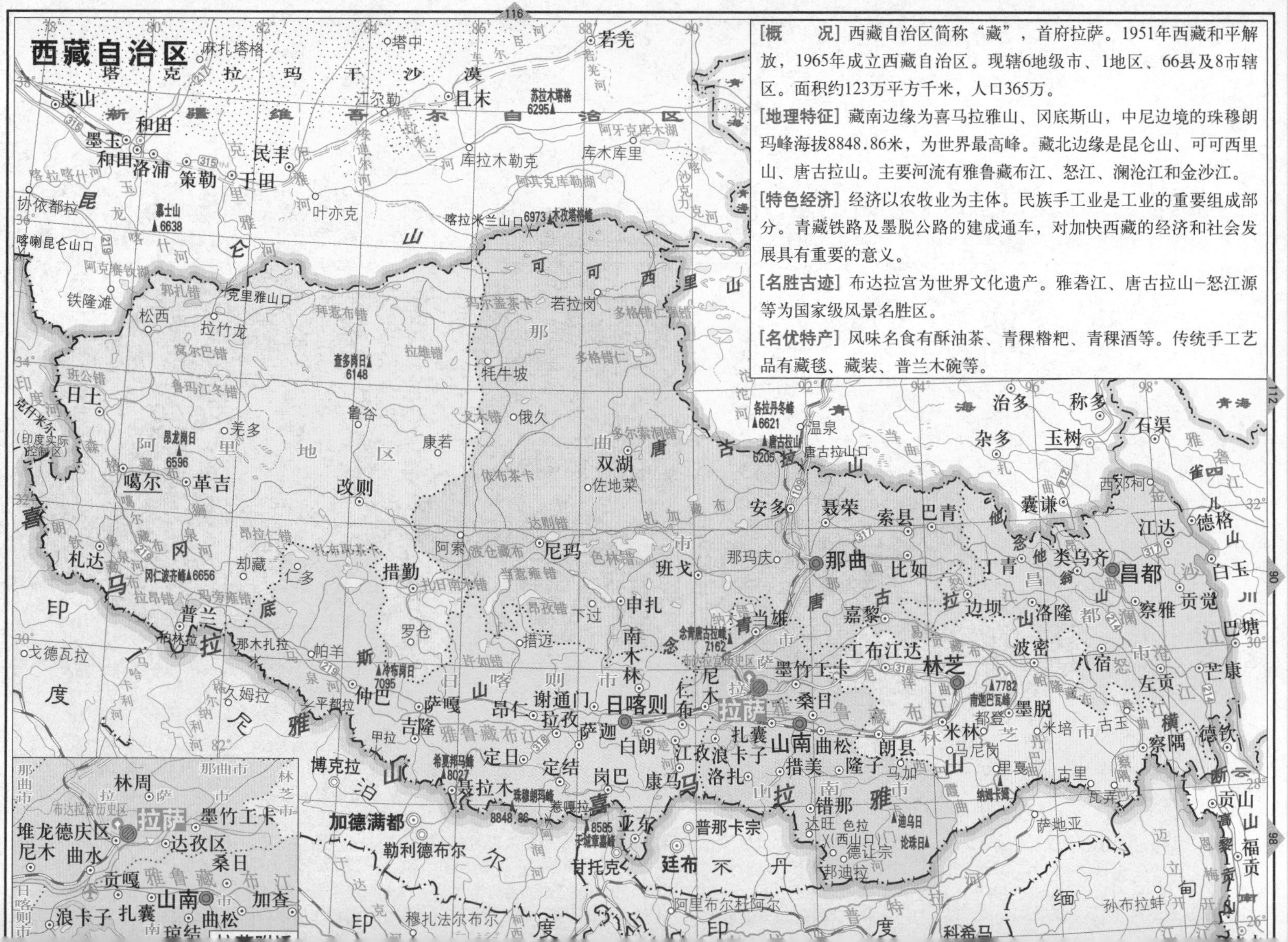

比例尺 1:9 650 000　0　96.5　193.0　289.5千米

拉萨　是西藏自治区首府，全区政治、经济、文化、宗教活动中心，国家历史文化名城。拉萨古称“惹萨”，藏语山羊称惹，土称萨，因公元7世纪文成公主进藏，用白山羊在此驮土填湖，建成“惹萨珠襄”（大昭寺）而得名，后“惹萨”演变成拉萨。拉萨在藏语中为“佛地”之意，因日照充足，素有“日光城”之称。唐代开始建城，迄今已有1300多年的历史，1960年设市。1959年西藏民主改革后，拉萨社会、经济快速发展，城市建设以老城区为中心，东西迅速延伸。在发展建材、能源、农畜产品加工、民族手工业的同时，重点加速旅游业的发展，成为一座发展中的旅游名城。拉萨是全区的交通枢纽，青藏铁路已经通车，拉萨贡嘎是世界上海拔最高的民用机场之一。

［电话区号］0891

［邮政编码］850000

［市　　花］格桑花

［风景名胜］布达拉宫、拉鲁湿地、大昭寺、小昭寺、哲蚌寺、色拉寺、甘丹寺、罗布林卡、龙王潭、藏王陵、楚布寺、曲贡遗址、直贡噶举派寺庙群等。

［特产美食］酥油茶、青稞糌粑、青稞酒、灵芝、雪莲、藏毯、藏刀等。

[概　　况] 陕西省简称“陕”或“秦”，省会西安。地处黄河中游。春秋战国时为秦国地，宋初置陕西路，元设陕西行省，清为陕西省。现辖10地级市、7县级市、69县及31市辖区。全省面积约21万平方千米，人口3953万。

[地理特征] 陕西从北到南分陕北黄土高原、关中平原和秦巴山地三大地貌区。陕北为黄土高原中心部分，关中是渭河冲积平原，号称“八百里秦川”。陕南秦岭、巴山间为汉水谷地，其间有汉中、安康等盆地。太白山海拔3767米，是全省最高峰。

[特色经济] 陕西是西部工矿业较为发达的省区，也是我国重要的机械电子工业基地之一。陕西农业历史悠久。关中平原为我国著名的麦、棉产区。

[名胜古迹] 秦始皇陵及兵马俑坑、丝绸之路：长安–天山廊道路网已被联合国列入《世界遗产名录》。华山、宝鸡天台山、黄帝陵、合阳洽川等为国家级风景名胜区。其他景点还有大明宫遗址、大雁塔、杨贵妃墓等。

[名优特产] 风味名食有西安酿皮、羊肉泡馍等。临潼石榴、商洛核桃、秦岭中华猕猴桃等是著名果品。传统手工艺品仿唐三彩、凤翔彩绘泥塑、扎染、青花瓷碗等。

秦始皇陵及兵马俑坑　秦始皇陵位于西安市临潼区骊山脚下，是中国历史上第一个皇帝秦始皇的陵墓，其巨大的规模、丰富的陪葬物居历代帝王陵之首。兵马俑坑是秦始皇陵的陪葬坑，位于陵园东侧1500米处，是世界上最大的地下军事博物馆，被誉为“世

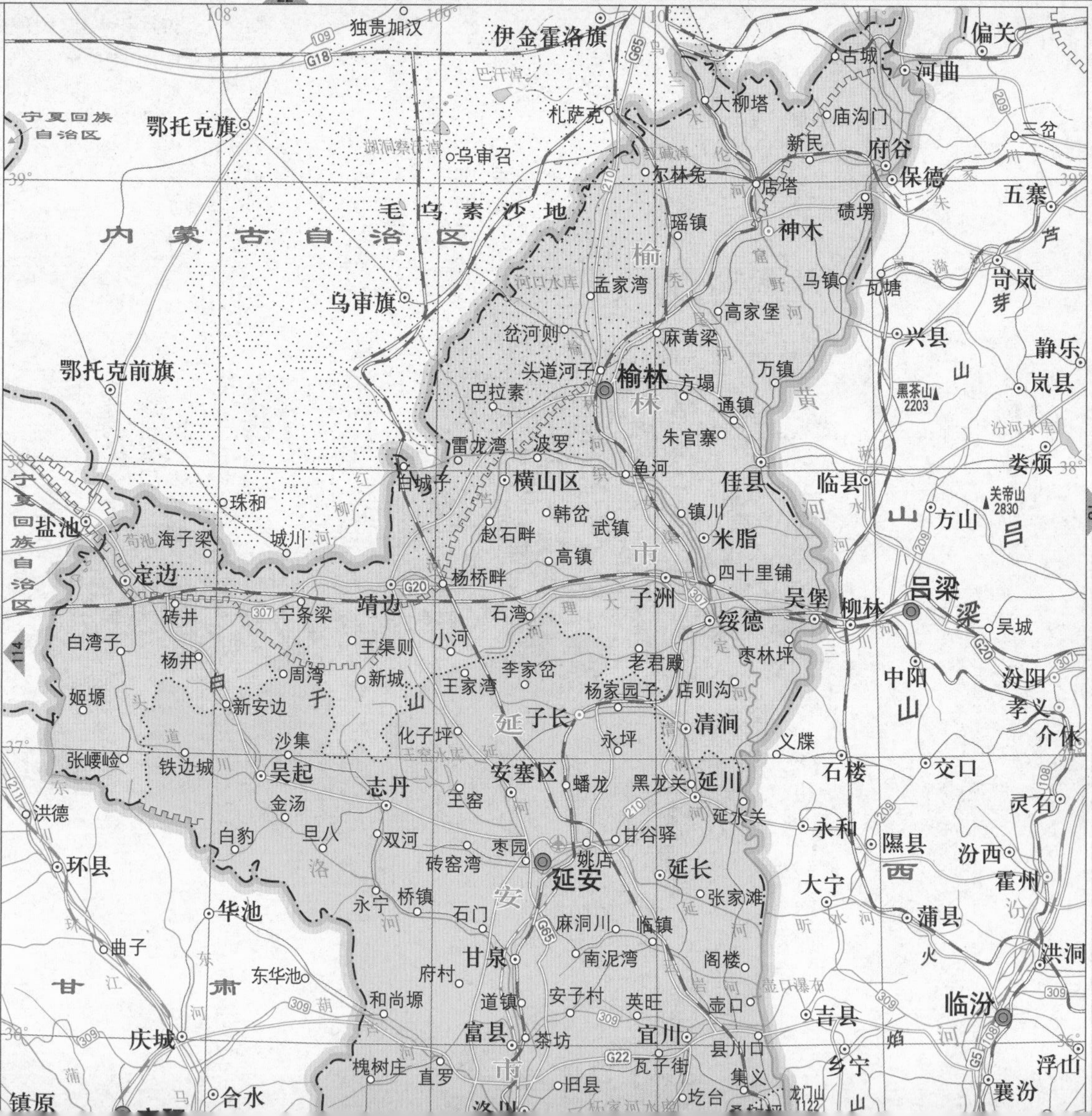

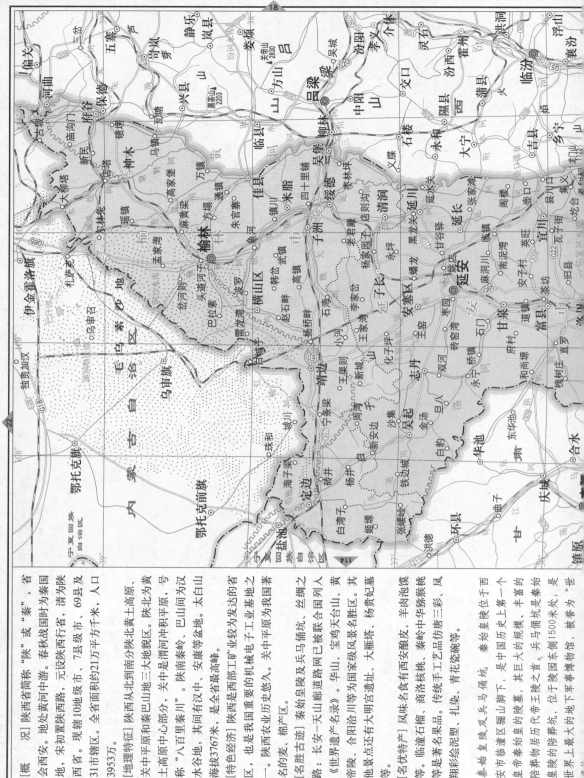

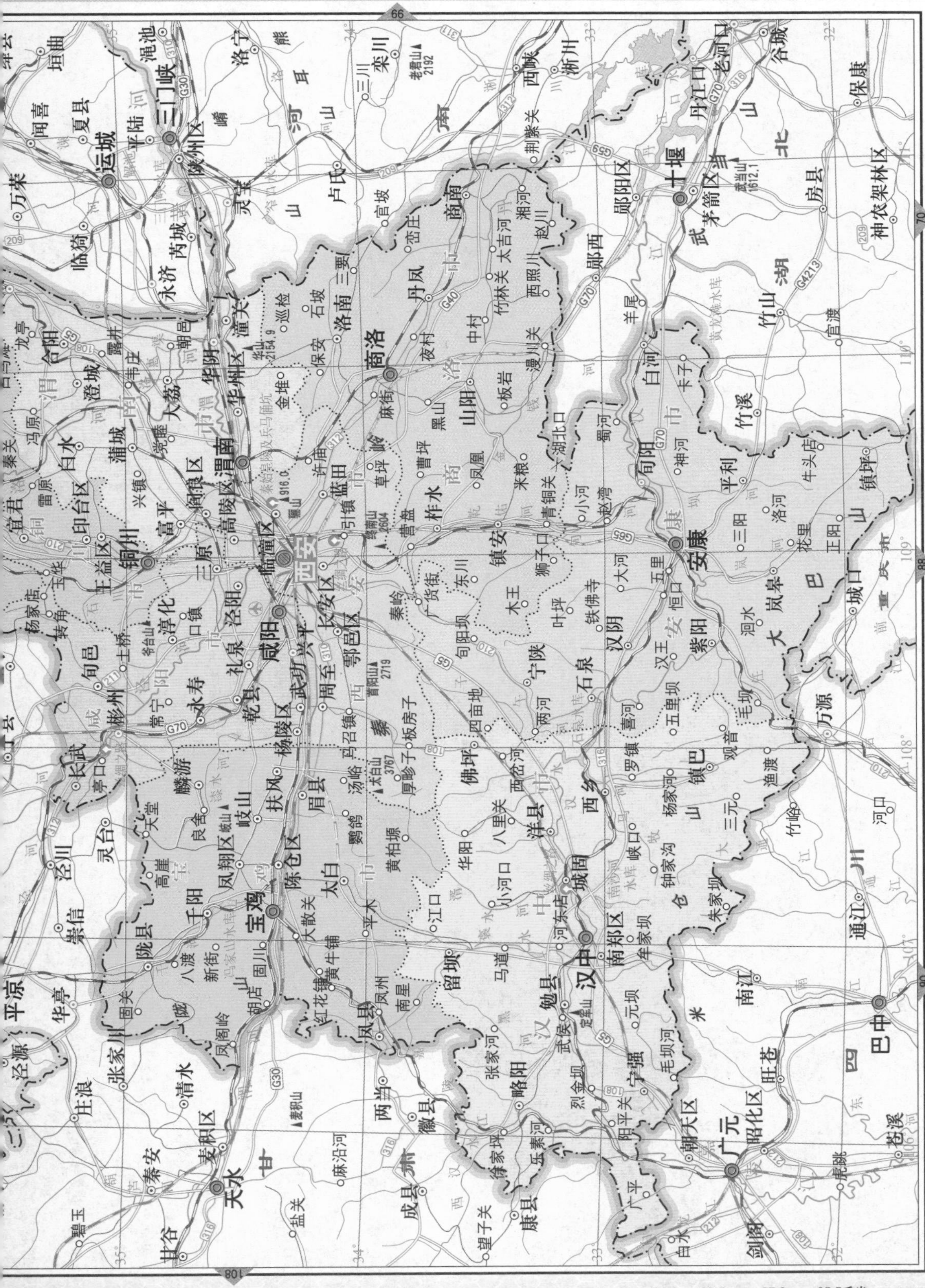

比例尺 1:2 850 000　0　28.5　57.0　85.5千米

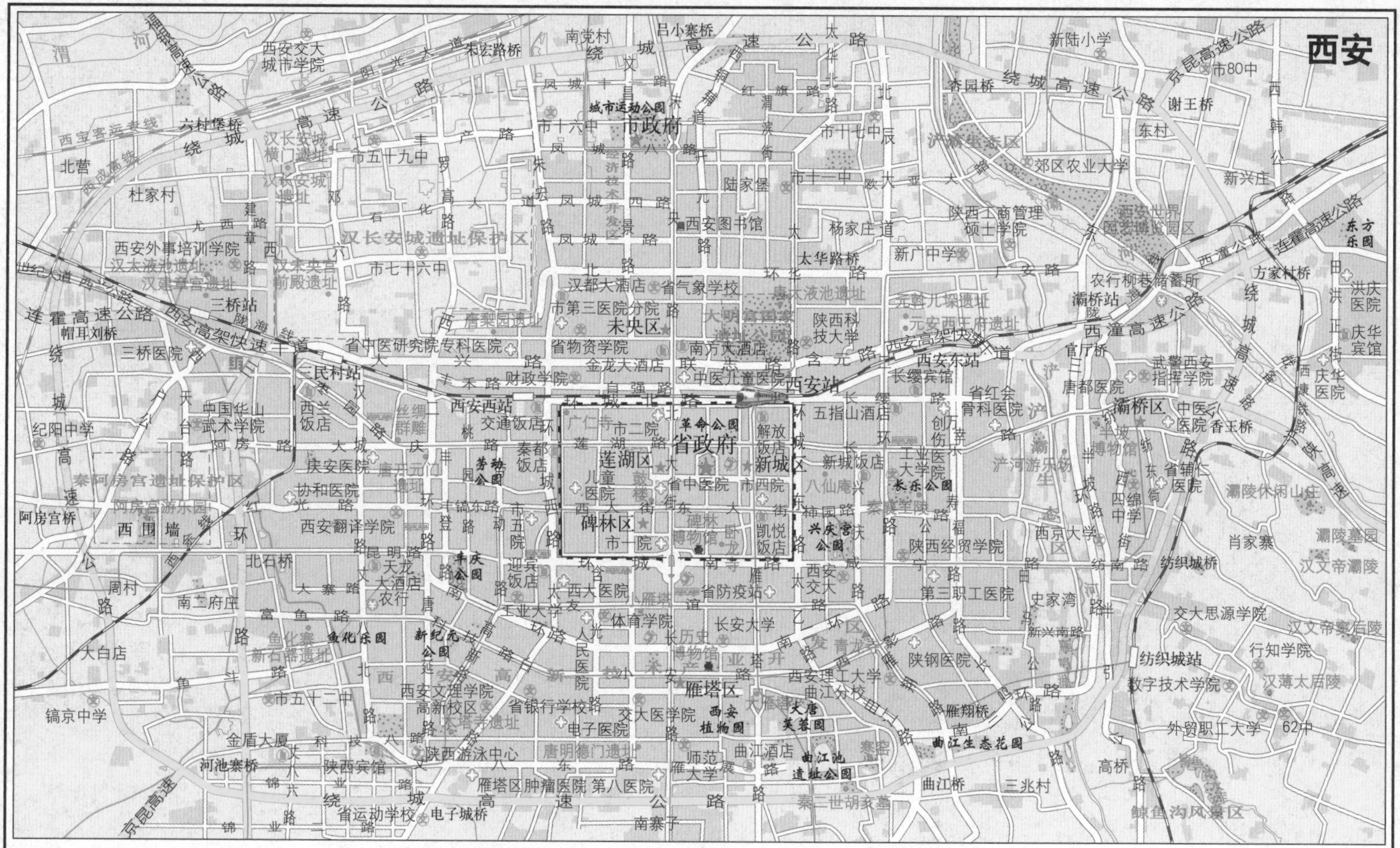

西安 是陕西省省会，全省政治、经济、文教中心，西北地区最大的工商业城市和重要的交通枢纽，国家历史文化名城和八大古都之一。古称长安，从公元前11世纪起，先后有13个朝代在此建都，历时千余年。汉唐时期长安城是世界著名的大都市，丝绸之路也以此为起点。1928年设市。深厚的历史文化积淀和浩瀚的文物古迹遗存使西安享有“天然历史博物馆”的美称。近代史上这里发生过著名的“西安事变”。秦始皇兵马俑坑被誉为“世界第八大奇迹”，西安古城墙是至今世界上保存最完整、规模最宏大的古城墙遗址。西安是新中国成立之后重点建设的城市，机械、电子、纺

［电话区号］029

［邮政编码］710003

［市　　花］石榴　　　　［市　　树］国槐

［风景名胜］半坡博物馆、大雁塔、小雁塔、碑林博物馆、鼓楼、骊山、秦始皇陵和秦俑博物馆、半坡遗址、华清池等。

［特产美食］仿古陶瓷秦俑、唐三彩、羊肉泡馍、凉皮、肉夹馍、

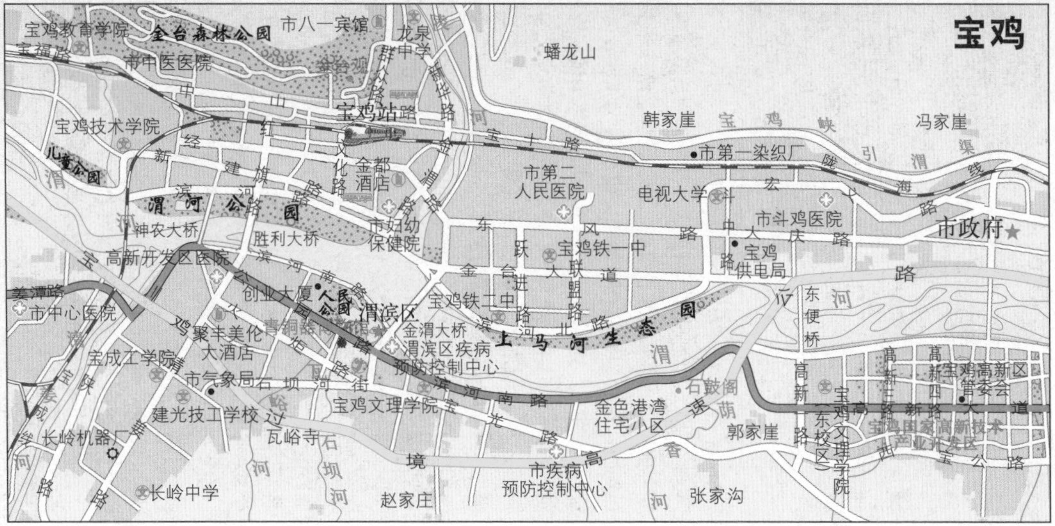

宝鸡　是西北地区重要的工业基地，也是连接中原、西南、西北的交通枢纽，是陕西第二大城市。古称陈仓，是华夏始祖炎帝故里，周秦王朝发祥地，唐以“鸡鸣之瑞”的传说改称“宝鸡”，1949年设市。

宝鸡是佛、儒、道三家文化的汇集地，以出土佛骨舍利而闻名于世的法门寺在盛唐时期已成为皇家寺院和世界佛教文化的中心。这里素有“炎帝故里、青铜器之乡、民间美术之乡”的美誉，以西周青铜器名扬海内外。

[电话区号] 0917　　**[邮政编码]** 721000

[市　　花] 西府海棠　　**[市　　树]** 白皮松

[风景名胜] 周原遗址、隋唐仁寿宫、法门寺、天台山、姜子牙钓鱼台、炎帝陵、望鲁台、太白山国家森林公园等。

[特产美食] 西凤酒、岐山臊子面、擀面皮、西府扯面、岐山醋、凤县花椒等。

咸阳　是西北最大的电子工业和重要的纺织工业基地，国家历史文化名城，是中国历史上第一个统一中国的封建王朝秦王朝建都之地，素有“中国第一帝都”之称。因地处宗山之南，渭水之北，山水巨阳，故名“咸阳”1952年设市。

咸阳是我国八大古都之一，历代帝王建造的陵寝和陪葬墓遍布周边地区，成为我国文物资源大市。西安咸阳机场是西北地区最大的航空港及出口产品内陆港。

[电话区号] 029　　**[邮政编码]** 712000

[市　　花] 紫薇、月季　　**[市　　树]** 国槐、垂柳

[风景名胜] 乾陵、茂陵、昭陵、汉阳陵、秦国都遗址、咸阳博物馆、千佛铁塔、兴平杨贵妃墓、郑国渠遗址、旬邑泰塔等。

[特产美食] 白吉饼、长武锅盔、蓼花糖、乾州广杏、咸阳民间草编等。

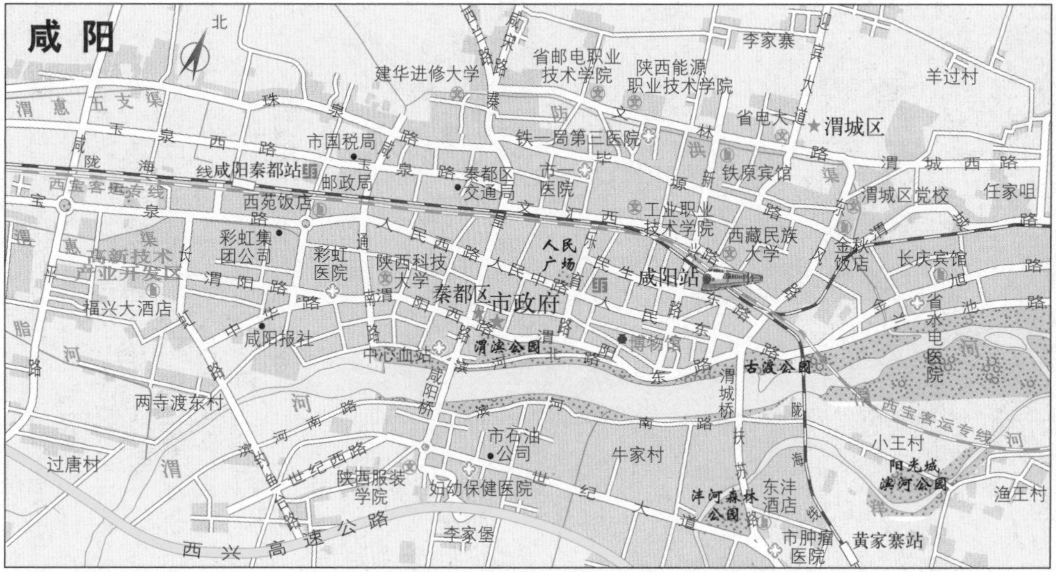

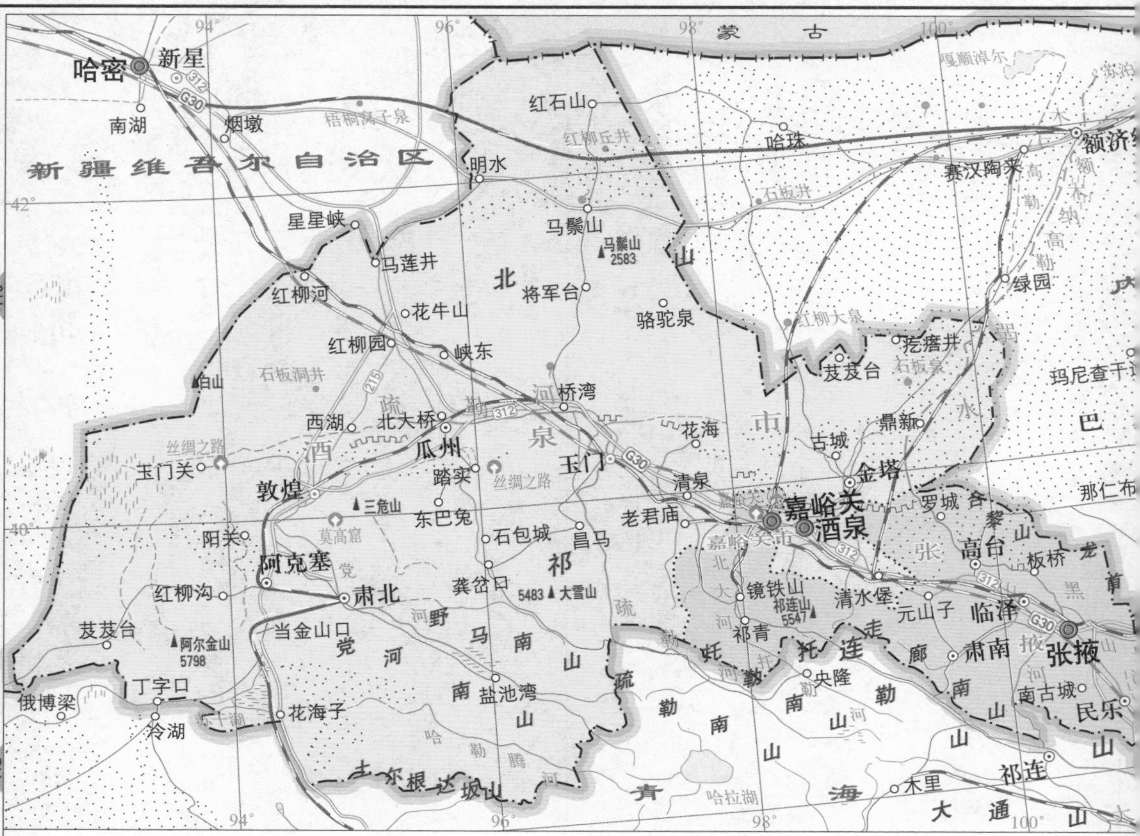

[概　　况] 甘肃省简称“甘”或“陇”，省会兰州。位于我国西北地区，黄河上游。春秋时为秦、西戎地，汉为凉州，唐置陇右道，明属陕西布政使司，清置甘肃省。现辖12地级市、2自治州、5县级市、57县、7自治县及17市辖区。全省面积约43万平方千米，人口2502万。

[地理特征] 本省地处内蒙古、青藏高原和黄土高原交会地带，多为高原与山地，大部分海拔在1000米以上。乌鞘岭以西，北山、祁连山间为长约1200千米的河西走廊。陇中、陇东为黄土高原的一部分。陇南山地为秦岭西延部分，西接青藏高原边缘。西部的阿尔金山海拔5798米，为本省最高峰。走廊东端的乌鞘岭是该省东、西自然地理分界线。黄河干流斜贯于陇中，有支流大夏河。陇东有渭、泾两河，属黄河水系。陇南白龙江属长江水系嘉陵江的支流。内流河有河西走廊的疏勒河、黑河、石羊河等，下游消失于戈壁沙漠中。

[特色经济] 河西走廊绿洲是我国重要的商品粮基地，甘南高原是重要的牧区。甘肃还是我国的石油采炼、石油化工及其设备制造基地。有色冶金、石油采炼、石油化工及其设备制造为该省的支柱产业。镍、铝、铜等有色金属的产量在我国国民经济中一直占有重要地位。玉门和长庆油田、皋兰铜矿、刘家峡和盐锅峡等大型水电站、酒泉卫星发射中心等较为有名。

[名胜古迹] 甘肃是驰名中外的古丝绸之路的重要通道，胜古迹众多。嘉峪关和敦煌莫高窟、丝绸之路：长安－山廊道路网共同被联合国教科文组织列入《世界遗产录》。麦积山、崆峒山、鸣沙山－月牙泉等为国家级风名胜区。此外还有拉卜楞寺、永靖炳灵寺、榆中兴隆山武山水帘洞、张掖大佛寺、武威海藏寺、伏羲庙、兰州塔寺、会宁城会师楼等著名景点。

[名优特产] 著名土特产主要有兰州白兰瓜、冬果梨、天花牛苹果、皋兰等地黑瓜子、康县黑木耳等。兰州牛肉面、高担酿皮、千层牛肉饼、陇西腊肉等是著名风味吃。传统手工艺品有酒泉夜光杯、洮砚、兰州水烟、天雕漆以及黄河卵石雕刻等。

丝绸之路　“丝绸之路”一词最早于1877年由德国地学家李希霍芬命名，是指西汉张骞出使西域开辟的以长（今西安）为起点，经甘肃、新疆，到中亚、西亚，并接地中海各国的陆上通道。它的最初作用是运输中国古出产的丝绸，故得此名。其基本走向定于两汉时期，包南道、中道、北道三条路线。丝绸之路是一条东方与西之间经济、政治、文化进行交流的主要道路，促进了欧非各国和中国的友好往来。

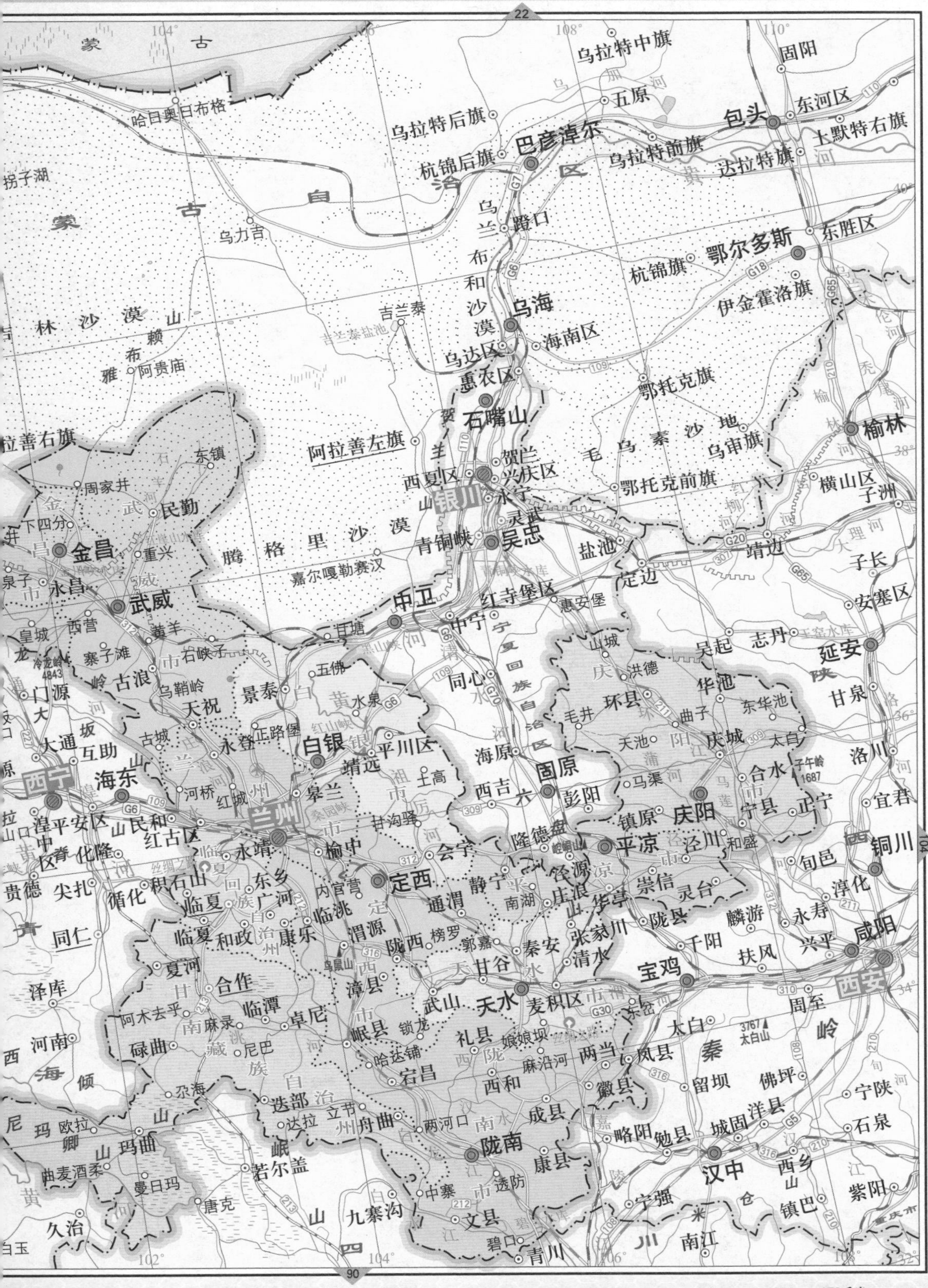

蒙 古
乌拉特中旗
固阳
五原
包头
东河区
土默特右旗
哈日奥日布格
乌拉特后旗
巴彦淖尔
乌拉特前旗
杭锦后旗
达拉特旗
拐子湖
蒙 古 自 治 区
乌兰布和沙漠
磴口
乌力吉
东胜区
鄂尔多斯
杭锦旗
伊金霍洛旗
吉兰泰
吉兰泰盐池
乌海
海南区
巴丹吉林沙漠
雅布赖山
阿贵庙
乌达区
惠农区
鄂托克旗
石嘴山
榆林
阿拉善右旗
阿拉善左旗
毛乌素沙地
乌审旗
贺兰山
东镇
贺兰
西夏区
兴庆区
鄂托克前旗
银川
永宁
横山区
子洲
周家井
民勤
灵武
下四分
腾格里沙漠
青铜峡
吴忠
盐池
靖边
金昌
重兴
嘉尔嘎勒赛汉
定边
子长
永昌
武威
中卫
红寺堡区
惠安堡
安塞区
皇城
西营
黄羊
甘塘
中宁
宁夏回族自治区
冷龙岭
4843
寨子滩
石峡子
山城
吴起
志丹
延安
古浪
五佛
同心
洪德
华池
门源
乌鞘岭
天祝
景泰
水泉
环县
甘泉
毛井
曲子
东华池
大通
互助
古城
永登
正路堡
白银
平川区
海原
天池
庆城
太白
洛川
西宁
海东
靖远
土高
固原
马渠
合水
子午岭
1687
河桥
红城
皋兰
西吉
彭阳
宜君
湟中
平安区
民和
兰州
甘沟驿
镇原
庆阳
宁县
正宁
红古区
永靖
榆中
会宁
隆德
盘
崆峒山
平凉
泾川
和盛
铜川
化隆
丝绸之路
临夏
东乡
泾源
旬邑
贵德
尖扎
循化
积石山
广河
内官营
定西
静宁
南湖
庄浪
崇信
灵台
淳化
临洮
通渭
华亭
陇县
麟游
永寿
同仁
临夏
和政
康乐
渭源
陇西
榜罗
郭嘉
张家川
千阳
兴平
咸阳
秦安
清水
扶风
夏河
鸟鼠山
漳县
甘谷
宝鸡
西安
泽库
合作
临潭
武山
天水
麦积区
周至
阿木去乎
卓尼
太白
3767
太白山
河南
碌曲
麻录
岷县
锁龙
礼县
娘娘坝
秦岭
尼巴
哈达铺
麻沿河
两当
凤县
宕昌
西和
留坝
佛坪
宁陕
尕海
迭部
成县
徽县
欧拉
立节
舟曲
两河口
达拉
略阳
勉县
城固
洋县
石泉
玛曲
陇南
康县
汉中
西乡
曲麦酒柔
若尔盖
曼日玛
中寨
透防
唐克
九寨沟
文县
宁强
镇巴
紫阳
久治
碧口
青川
南江
白玉
四 川
重庆市
G6
G7
G18
G20
G30
G65
G70
G5
109
110
210
211
212
213
309
312
316
307
108
22
90
104°
106°
108°
110°
102°
40°
38°
36°
34°
32°

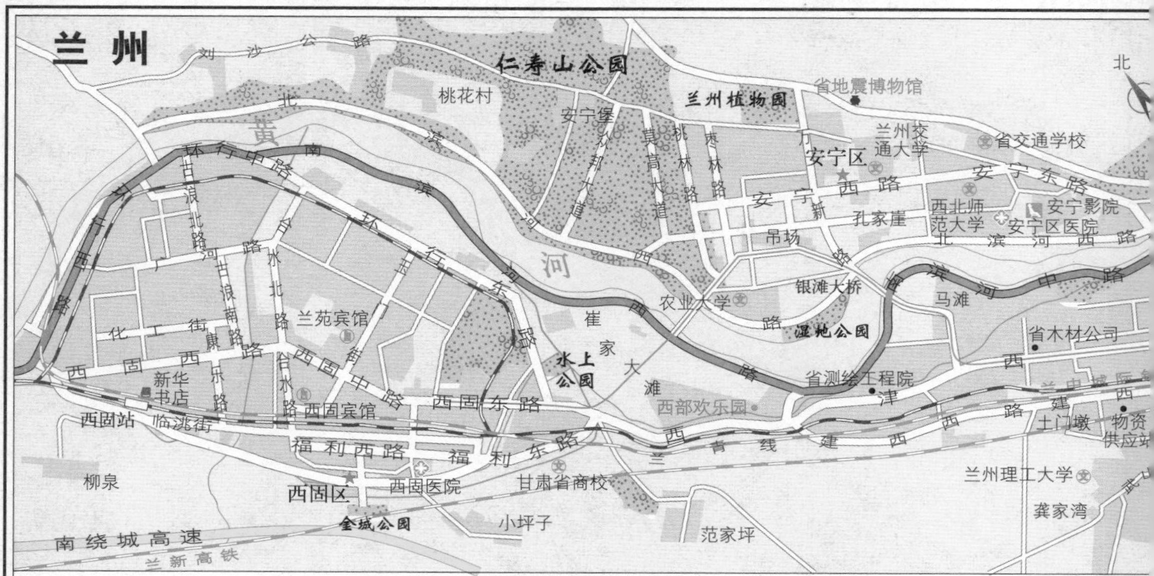
兰州
刘沙公路
仁寿山公园
省地震博物馆
北
桃花村
兰州植物园
安宁堡
北滨河路
兰州交通大学
省交通学校
安宁区
安宁东路
安宁西路
西北师范大学
安宁影院
安宁区医院
孔家崖
吊场
北滨河西路
黄河
环行中路
银滩大桥
马滩
农业大学
湿地公园
省木材公司
兰苑宾馆
化工街
水上公园
崔家大滩
省测绘工程院
新华书店
西固西路
西固中路
西固东路
西部欢乐园
西固站
临洮街
西固宾馆
福利西路
福利东路
土门墩
物资供应站
兰青线
建西路
柳泉
西固区
西固医院
甘肃省商校
兰州理工大学
龚家湾
全城公园
小坪子
范家坪
南绕城高速
兰新高铁

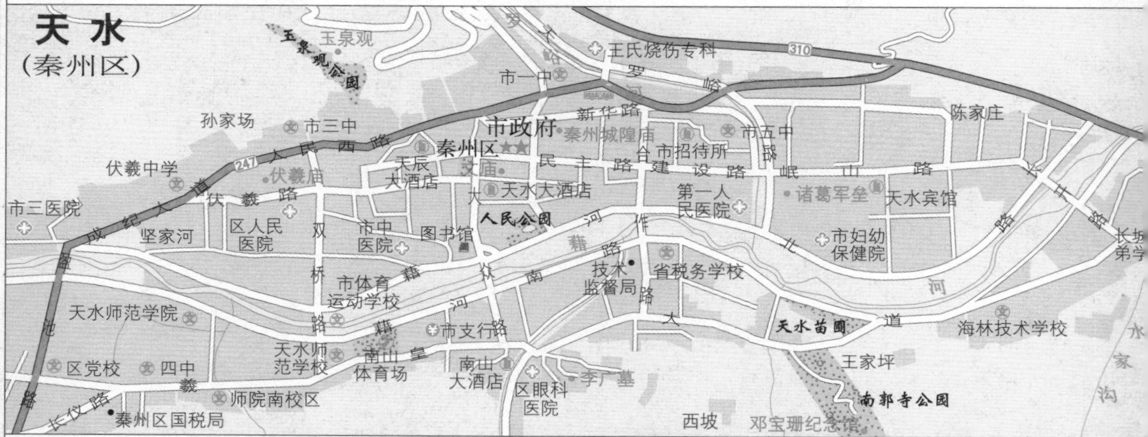
天水
(秦州区)
玉泉观
玉泉观公园
王氏烧伤专科
310
市一中
罗峪河
新华路
陈家庄
孙家场
市三中
市政府
秦州城隍庙
市五中
秦州区
市招待所
人民西路
247
天辰大酒店
文庙
民主路
建设路
岷山路
伏羲中学
伏羲庙
伏羲路
天水大酒店
第一人民医院
诸葛军垒
天水宾馆
市三医院
成纪大道
区人民医院
市中医院
人民公园
坚家河
双桥
图书馆
藉河
市妇幼保健院
技术监督局
省税务学校
市体育运动学校
天水师范学院
市支行
天水苗圃
海林技术学校
天水师范学校
南山皇
体育场
王家坪
区党校
四中
南山大酒店
区眼科医院
李广墓
南郭寺公园
长仪路
秦州区国税局
师院南校区
西坡
邓宝珊纪念馆

天水
(麦积区)
麦积区
天水第四人民医院
市七中
体育场
铁通天水分公司
市八中
羲皇宾馆
天水站
何家村
市第二人民医院
区政府招待所
麦积大酒店
东方红电影院
陇海线
社棠路
新华书店
秦北高速公路
渭河
汽车站
麦积公路段
渭河便桥
麦积妇幼保健所
渭河大桥
麦积中医院
麦积汽车站
滨河饭店
金融宾馆
市中医肿瘤医院
麦积邮政局
310
卫生院
工行麦积分理处
天水经济技术开发区
亚太大酒店
天水私立超颖学校
舟林大酒店
加油站
陇林饭店
马跑泉影剧院
花牛寨
医院
王家庄
马跑泉公园

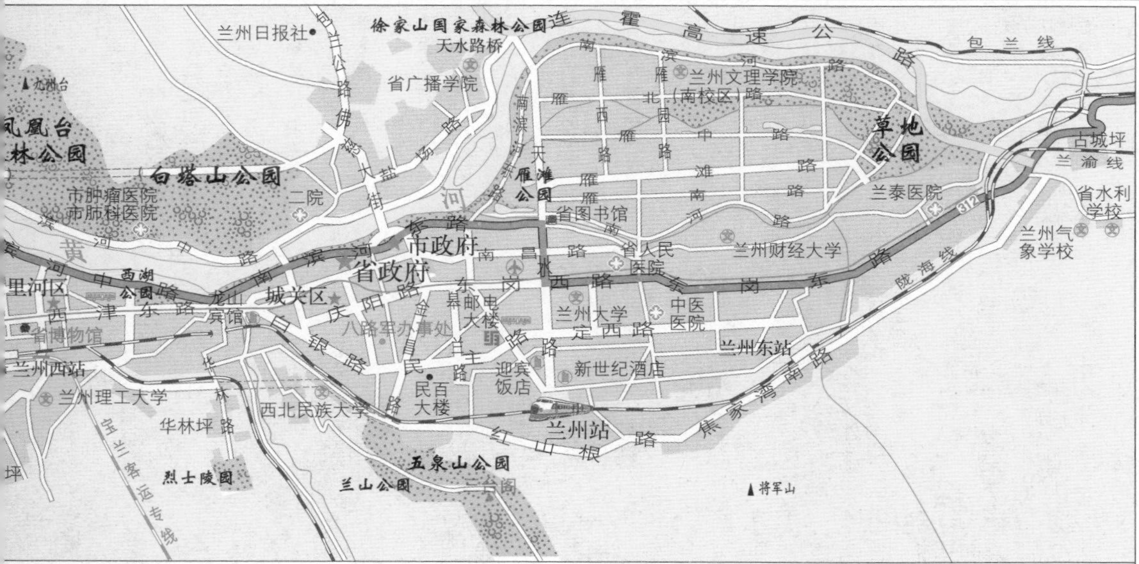

州　甘肃省省会，全省政治、经济、文教中心，西北地区重要的交通枢纽和商品集散地，有“西部黄河之都，丝路山水戈”的美誉。汉置金城县，故别称“金城”，清康熙五年（1666年）始为甘肃省省会。汉唐以来，兰州作为丝绸之路上交通要道和商埠重镇，在中西经济文化交流中发挥过重要作用。1941年设市。兰州是黄河上游最大的工业城市和西部重内原材料工业基地，全国重要的石油化工和机械装备工业基地。兰州是大西北的交通通信枢纽，陇海、兰新、兰青、包日大铁路干线在此交会，兰州西货站是西北地区规模最大、技术最先进的货运站和新亚欧大陆桥上重要的集装箱转运中兰州还是著名的瓜果城，盛产白兰瓜、黄河蜜瓜、白粉桃等瓜果。

话区号］0931　**［邮政编码］**730030　**［市　　花］**玫瑰　**［市　　树］**国槐

景名胜］徐家山、吐鲁沟、石佛沟、兴隆山、五泉山、白塔山、白云观、白衣寺、黄河铁桥、黄河雁滩公园、甘肃省博馆、八盘峡、八路军办事处纪念馆、青城古镇等。

产美食］百合、软儿梨、黑瓜子、白兰瓜、玫瑰、蕨麻、甘草杏、灰豆子、牛肉面、洮砚、地毯、料器、雕刻葫芦等。

水　是陇东南经济、文化、商贸心和交通枢纽，全国电子工业生基地之一，也是国家历史文化名素有西北“小江南”之美称。称成纪，传为始祖伏羲、女娲诞也，所以又有“羲皇故里”之汉置天水郡，得名于“天河注的传说，有2600多年建城历1950年设市。自古是甘、陕、交通要道，为丝绸之路必经之

话区号］0938

政编码］741000

花］月季

树］国槐

景名胜］麦积山、大地湾原始部遗址、伏羲庙、玉泉观等。

产美食］雕漆、玉器、草编、丝天水浆水面、清真碎面等。

敦煌　是国家历史文化名城和著名的旅游城市，曾是古“丝绸之路”的名城重镇。1987年设市。莫高窟是我国最大、最著名的佛教艺术石窟，已被列入《世界遗产名录》。敦煌古城建筑风格具有浓郁的西域风情，被称为中国西部建筑艺术的博物馆。

［电话区号］0937

［邮政编码］736200

［风景名胜］莫高窟、鸣沙山、月牙泉、雅丹地质公园、敦煌古城遗址、西千佛洞等。

［特产美食］敦煌地毯、夜光杯、李广杏等。

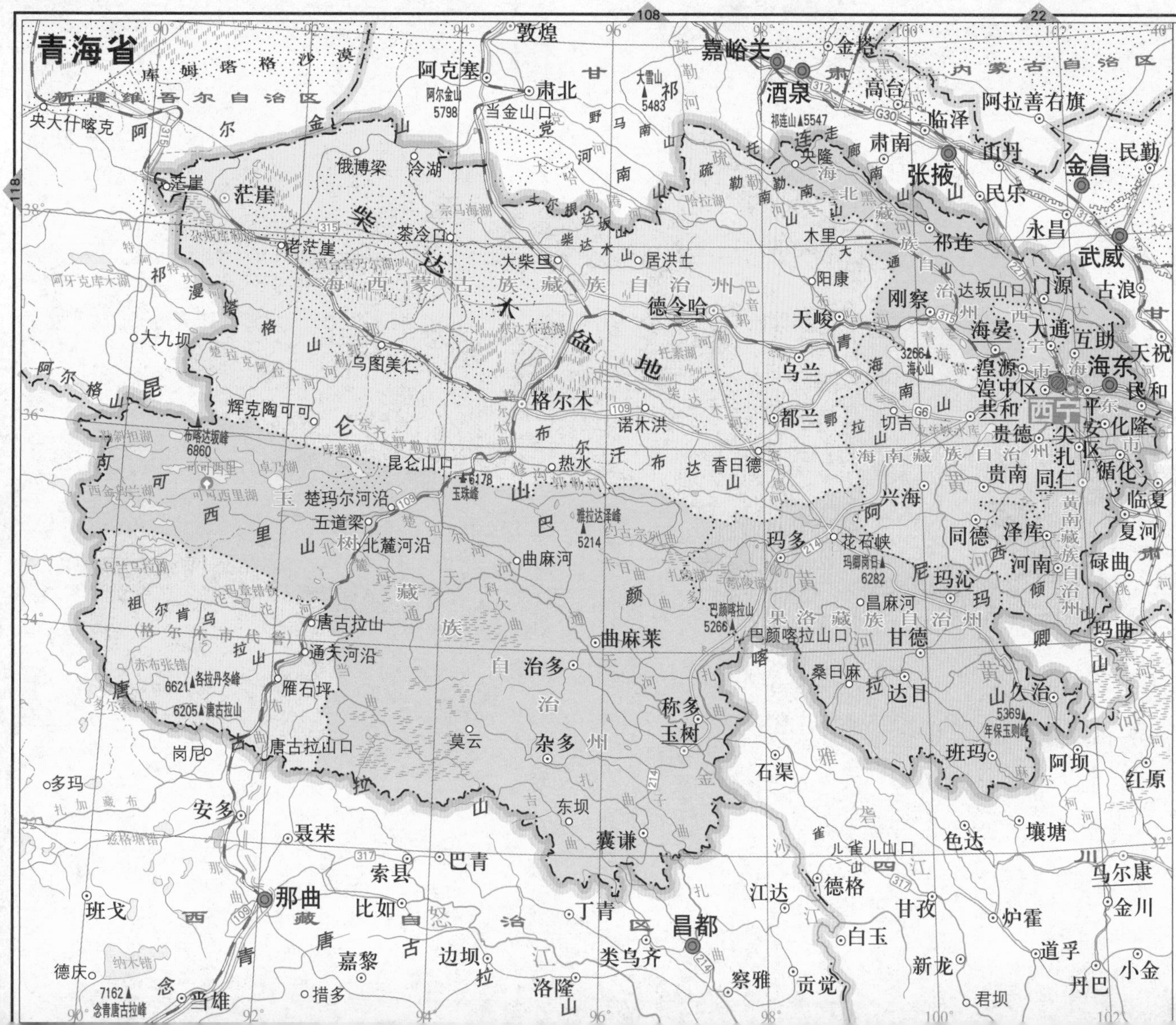

比例尺 1:7 450 000　0　74.5　149.0　223.5千米

[概　　况] 青海省简称“青”，省会西宁。现辖2地级市、6自治州、5县级市、25县、7自治县及7市辖区。全省面积约72万平方千米，人口592万。

[地理特征] 地处青藏高原东北部，有祁连山、昆仑山、唐古拉山，其间分布有柴达木盆地等。布喀达坂峰海拔6860米，为本省最高峰。青海湖是我国最大的内陆咸水湖。

[特色经济] 青海是我国四大牧区之一，牧业中主产绵羊、山羊、牦牛、黄牛、骆驼等，牦牛、藏系羊是青藏高原特有的优势畜种。畜产品中西宁毛、紫羔皮、驼毛、羊绒等都很有名。

[名胜古迹] 可可西里被列入《世界遗产名录》。其他有青海湖、湟中塔尔寺、日月山、文成公主庙、西海郡古城遗址等。

[名优特产] 青海特产以名贵毛皮及其制品最为著名，如西宁毛、黑紫羔皮、旱獭皮等。

西宁 是青海省省会，全省政治、经济、文化中心和交通枢纽。古称湟中，是一座具有2100多年历史的高原古城。西汉始建城，宋代始称西宁州，取“西陲安宁”之意，明设西宁卫，清为西宁县，1945年始设市。西宁是典型的移民城市，多民族聚集、多宗教并存。有汉、回、藏、土、蒙古、撒拉等35个民族和佛教、伊斯兰教，道教、基督教、天主教等多种宗教。其中，藏传佛教和伊斯兰教影响尤为深远，塔尔寺是我国六大藏传佛教寺院之一。西宁是古“丝绸之路”南路和“唐蕃古道”的必经之地，自古就是西北交通要道和军事重镇，素有“海藏咽喉”之称。青藏铁路建成通车使西宁成为青藏高原铁路中心枢纽。

[电话区号] 0971　[邮政编码] 810000　[市　花] 丁香　[市　树] 柳树

[风景名胜] 汉虎台遗址、北禅寺及南禅寺、朱家寨遗址、吴仲汉墓群、东关清真大寺、湟中塔尔寺、日月山等。

[特产美食] “西宁毛”地毯、民族银器饰品、白条手抓、青海尕面片等。

[概　　况] 宁夏回族自治区简称“宁”，首府银川。1928年成立宁夏省，1958年成立宁夏回族自治区。现辖5地级市、2县级市、11县及9市辖区。自治区面积约6.6万平方千米，人口720万。

[地理特征] 南部为黄土高原、六盘山地，北部是宁夏平原、西北侧有贺兰山、牛首山等。敖包圪垯海拔3556米，为境内最高峰。黄河斜贯中北部，主要支流有清水河、葫芦河等。

[特色经济] 宁夏平原为我国商品粮基地之一，素有“天下黄河富宁夏”之称。

[名胜古迹] 有西夏王陵、银川承天寺塔、西夏王陵、青铜峡一百零八塔、固原须弥山石窟、沙坡头等。

[名优特产] 宁夏特产以中卫河滩羊皮、中宁枸杞、贺兰山石砚、甘草最为著名。

 比例尺 1∶2 160 000　0　21.6　43.2　64.8千米

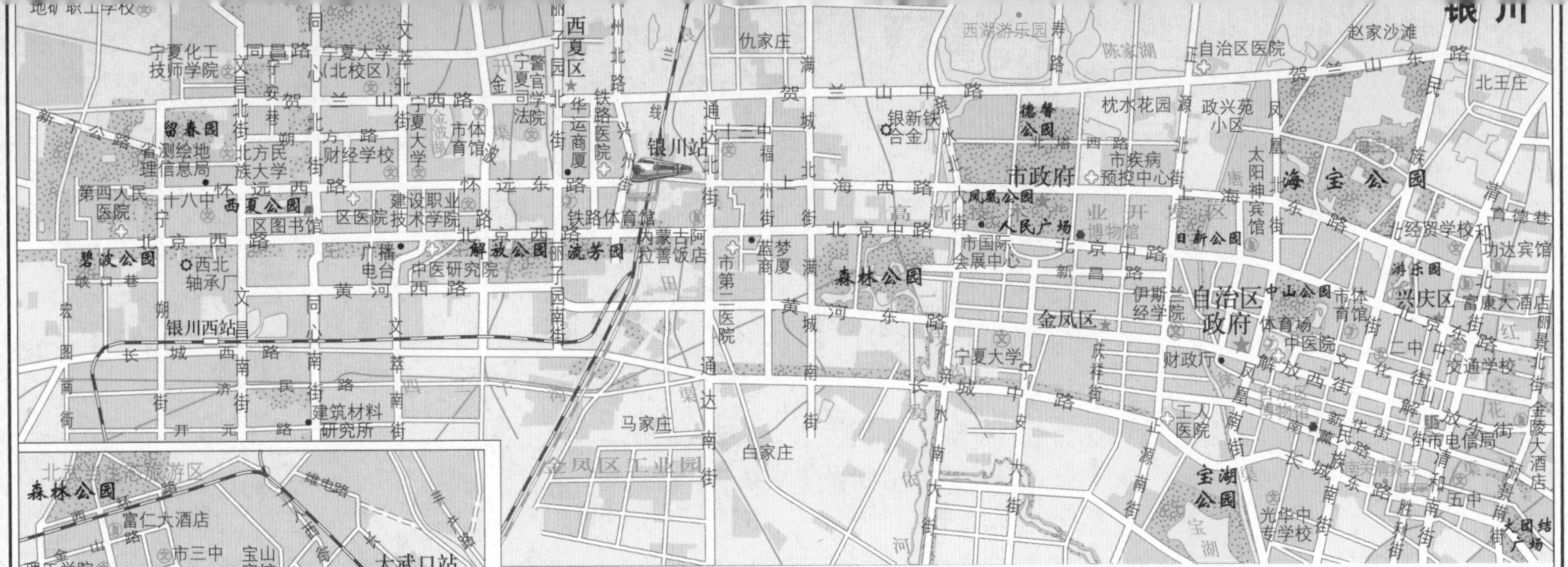

石嘴山　为宁夏第二大城市，是西北地区重要煤炭基地和新兴工业城市。石嘴山位于宁夏最北端，因黄河两岸“山石突出如嘴”而得名，1960年设市。石嘴山市是宁夏重要的工矿城市，煤炭资源极为丰富，是我国优质无烟煤工业基地之一，号称“塞上煤城”， 以盛产无烟煤之王 “太西煤”而驰名中外。

[电话区号] 0952
[邮政编码] 753000
[市　　花] 丁香
[市　　树] 国槐
[风景名胜] 沙湖、北武当庙、平罗玉皇阁、贺兰山岩画、古长城遗址、兵沟大峡谷等。
[特产美食] 红黑瓜子、枸杞、麻黄、锁阳、枣仁等。

银川　宁夏回族自治区首府，全区政治、经济、文教中心和交通枢纽，国家历史文化名城。宋时称兴庆府，作为西夏国都城长达190多年之久，1958年成为宁夏回族自治区首府。银川灌溉系统完善，具有得天独厚的农业生产条件，自古就有“塞上江南、鱼米之乡”的美誉，是全国著名的农作物高产区和重要的商品粮基地。城市周边湖泊湿地遍地，是中国西北最大的淡水渔业生产基地。城市、高山、大漠、黄河、草原等多种自然景观并存。雄浑的大漠风光，秀丽的塞上明珠，古老的黄河文明，神秘的西夏文化，形成了塞上湖城、西夏古都、回族之乡的鲜明特色。

[电话区号] 0951　　[邮政编码] 750004
[市　　花] 玫瑰 、马兰花　[市　　树] 国槐、沙枣
[风景名胜] 西夏王陵、海宝塔、承天寺塔、南关清真大寺、贺兰山岩画、拜寺口双塔、镇北堡西部影视城等。
[特产美食] 纯毛提花毯、滩羊皮、贺兰砚、枸杞酒、甘草、清真糕点、牛羊肉酥等。

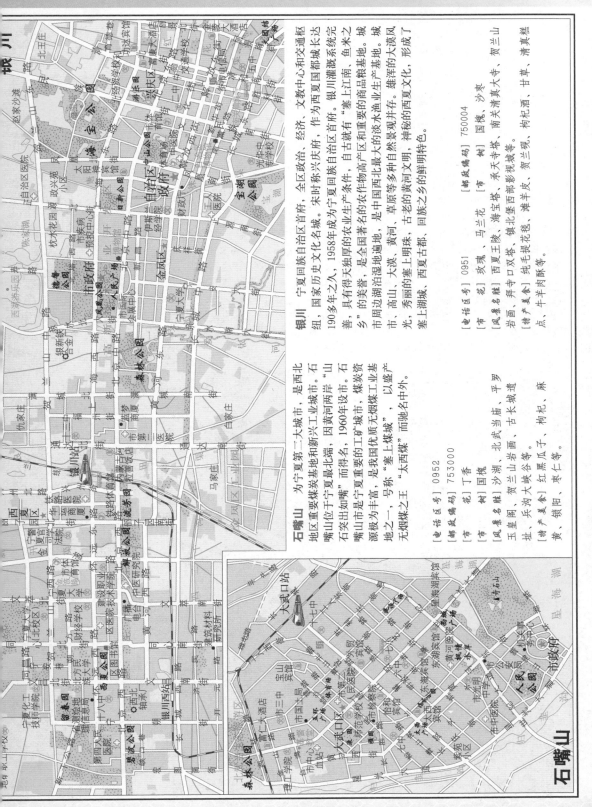

新疆维吾尔自治区

[概　　况] 新疆维吾尔自治区简称“新”，首府乌鲁木齐。古称西域，汉属西域都护府，清置新疆省，1955年成立新疆维吾尔自治区。现辖4地级市、5地区、5自治州、29县级市、60县、6自治县及13市辖区。自治区面积约166万平方千米，人口2585万。

[地理特征] 新疆西跨帕米尔高原，北有阿尔泰山、南有昆仑山、喀喇昆仑山和阿尔金山，天山横贯中部，其间为准噶尔盆地和塔里木盆地及我国最大的沙漠塔克拉玛干沙漠。中巴边界上的乔戈里峰海拔8611米，为本区最高峰。河流主要有塔里木河、伊犁河、额尔齐斯河、玛纳斯河等，其中塔里木河是我国最长的内陆河，额尔齐斯河是我国属于北冰洋水系的唯一河流。湖泊有天池、博斯腾湖、艾丁湖、乌伦古湖等，其中艾丁湖是我国海拔最低的湖泊。

[特色经济] 新疆是我国重要的长绒棉生产基地，民族特色工商业发达，石油和石油化工以及毛纺织业在全国占有重要地位。

[名胜古迹] 新疆境内自然景观奇特，文物古迹丰富。中国新疆天山、丝绸之路：长安-天山廊道路网被列入《世界自然遗产名录》。天山天池、库木塔格沙漠、博斯腾湖、赛里木湖都为国家级风景名胜区。喀纳斯湖是国家级自然保护区。名胜有火焰山、罗布泊、天鹅湖、巴音布鲁克大草原、楼兰古城、果子沟、葡萄沟、喀什清真寺和香妃墓等。

[名优特产] 新疆著名瓜果产品有鄯善哈密瓜、吐鲁番葡萄、伊犁苹果、库尔勒香梨等。风味名食有烤全羊、烤羊肉串、奶茶抓饭等。富有民族特色的手工艺品有新疆地毯、维吾尔族花帽以及和田羊脂美玉等。

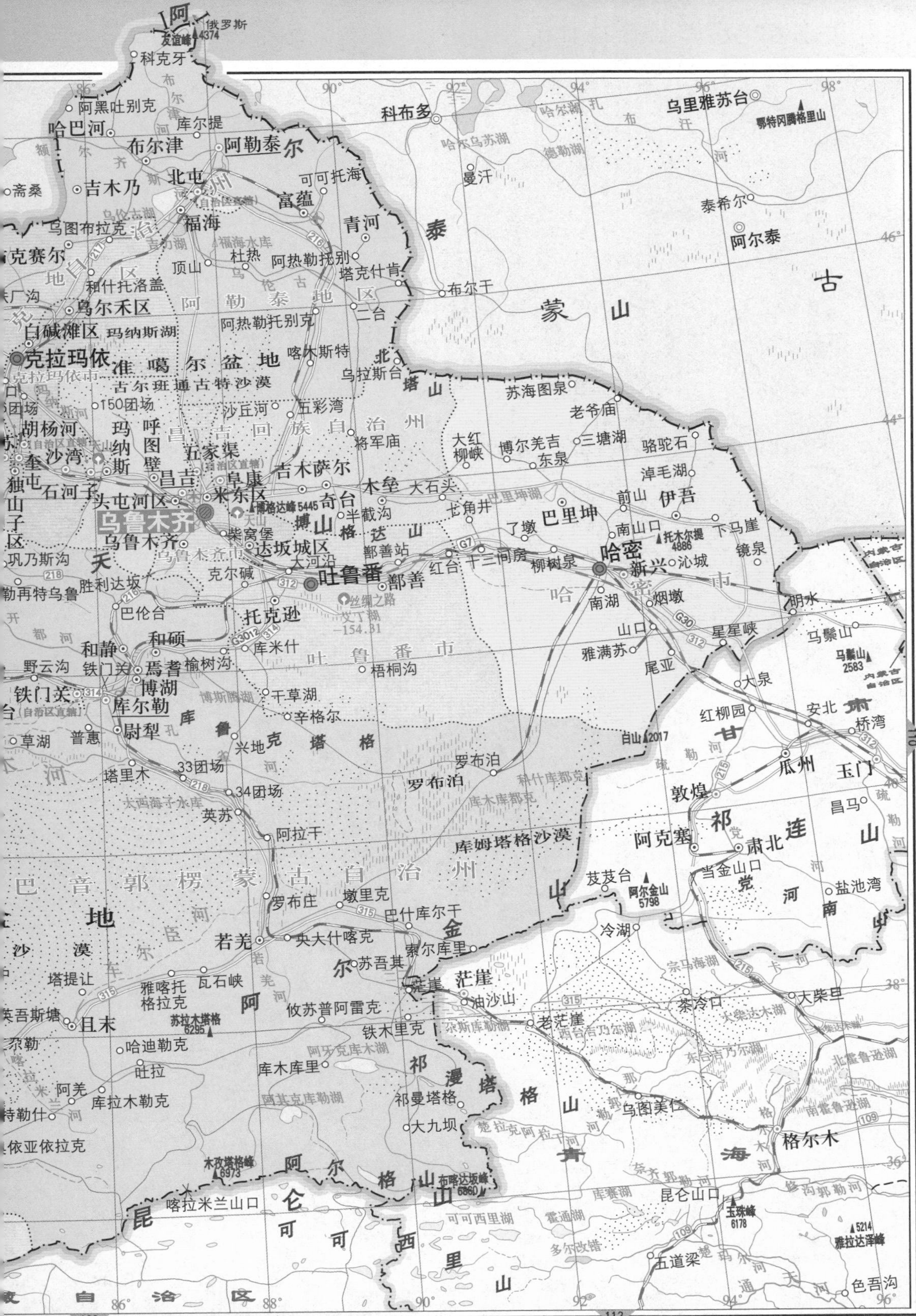

比例尺 1:7 130 000　0　71.3　142.6　213.9千米

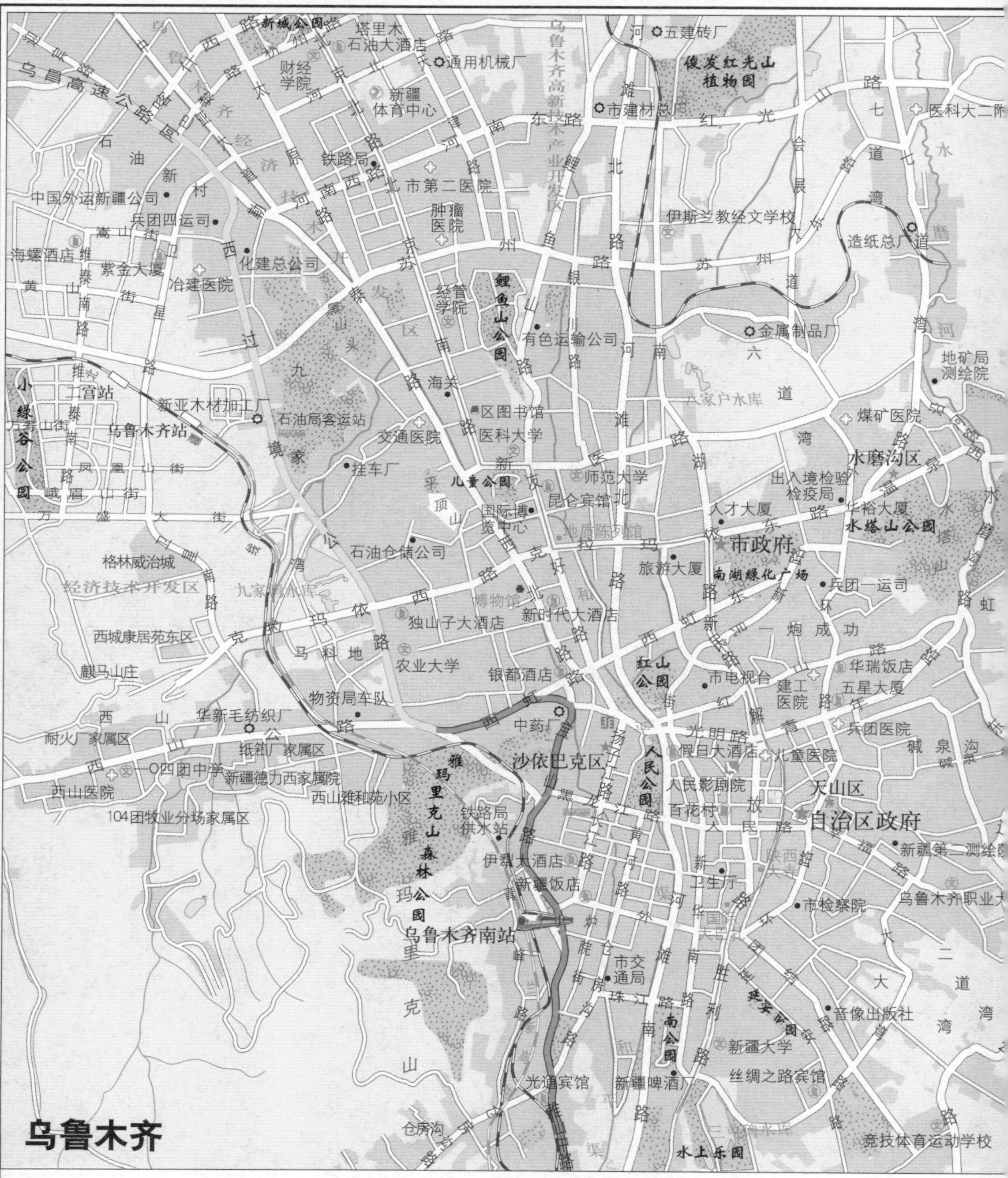

乌鲁木齐 是新疆维吾尔自治区首府，全区政治、经济、文教中心和交通枢纽，也是第二座亚欧大陆桥中国西部桥头堡和我国向西开放的重要门户。乌鲁木齐是蒙古语“优美牧场”之意，曾经是古丝绸之路新北道上的重镇，1945年设迪化市，1955年起改称乌鲁木齐。乌鲁木齐周围油田遍布，且因地处准噶尔储煤带的中部，因此被称为“油海上的煤船”。乌鲁木齐是中国连接中亚地区乃至欧洲的陆路交通枢纽，汉唐丝绸之路经过此地，兰新铁路与哈萨克斯坦铁路接轨，乌鲁木齐成为亚欧大陆桥上的枢纽站之一。

[电话区号] 0991　[邮政编码] 8300

[市　　花] 玫瑰　[市树] 大叶榆

[风景名胜] 红山鉴湖、天池、天山牧场、燕窝、陕西大寺、红山公园、国际大巴扎、白沟、柴窝堡大盐湖等。

[特产美食] 地毯、英吉沙小刀、花帽、玉雕、葡萄干、哈密瓜、馕、烤羊肉串等。

克拉玛依

克拉玛依　是北疆以石油工业为特色的新兴工矿业城市，全国石油工业的重要基地，素有“石油城”之称。“克拉玛依”是维吾尔语“黑油”的音译，因当地一座漆黑晶亮的黑油山而得名，1958年设市。克拉玛依油田是新中国成立后勘探开发的第一个大油田，是全国石油工业重要基地，克拉玛依因此成为新中国第一座现代石油城。克拉玛依油田所处的准噶尔盆地油气资源极为丰富，石油总资源量达86亿吨，天然气总资源量达2.1万亿立方米。

[电话区号] 0990

[邮政编码] 834000

[风景名胜] 黑油山、魔鬼城、一号井、野生胡杨、白杨林大峡谷、艾里克湖、彩石滩、城东玛纳斯河牧区等。

[特产美食] 夹竹桃麻、红密宝、白木纳格、石榴、无花果、清炖羊肉、拌面等。

喀什

喀什　是南疆第一大城市及经济、交通中心，多民族聚居的地区，也是国家历史文化名城，自治区最大的商品棉、粮基地和有名的“瓜果之乡”。“喀什”是维吾尔语“喀什噶尔”音译的简称，古称疏勒、任汝、疏附，是古丝绸之路的重镇，西域四大佛教中心之一。1952年设市。艾提尕尔清真寺、香妃墓等历史文化遗迹享誉国内外。

[电话区号] 0998

[邮政编码] 844000

[市　　花] 月季

[市　　树] 悬铃木

[风景名胜] 艾提尕尔清真寺、香妃墓、卡拉库里湖、叶尔羌汗国遗址等。

[特产美食] 夹竹桃麻、红密宝、白木纳格、石榴、无花果、卡瓦斯等。

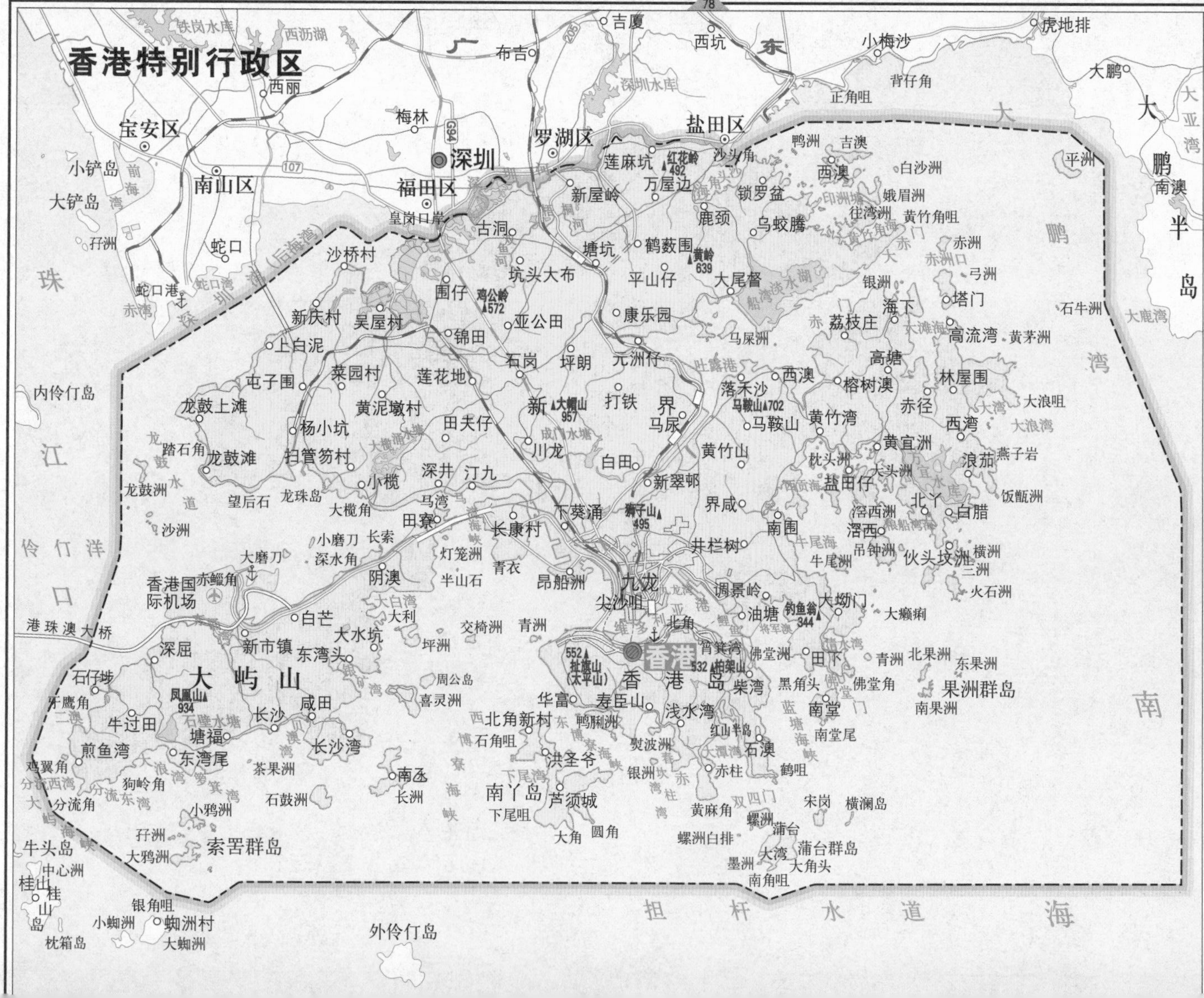

[概　　况] 简称“港”。1842年鸦片战争后曾被英国侵占，1997年7月1日回归祖国，并设香港特别行政区。香港包括九龙半岛、新界山区、香港岛及大屿山等其他离岛，面积1114平方千米，人口741.3万人。

[地理特征] 北部大帽山海拔957米，为全区最高峰。

[特色经济] 香港是亚太地区商贸、金融发达之区，有“东方之珠”、“旅游购物天堂”、“美食之都”之称。

[名胜古迹] 有海洋公园、浅水湾、南丫岛、大屿山、天坛大佛等。

[名优特产] 国际服装、玩具、数码产品、西式甜

比例尺 1:440 000　0　4.4　8.8　13.2千米

香港岛·九龙

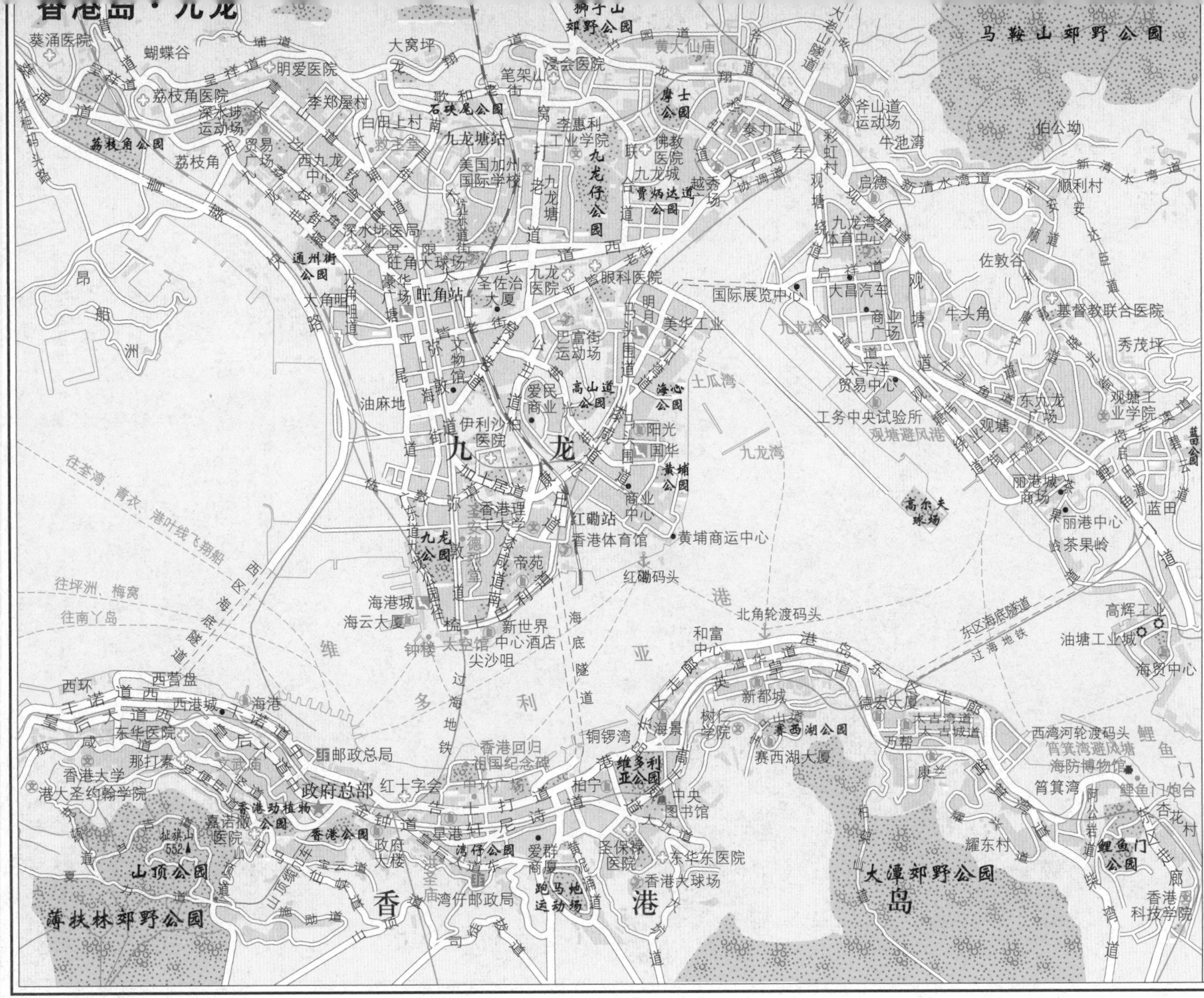

是香港特别行政区政府驻地和政治、经济、文化中心。香港岛是香港开埠发展地区，港岛北部是香港最繁华的地方，主要包括上环、中环、金钟、湾仔、铜锣湾、北角等区域。港岛南部是包括深水湾、浅水湾、海洋公园、跑马地在内的主要旅游区和高级住宅区。九龙现指狮子山、大帽山、飞鹅岭以南，西至荃湾、东至鲤鱼门的地区，是一个集住宅区、商业区、工业区以及码头、船坞、车站等重要交通设施于一体的新兴城区。

[电话区号] 00852

[市　　花] 洋紫荆

[风景名胜] 维多利亚港、太平山、香港海洋公园、香港会议展览中心等。

[特产美食] 煲仔饭、港式奶茶、蛋挞、菠萝油等。

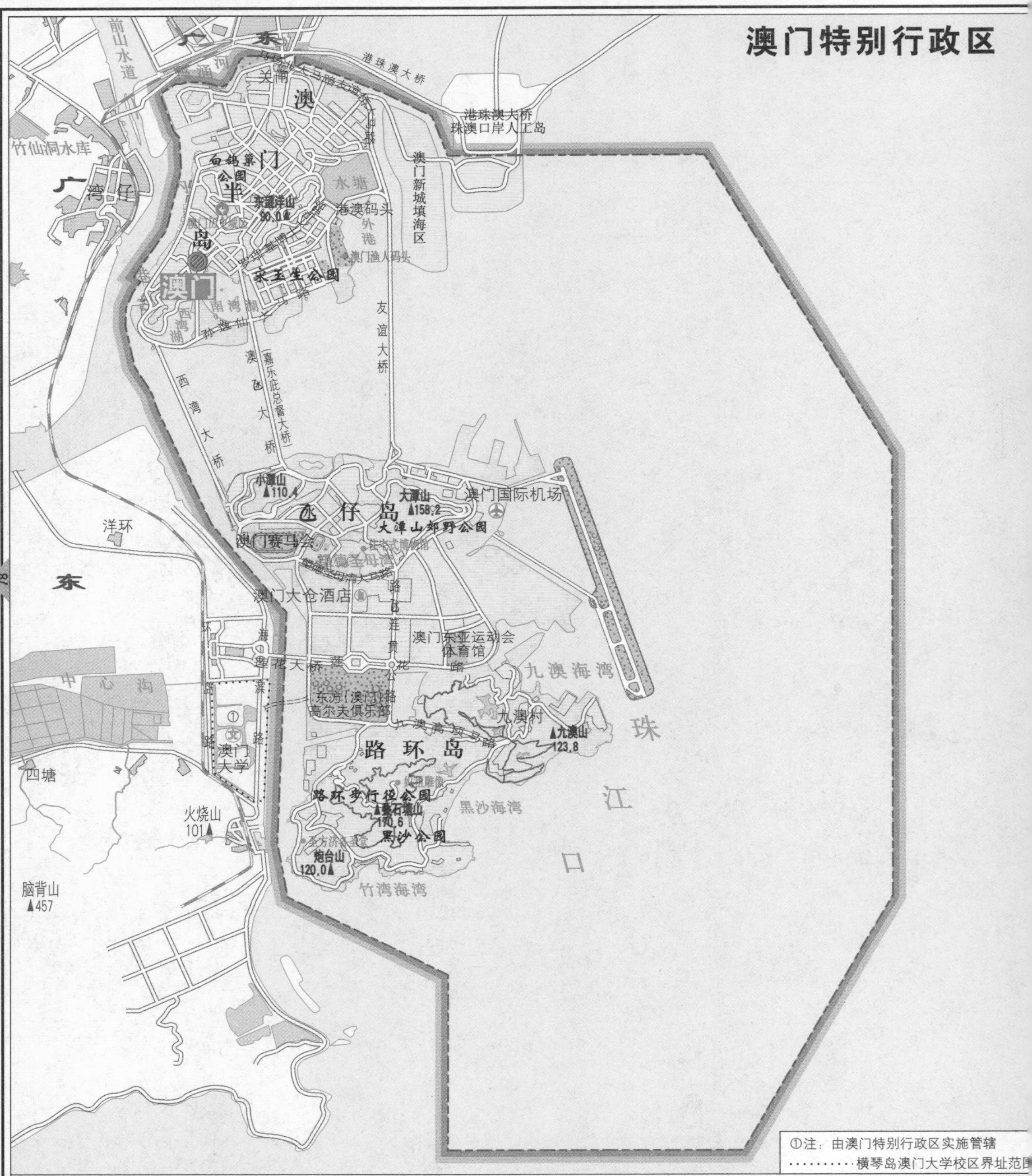

[概　　况] 澳门特别行政区简称“澳”。原属广东香山县（今中山市）管辖。明嘉靖三十二年（1553年）被葡萄牙强行侵占，1999年回归祖国。陆地总面积32.9平方千米，人口68.3万。

[地理特征] 澳门由澳门半岛、氹仔岛、路环岛三部分组成。全区天然平原甚少，多为丘陵、台地。路环岛地势最高，主峰叠石塘山海拔170.6米，是澳门最高峰。境内主要有青洲山、望厦山、妈阁山、九澳山等。

[特色经济] 澳门以博彩业著称于世，有“博彩天堂”、“东方蒙地卡洛”之称。旅游博彩业、出口加工业、银行保险业、房地产建筑业为四大支柱产业。

[名胜古迹] 澳门历史城区已被列入《世界遗产名录》。此外还有妈阁庙、西望洋圣堂、观音堂、莲峰庙、大三巴以及黑沙湾及渔人码头等景点。

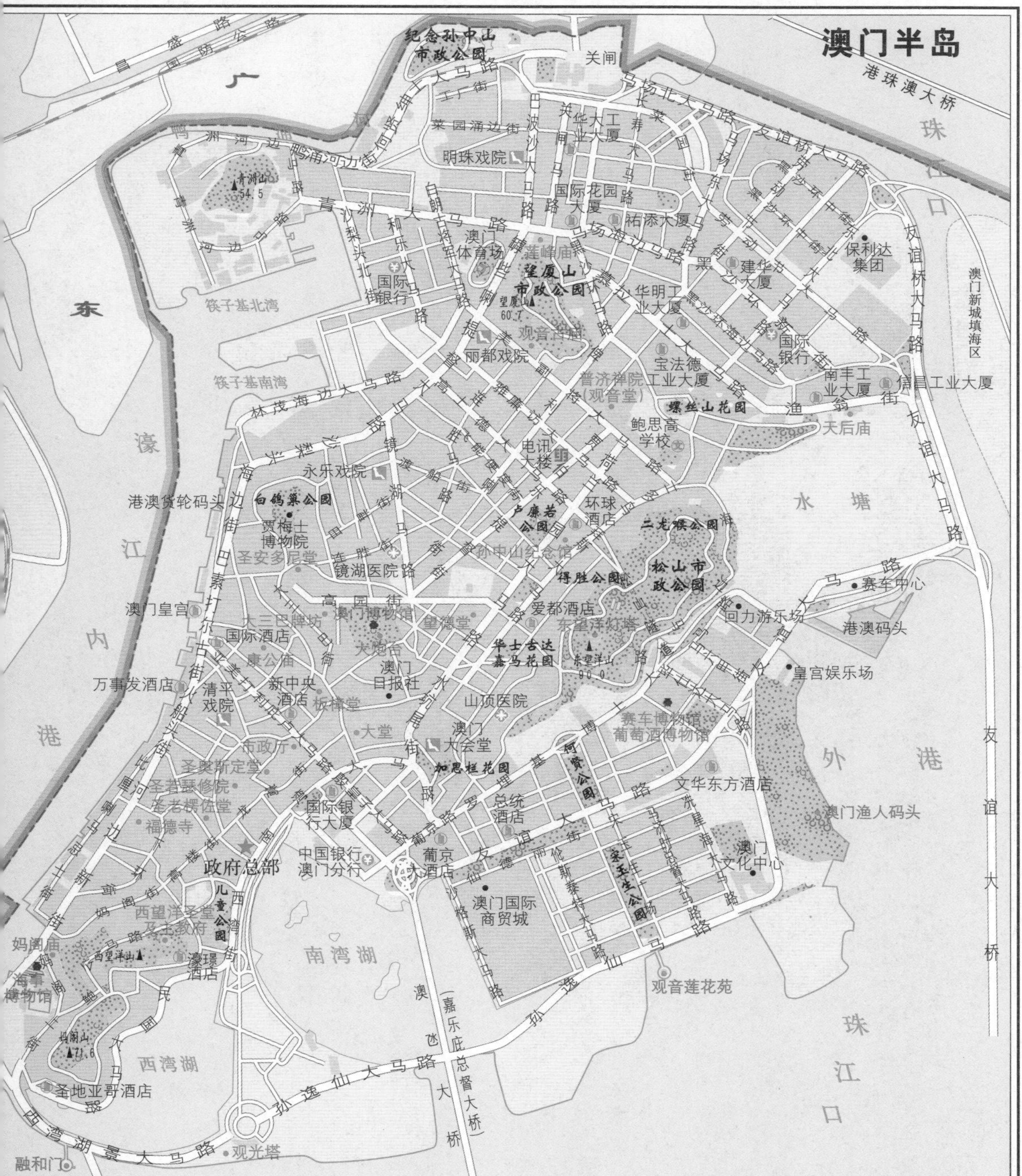

澳门半岛 是澳门特别行政区政府总部驻地，是澳门政治、经济、文化中心，全澳绝大部分人口和工商业均集中于此。澳门的中心商业区位于半岛西南部新马路东段、殷皇子大马路、南湾大马路一带，集中了全澳40%以上的工业场所。半岛西部则是传统工业区和主要商住区。半岛南部、中部和东北部是主要住宅区和商业区，人口稠密，商业发达。半岛上有两个港口，分别为西面的内港和东面的外港。外港码头是人们来往香港与澳门的主要途径。

[电话区号] 00853 **[市　　花]** 荷花

[风景名胜] 澳门历史城区、大三巴牌坊、妈阁庙、渔人码头等。

[特产美食] 肉松卷、杏仁饼、猪排包、葡式蛋挞、葡萄酒、鲜果捞等。

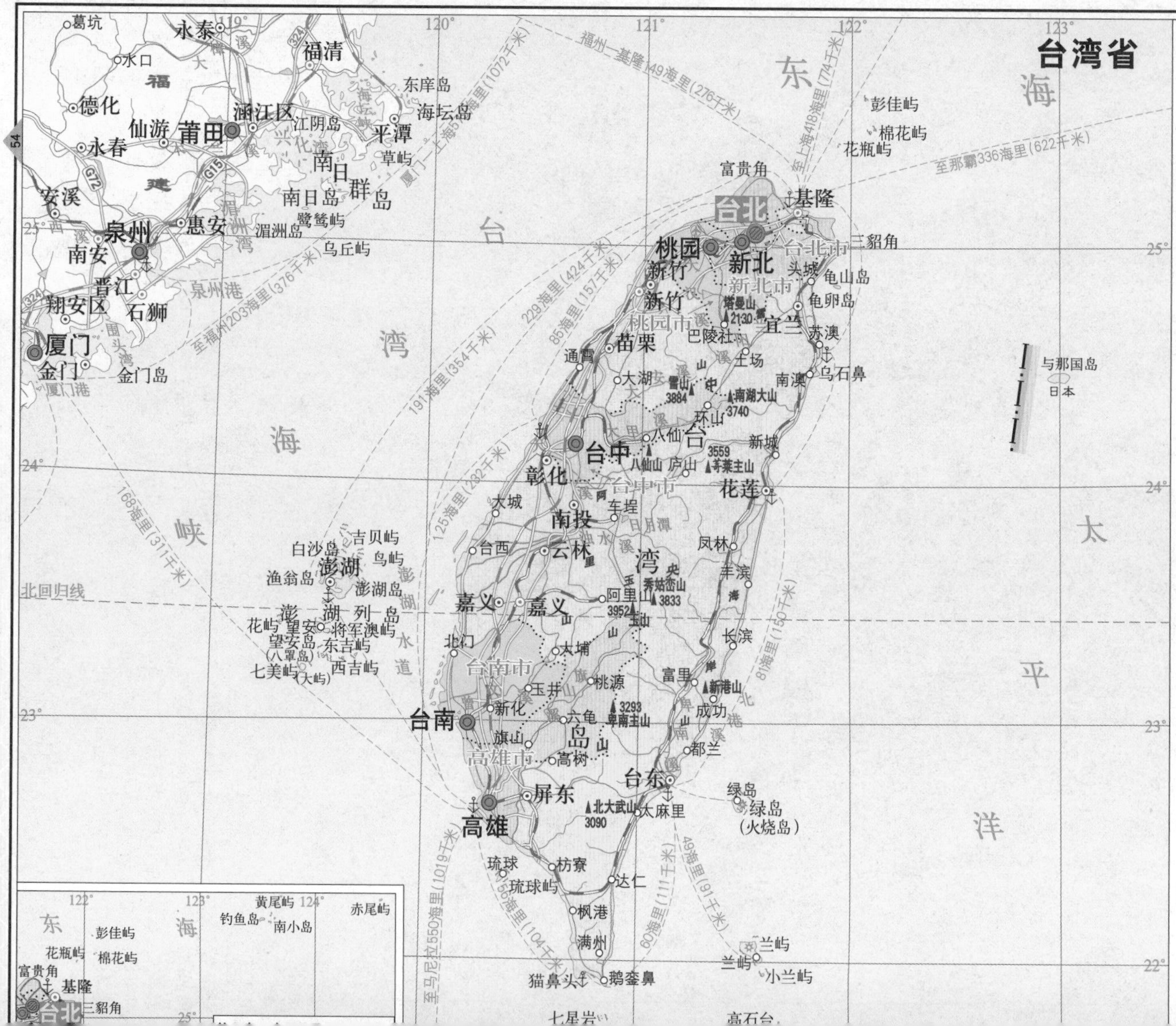

[概　　况] 台湾省简称“台”，省会台北市。台湾自古为中国领土的一部分，南宋时澎湖已属福建路，清初置台湾府，属福建省，1885年台湾建省。1895年被日本侵占，1945年抗战胜利后归还中国。全省面积3.6万平方千米，人口2337.5万。

[地理特征] 台湾省包括台湾岛及澎湖列岛、钓鱼岛、赤尾屿等大小80多个岛屿，其中台湾岛是我国第一大岛。境内多高山丘陵。玉山海拔3952米，为我国东部最高峰。湖泊较少，日月潭为省内最大天然湖泊。

[特色经济] 工业以轻纺、制造业、食品工业为主体，出口加工业发展迅速。近海和远洋渔业发达。

[名胜古迹] 有日月潭、阿里山、阳明山、北港妈祖庙、台北“故宫博物院”等。

[名优特产] 特产有宜兰樟脑、台东香茅油、澎湖珊瑚、澎湖文石、花莲翠玉、台北士林名刀等。风味名食有台中凤梨酥、宜

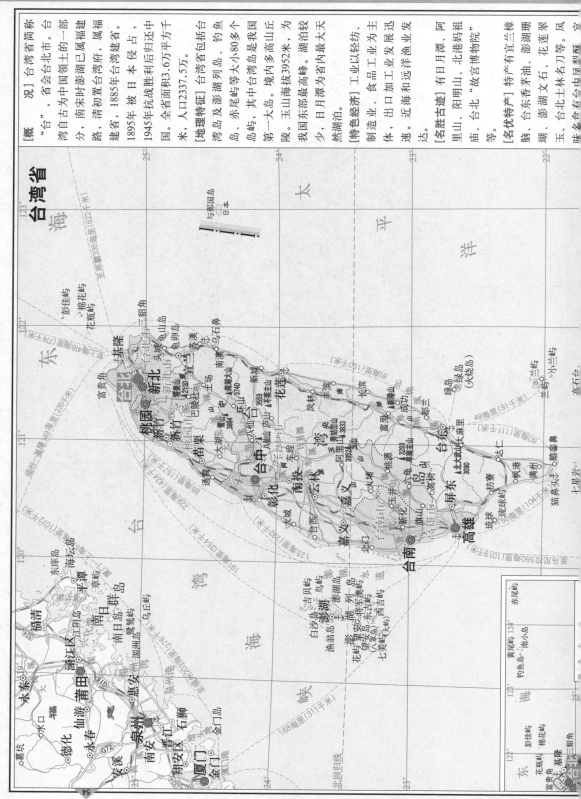

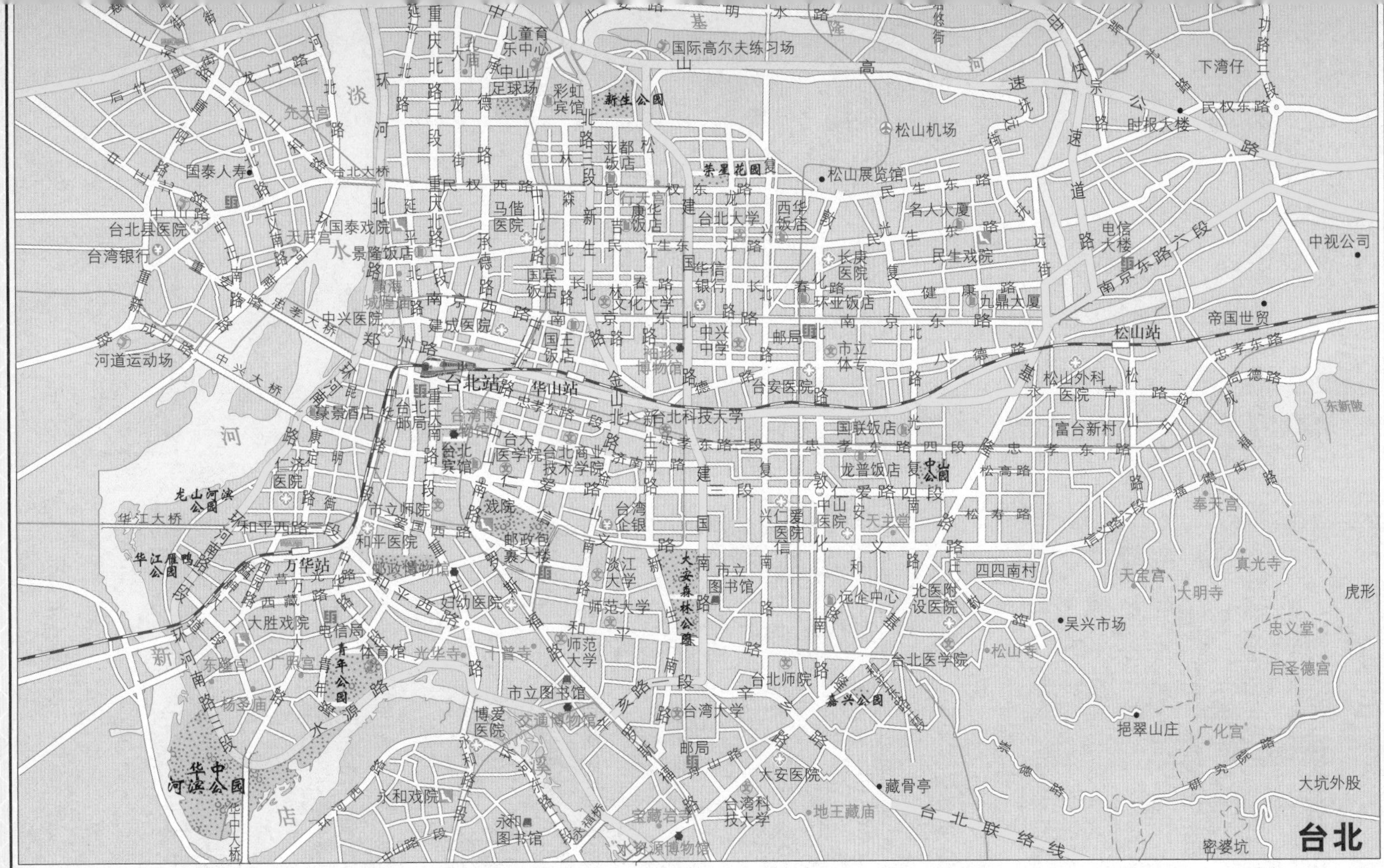

台北 是台湾省省会，台湾最大的城市和政治、经济、文化、交通中心。旧名艋舺，清光绪元年（1875年）为台北府治，1945年抗日战争胜利后设市。台北工商业发达，是台湾省最大的工业生产区。台北也是全岛陆路交通中心，近郊的桃园机场是台湾最大对外空运中心。台北也是台湾主要高等院校和科研机构的最大集中区。

[市　　花] 杜鹃　　**[市树]** 榕树

[风景名胜] 阳明山、台北“故宫博物院”、台北城门、龙山寺、保安宫、圆山文化遗址、古月禅寺、沽水岩、孔子庙等。

[特产美食] 莺歌陶瓷、澎湖四宝、胜大庄毛笔、士林名刀、高山茶、凤梨酥等。

图书在版编目（CIP）数据

中国地图册 / 中国地图出版社编著. -- 北京 : 中国地图出版社，2023.1
ISBN 978-7-5204-3414-0

Ⅰ. ①中… Ⅱ. ①中… Ⅲ. ①地图集－中国 Ⅳ. ①K992

中国国家版本馆CIP数据核字(2023)第013099号

责任编辑：石家星
复　　审：鹿　宇
审　　定：刘文杰
制　　图：张敏敏
封面设计：崔亚雷

中国地图册

编　　著　中国地图出版社

出版发行	中国地图出版社	邮政编码	100054
社　　址	北京市西城区白纸坊西街3号	经　　销	新华书店
网　　址	www.sinomaps.com		
印　　刷	北京天恒嘉业印刷有限公司		
成品规格	170mm × 240mm	印　　张	8
版　　次	2023年1月第1版	印　　次	**2023年1月** 北京第1次印刷
印　　数	00001−10000	定　　价	28.00元

书　　号　ISBN 978-7-5204-3414-0
审 图 号　GS京（2023）0131号

本图册中国国界线系按照中国地图出版社1989年出版的1：400万《中华人民共和国地形图》绘制
咨询电话:010−83493070(编辑)、83493029(印装)、83543956、83493011(销售)